KB119124

동방의 빛 ❺

빛의 예언 上

豫言

동방의 빛 ❺

빛의 예언 上

| 금시명 지음 |

學古房

머리말

    정역을 연구하고 성서를 연구해본 결과, 대변혁은 이미 오래전부터 확정되어 있었다고 본다. 그것을 직시할 것인가, 외면할 것인가, 선택은 오직 두 가지 뿐인 듯하다. 돌이켜보면, 2004년 무렵 정역의 난해함이 알 수 없는 미지의 힘으로 필자를 끌어들였었지만, 지금 이 순간 『모든 세기』와 『성경』의 예언들이 뿜어내는 극한의 난해함, 그 아우라만으론 설명이 약간 부족해 보인다. 거기에 담긴 종말의 예언들이 남의 일이 아니라 바로 나 자신의 일이라는 그 어떤 절박함 같은 것이 그 극한의 난해함 앞에 마주설 수 있도록 해주었던 것이 아닌가 싶다. 지난 2015년에 필자는 동양의 정수인 주역과 천부경을 중심으로 동양에 희망이 있다는 의미를 담아 『동방의 빛』 시리즈 네 권을 출간했었고, 이후 『성경』 속의 「계시록」과 「다니엘서」, 그리고 노스트라다무스가 남긴 『모든 세기』를 중심으로 서양의 예언들을 연구해보면서, 서양에서도 결국은 동양의 주역과 마찬가지로 "동방의 빛"을 이야기해주고 있다는 결론에 도달할 수 있었다. 그리하여 애당초 혼자서 공부해보려던 취지에서 나아가, 『모든 세기』와 『성경』의 주요 예언을 해설하는 제5권과 제6권을 출간하고 『동방의 빛』 시리즈를 완결해야겠다는 결심으로 바뀌게 된 것이다. 독자 여러분들은 제1편 두 통의 서신을 읽으면서 대大예언가의 마음을 헤아릴 수 있게 될 것이다. 그리고 제2편 「다니엘서」를 읽으면서, 성서의 예언이 어떻게 주어지고, 예언에는 어떤 원칙이 있는지, 그리고 예언들이 어떻게 하나하나 실현되고 있는지를 느껴

보게 될 것이고, 나아가 성서에서 바라보는 종말의 시기를 가늠해볼 수 있게 될 것이다. 제3편 「계시록」을 읽으면서 불원간에 닥쳐올 종말의 양상을 그려볼 수 있게 될 것이고, 제4편 동방의 빛을 읽으면서 그래도 우리에겐 희망이 있다는 것을 발견할 수 있을 것이다.

필자의 연구 결과에 의하면 난해하기로 정평이 나있는 『모든 세기』의 4행시들은 핵심 키워드를 통해 서로 긴밀하게 연관된다. 이러한 연관성에 초점을 맞추면 노스트라다무스가 주장하는 7000년이란 것이 언제 마감되는지 추산이 가능해지고, 그 수치를 다시 『모든 세기』의 4행시들과 대조함으로써 제대로 된 결과인지 확인까지도 가능해진다. 또한 이러한 연관성에 초점을 맞춰보면 각각의 4행시로 이뤄진 수많은 예언들이 종전과 다른 모양새로 다가오는 것을 느낄 수 있다. 대체로 아들과 국왕에게 보낸 2통의 서신이 "뼈대"에 해당되고, 『모든 세기』의 4행시들은 서로 얽혀 서신의 내용을 뒷받침해주는 "살"이 된다고 볼 수 있다. 각각의 4행시들은 미래의 개별적인 사건들을 묘사하고 있지만, 이들은 마치 각각의 퍼즐 조각과 같아서, 퍼즐과 퍼즐을 서로 끼워 맞춰주는 일이 각각의 개별적인 사건들을 파악하는 일보다 훨씬 더 중요하다는 것을 깨닫게 된다. 해당 사건이 일어난 후에 관련되는 4행시를 해석하다가 보면 예언의 내용이 어느 정도 파악이 가능해지고, 결국 어느 시점에 가서는 커다란 윤곽에 대한 전체적인 메시지가 읽혀질 수 있도록 배려해놓았다고 볼 수 있다. 그동안의 다른 예언 연구가들은 주로 개별적인 4행시들을 해석하는 데만 너무 깊이 몰두했던 나머지, 2통의 서신과 4행시에서 통합적으로 제시되는 다양한 정보들의 유기적 연관성을 크게 놓치고 있었던 것으로 보인다. 더불어 노스트라다무스가 각각의 시문들을 써내려가면서 『성경』

의 예언들과 일일이 대조하고 일치시키는 작업들을 수행했다는 사실을 토대로, 『모든 세기』와 『성경』의 예언서들을 같이 곁들여 가면서 함께 연구를 하게 되면 난해한 양쪽의 예언들을 풀어내는 데 있어서 상상하는 이상의 커다란 상승효과를 얻을 수 있다는 사실을 경험으로 절감할 수 있었다. 이러한 소소한 깨달음들로 말미암아 마침내 두 가지 난해한 『모든 세기』, 그리고 『성경』의 예언을 풀이해낼 수가 있었고, 그리고 본서가 출간될 수 있게 된 것이다. 흔히 1999년에 지구의 종말이 일어나지 않았다는 이유로 노스트라다무스를 엉터리라고 폄하하거나 무시해버리는 것은 조금 성급하고 부적절한 일로 여겨진다. 그리 머지않아 그의 진가가 제대로 드러나는 날이 반드시 오게 될 것이라고 확신하는 바이다. 본서에 들어가기 전에, 먼저 수많은 상징들에 대해 익숙해질 필요가 있을 것 같다. 간단하게 염소와 양에 대한 이야기 하나와 함께 가볍게 워밍업을 해보는 것도 도움이 될 듯싶다. 그래봤자 염소와 양일 뿐인데, 이런 짐승들 따위가 뭐 그리 대단하겠는가라고 여길 수도 있겠지만, 어쩌면 이들의 얘기가 곧 우리들의 모습과 크게 다르지 않을지도 모르겠단 생각을 하게 될 것이다.

성서에서는 흔히 양은 선하고 의로운 자들을 상징하고, 염소는 악하고 불의한 자를 상징하는데 쓰이고 있다. 하지만 옛날 양을 키우던 목동들은 우리 안에다가 일부러 양과 염소를 함께 키웠다고 하는데, 그 이유는 양과 염소의 습성 차이에 있다고 한다. 양은 그 무더운 여름에도 몸을 서로 맞대고 모여 사는 습성이 있다고 한다. 한 여름의 뜨거운 태양 아래서 그렇지 않아도 두꺼운 양털을 뒤집어쓰고 있는 양들이 떨어지지 않으려고 자기들끼리 그렇게 엉겨 붙어 있으면 살갗이 벗겨지기도 하고 한낮에 질식해서 죽기도 하는데, 그래서 목동들은 양의 우리에 염소들을 같이 넣었다고 한다. 양들은 움직이는 것을 싫어하고 뭉쳐지내는 것을 좋아하는데 염소가 그들의 중간에서 계속 치받는 것이다. 양들의 입장에서는 귀찮고 괴로워 죽을 지경이겠지만, 그렇게 하는 것이 양들을 위해서도 유익하고 오히려 양들을 살리는 일이라는 것이다. 그래서 양과 염소를 섞어 키웠다는 것이다. 그 외에도 여러 다른 이유들을 들 수 있다. 양떼만을 키우면 양은 풀을 먹을 때 줄기까지 먹거나 심지어는 뿌리까지 캐먹는 습성이 있다고 한다. 그렇게 모든 것을 먹어치우기에 다음 해에는 풀이 나질 않게 되는데, 염소를 함께 키우면 염소의 습성을 양들이 따라하게 된다. 염소는 연한 풀잎들만을 골라가면서 재빨리 뜯어먹기 때문에 양들이 따라하게 되면 뿌리까지 먹는 것을 방지할 수 있게 되고, 따라서 다른 곳으로 옮겼다가 시간이 지나서 그자리로 돌아오면 그때는 풀이 다시 날 수 있게 되는 것이다. 또한 양들은 게으르다고 한다. 양들은 풀을 배부르게 뜯게 되면 움직이지 않고 자리에 눕는 습성이 있다고 한다. 이렇게 먹고 자고를 반복하면 자연스럽게 비대해지는데 잘못해서 그 몸으로 움푹한 곳에 누웠다가는 일어나지도 못하는 경우가 종종 발생한다. 마치 거북이가 뒤집혀 허우적거리듯이 양들도 비슷하다고 한다. 이런 상황에서 양이 너무 긴장하면 복부에는 가스가 차오르게 되고 혈액순환이 잘 되질 않아 다리까지 혈액이 공급되지 못한다. 그 영향으로 다리에 마비가 일어난다. 이 상태로 오래 있게 되면 스스로 죽든지 포식자들에게 잡혀 죽게 되는 것이다. 그러나 염소를 함께 섞어 놓고 키우면 이리 뛰고 저리 뛰는 염소들로 인해 누워있지 못하게 되고 결국 양들도 건강을 유지할 수 있게 된다고 한다. 또 염소를 함께 섞어 키우는 이유 중의 하나는 겁이 많은 양들의 습성 때문이기도 하다. 양들은 겁이 많아 험한 길과 높은 바위를 만나게 되면 나아가지 못하고 주저하게 되는데, 이러한 곳을 지날 때 염소가 중요한 역할을 하게 된다. 목동이 양들을 이끌 때 평탄한 길로만 인도할 수가 없다. 어쩔 수 없이 거칠고 험한 길을 갈 수밖에 없는 상황에 처하게 되는데 이때 겁 없는 염소가 앞장서 길을 잡아 나아가면 자연스럽게 양들이 그 뒤를 따르게 된다. 또한 물가로 인도해 물을 먹일 때도 염소가 큰 역할을 한다. 양들은 겁이 많아 바람 때문에 물살이 흔들려 수면에 비친 자신의 모습이 흔들리기라도 하면 깜짝 놀라서 어쩔 줄 몰라 하게 된다. 이때도 염소의 담대한 태도가 양들을 안정시켜주는 역할을 한다. 낮 동안에 함께 방목을 하다가 밤이 되면 목동은 이 두 그룹을 나눈다. 염소는 추위를 타는 짐승이므로 굴 안쪽으로, 양은 더위를 타는 짐승이므로 굴 입구에 재워야 둘 다 잠을 설치지 않는다. 낮에는 뜨거운 태양을 견디지 못하는 양들은 더위에 강한 염소의 배 밑으로 머리를 쳐 박고 햇빛을 피한다. 또한 양들은 풀을 먹고 당장 배가 부르다고 해서 눕는 것이 아니다. 누워 한숨 자고 일어난 후에도 먹을 것이 보장되어 있다고 느껴져야 비로소 안심하고 누울 수 있다. 만약 그것이 보장되지 않는다면 양들은 당장 배부른 것은 안중에도 없고 오직 나중에 먹을 것이 보장되지 않는다는 그 이유 하나만으로 평안히 누워있지를 못한다. 또한 양들은 시력이 아주 좋지 못하다. 양의 시력은 -0.7 정도라고 알려져 있다. 그래서 바로 1미터 앞에 있는 사물조차도 제대로 구별해내지 못한다. 그래서 목동은 자신의 뒤를 졸졸 따라오는 양의 목에 방울을 달아 뒤에 따라오는 양들이 그 소리를 듣고 따라오게 한다. 이외에도 양은 방향감각이 없다. 양들처럼 부실하게 태어난 짐승이 또 있을까? 꾀도 없고, 힘도 없고, 방향감각도 없고, 시력도 안 좋고, 날카로운 이빨이나 발톱도 없고, 들이받을 뾰족한 뿔도 시원치 않다. 거기다 자신을 숨길 줄도 모르고 안짱다리라 빨리 뛰지도 못하고 후각이 발달하지 않아 독초도 구별하지 못하여 목동이 초원의 독초를 제거하지 않으면 그것을 먹고 심각한 상태에 이르기가 다반사이다. 그에 비해 염소는 놀라운 야생 적응력을 가진 강인한 동물이라고 할 수 있다. 어떤 동물학자가 염소의 천적이 없는 외딴 섬을 하나 골라 그곳에다 단지 몇 마리의 염소를 풀어놓는 실험을 했다고 한다. 그리로 얼마 있지 않아 그곳을 방문하여 보니, 그곳은 온통 염소들의 천국으로 바뀌어 있었다고 한다. 천적이 없는데다가 염소들의 무서운 번식력 때문에 그 섬은 온통 염소들로 넘쳐나는 "염소들의 섬"으로 바뀌고 만 것이었다. 그리고 시간이 지나 또 다시 그 섬을 방문했을 때, 이번에도 깜짝 놀라게 되었다고 한다. 그렇게 번성하던 그 많던 염소들이 모두 죽어 있었다는 것이다. 그 이유는 염소들이 그 섬의 먹을 만한 모든 풀들과 심지어는 나뭇잎들까지 다 먹어치운 결과 더 이상 먹을 것들이 남아 있지 않게 되었고, 그 많던 염소들이 모두 한꺼번에 굶어죽었던 것이다. 대부분의 동물들은 나름대로 종족 보존을 위한 본능 같은 것이 있게 마련이어서 주위의 환경과 상황에 따라 스스로 개체의 수를 줄이거나 늘리면서 생존을 모색하게 되는데, 염소들은 그렇지 않았다고 한다. 그들은 단지 그들의 탐욕, 즉 끊임없이 먹어대고 힘닿는 대로 번식하여서 마침내 모두가 공멸에 이르게 되는 그런 동물이었던 것이다.

2017년 12월 10일
휘날리는 함박눈을 바라보며…

목 차

서신 2통

1

  그의 원래 이름은 "미셸 드 노스트라담"이었지만, 나중에 자신의 성을 라틴어로 "노스트라다무스"라고 바꾼다. 그는 1503년 12월 14일 프랑스 남부 상레미의 한 유대인 집안에서 태어났고, 할아버지는 의사, 아버지는 자생 공증인이자 곡물 상인이었다. 그는 유대교도이면서 동시에 가톨릭 신자였다. 르네 왕의 통치 30년 동안 프로방스의 유대교도들은 종교의식을 자유롭게 행할 수 있도록 허가를 받았지만 1480년 왕이 죽고 무효가 되면서, 대부분의 유대인들은 변덕스런 프랑스 왕족들이 때때로 그들의 소유물을 약탈해가는 것을 완전히 막아내지는 못할지라도, 최소한의 보호막으로 삼고자 가톨릭으로 개종한다. 그가 9살 되던 해였고, 그로인해 노스트라다무스의 소년기에는 두 명의 대부가 있었으며, 유대교 전통은 유지하면서도 할례는 받지 않았고, 가톨릭 침례를 받았다. 지적인 호기심이 남달랐던 그는 자라나면서 신비주의와 카발라에 흥미를 갖게 되었고, 따라서 그는 카발라교도이자 연금술사인 동시에 탈무드 신봉자였으며, 또한 가톨릭 교리에 열정적으로 심취하기도 했다. 그는 라틴어, 그리스어, 히브리어, 수학, 그리고 천체학을 공부했다. 그는 사람들이 흔히 점성술이라 부르는 것을 일컬어 천체학이라고 불렀으며 대단한 관심을 기울였다. 나중에 몇 번이나 위험한 상황에 처하게 된 원인이 바로 천체학에 심취했기 때문이기도 했다.

  15세에 아비뇽 대학교에 입학하였으나 1520년에 흑사병이 돌면서 대학이 휴교한다. 이 일은 호기심이 많은 그로 하여금 페스트의 실체와 치유하는 방법을 고민하게 만들었다. 그로부터 그는 프랑스 농촌과 산간지방을 돌며 향초와 약초 연구에 착수하는데, 이를 통해 나름대로 얻은 지식을 바탕으로 그는 약제사가 된다. 한편 그 무렵 그는 지구는 둥글고 태양의 주위를 돈다는 코페르니쿠스의 주장이 옳다고 믿었다. 이 때문에 그의 부모는 매우 걱정을 하게 되었고, 급기야 1522년에는 몽펠리[1]로 이사를 하게 된다. 운 좋게 그는 거기서 당시 프랑스에서 가장 우수한 의학자들과 교류할 수 있는 기회를 얻게 되었고, 전문가의 지도 아래 공부하면서 3년 후에는 학사 학위를 취득한다. 그 당시 유럽에서는 흑사병으로 곤혹을 치르고 있었으므로 의사 자격을 얻는다는 것은 미래가 보장된다는 것을 의미했다. 1525년 흑사병 치료에 처음 도전한 노스트라다무스는 곧 명의로 소문나면서 이 마을 저 마을로 불려 다니며 환자들을 치료했는데, 그는 자신의 처방을 공개했다. 그는 방랑생활을 좋아했으며 새로운 환경에 적응하는 것을 즐겼다. 나르본에서 환자를 돌보다가 카르카손으로 옮기고, 다시 투르즈로 가고, 브로도로 가고, 청년기를 보냈던 아비뇽으로 돌아와 수개월 체류하기도 했다. 그가 연금술과 신비학에 관심을 갖게 된 것은 그 무렵이었다. 아비뇽의 도서관에는 신비학에 관한 서적들이 많이 소장되어 있었다. 그래서 그는 도서관에 자주 드나들면서, 그 책들을 거의 다 독파한다. 그 무렵 교황의 측근들과 마르타 기사단의 단장이 마을을 방문한 적이 있었다. 노스트라다무스는 그들을 위해 마시멜로우 젤리를 맛있게 만드는 방법을 고안해냈는데, 전해지는 바로는 그것은 단 것을 듬뿍 넣은 젤리였다고 한다.

  1529년에는 몽펠리로 돌아와 당시의 명문 몽펠리에 의대에 입학하는

---

1) 몽펠리에 개선문의 지척에 적의 침입을 경계하기 위한 망루가 있는데, 노스트라다무스가 말년에 펴낸 예언서에 이 망루의 소나무가 죽는 날 몽펠리에도 사라질 것이라고 예언했다고 한다, 이후 몽펠리에 사람들은 이곳에 소나무를 심고 지금도 애지중지 가꾸고 있다고 한다.

데 박사 학위 취득이 목적이었다. 당시 입학시험은 감독관의 입회하에 교수진들과의 논쟁을 통해 드러나는 학생의 소양을 평가하는 중세의 전통적인 방식으로 치러지는데, 그 당시 교황 세력이야말로 「다니엘서」에서 지목한 작은 뿔이며 적그리스도가 분명하다고 공언하면서 마르틴 루터2)에 의해 추진된 종교개혁, 이러한 해석이야말로 죽어 마땅한 이단이라고 첨예하게 맞서던 시기였으므로 가톨릭에 대한 확고부동한 믿음을 증명할 수 있어야 입학허가가 주어질 수 있었다. 하지만 그는 가톨릭 교리에도 상당히 밝았으므로 무사히 입학은 할 수 있었지만, 그가 기적의 의사라는 명성이 이미 몽펠리에 퍼져 있었던 것이 독으로 작용하였다. 그의 명성을 시기한 교수들이 노스트라다무스가 괴상한 치료법으로 시료하는 자라고 조롱했다. 그 당시에는 많은 사람들이 나쁜 피를 뽑으면 환자를 괴롭히는 병이 빠져 나간다고 믿고 있었으나 노스트라다무스는 그러한 방혈요법을 전혀 신뢰하지 않았다. 그는 자신의 치료법과 처방에 대해 설명을 하려고 했으나 그들은 도무지 그것을 들으려고 하지를 않았다. 대학 법령에 명시적으로 금지된 바, 즉 그가 약물 치료를 했다는 사실과 의사를 비방한 적이 있다는 사실이 알려지면서 1529년 11월 퇴학을 당했고, 그 문서가 아직도 도서관에 보존되어 있다.

---

2) 마르틴 루터(1483~1546)가 그의 저서에서 다음과 같이 말한다. "바울이 데살로니가후서 2장 4절에 이르기를 '하나님이나 숭배함을 받는 자 위에 뛰어나 자존하여 하나님 성전에 앉아 자기를 보여 하나님이라 하느니라.'고 기록하였던 그 존재가 여기에 있다. 적그리스도인 '불법의 사람 곧 멸망의 아들'이 있는데 그는 하나님의 법을 변경하였으며, 하나님의 계명 위에 자신이 만든 계명을 높였다. 우리는 여기서 교황권이 진짜 적그리스도의 권좌에 앉아 있다는 사실을 확신하는 바이다."

　이후 노스트라다무스는 특별한 목적지를 두지 않고 의사로서 일할 수 있는 곳을 찾아 돌아다녔다. 한 마을에서 일거리가 떨어지면 다른 마을로 옮겼다. 그는 언제나 당시 학자들이 쓰던 검정색 모자를 쓰고 긴 가운을 걸치고 있었고, 늘 몸을 청결히 했지만 치장하는 데에는 전혀 신경 쓰지 않았다. 당시 그의 주요 관심사는 유럽을 휩쓸던 흑사병 치유였다. 그 무렵 흑사병은 마귀의 저주로 인해 생기는 최악의 질병으로 간주되고 있었고, 치료약 같은 것은 전혀 알려져 있지 않았기 때문에, 감염되면 몸에 커다란 검은 반점이 생기면서 괴로워하다가 죽을 수밖에 없었고, 사람들은 발병지에서 멀리 달아나는 수 외에는 다른 방도가 없던 시절이었다. 1531년 투르즈에 머물고 있을 때 노스트라다무스는 아장에 살고 있던 스카리젤로부터 초청장을 받는다. 스카리젤은 그 당시 네덜란드의 신학자로 르네상스의 선각자였던 에라스무스와 비견될 만한, 유럽에서도 손꼽히는 대철학자로 알려진 사람이었다. 그렇게 해서 시작된 아장에서의 생활은 신분이 높고 총명한 미인을 만나면서 즐거운 나날이었다. 더욱이 아장에서 환자들로부터 절대적인 신뢰를 받게 된다. 그는 알코올 도수가 높은 술로 소독을 하고, 발병의 원인이 되는 쥐들을 잡아 불태워죽이게 했으며, 가톨릭 율법에 따라 매장된 죽은 사람들의 유해까지도 불에 태우도록 하였는데, 당시 사람들이 받아들이기 쉽지 않은 이러한 "미래의 처방"들로 정말로 흑사병을 물리치는 결과를 내면서 얻게 된 신뢰였다.

　하지만 1534년 흑사병이 재발하였고 수많은 환자들을 치료해주고 돌아와 보니 막상 자신의 아내와 두 자녀들이 흑사병에 걸려 죽어있는 것을 발견하게 되었다. 그는 비탄의 세월을 보내게 되었고 자신도 흑사병에 걸렸으나 겨우 진료를 재개할 수 있을 정도가 되었을 때, 그는 '너 자신부터 치료하라.'는 조롱을 들어야 했고, 의사로서의 신뢰가 완전히 무너져 있는 것을 깨닫게 되었다. 그는 완전히 낙담하게 되었고 친구 스카리젤과도 말다툼을 벌이는 지경이 되었다. 엎친 데 덮친 격으로 분노한 처가 쪽에선 지참금 반환 소송을 제기해왔다. 1538년에는 몇 년 전에 그냥 별 뜻이 없이 흘렸던 말 한 마디가 재앙이 되어 돌아온 일이 있었다. 당시 그는 성모 마리아 동상을 만들고 있는 사람에게 이렇게 말했다.

"당신이 지금 만들고 있는 것은 악마입니까?"

그냥 무심코 던진 말인데 고소가 되었고 이단자로 의심받게 되었다. 더불어 점성술에 심취하고 있다는 것도 의심을 불러일으킨 원인 중의 하나였다. 그는 단지 동상의 예술적 감각이 결여됐다는 의미로 던져본 말이라고 주장했지만 그의 반론은 받아들여지지 않았고, 심판관은 투르즈로 출두할 것을 명령했다. 하지만 출두하면 끊임없는 심문과 고문, 그리고 결국 화형을 당할 것을 잘 알고 있었던 그는 산간벽지를 헤매면서 교회 관계자들의 눈을 피해야 했고, 급기야 한동안 프랑스를 떠나게 되었다. 우선 이탈리아의 로렌느에 들렀다가 베네치아, 시칠리아로 이동했다. 몇 명의 약제사들을 만나 흑사병에 대한 그들의 처방을 참고하였고, 긴 시간을 할애하면서 그리스어로 된 책을 프랑스어로 번역하기도 했다. 그리고 그 무렵, 처음으로 미래를 엿보는 사건이 일어났다. 프란치스코회 수도사 무리와 우연히 마주쳤을 때, 노스트라다무스는 그들에게 인사를 건넸는데, 안코나 마을 출신으로 까만 눈동자를 갖고

있던 한 수도사를 본 순간 머리 위로 빛나는 황금색 오로라를 감지하고
는 갑자기 무릎을 꿇었다. 그러자 젊은 수도사가 물었다.

"무슨 까닭으로 무릎을 꿇는 겁니까?"

대답하기를,

"성하 앞에서 갑작스레 당황하지 않을 수 없었습니다."

라고 했다. 성하는 교황에게만 붙이는 존칭이었으므로 다른 수도사들
은 모두 비웃을 수밖에 없었다. 하지만 그 수도사는 몬타르토의 추기경
이 되고, 1585년에는 로마 교황 시크스투스5세로 즉위하는데, 노스트라
다무스는 1566년에 사망하므로 교황 즉위를 보지 못하고 눈을 감은 셈
이다.

1544년 노스트라다무스는 당대의 명의 루이 세르의 지도를 받으며
마르세유에 잠시 머무르고 있었다. 의료 장비가 열악했음에도 불구하
고 그는 정제된 파우더를 만드는데 몰두하였고 그 결과 "장미알약"을
만들어냈다. 그해 11월 프로방스 지방은 대홍수에 휩쓸리면서 흑사병
이 퍼졌고, 프로방스의 수도 엑스에서 가장 심했다. 의사들이 두려움에
떨면서 도망을 가면서 흑사병이 더욱 기승을 부리게 되었다. 사람들이
길거리에서 쓰러져 죽었고, 사체는 매장도 안 된 채로 방치되었다. 흑
사병에 걸린 어떤 여자는 스스로 자신의 수의를 짜고 있었다. 노스트라
다무스는 신선한 물이 필요하다고 역설했고, 깨끗한 의복과 깨끗한 침
대, 깨끗한 식기를 유지할 것과 쥐를 섬멸할 것을 주문했다. 그러한

노력으로 겨우 안정을 되찾자 그는 살롱을 향해서 떠났다. 그리고 살롱이 너무 마음에 들어 그곳에 안주하기로 마음먹고 있는데, 리옹에서 백일해 전염병이 돌면서 초청장을 보내왔다. 온 힘을 다해 병의 확산을 막아낼 수 있었고, 주민들로부터 많은 감사의 선물들이 쇄도했지만, 떠나면서 가난한 이들에게 골고루 나눠주었다.

1547년에는 마침내 포도주로 유명한 살롱에 정착하는데, 여기서 부유한 미망인 안나(Anne Ponsarde Gemelle)를 만나 재혼하고 3남3녀의 자녀들을 얻는다. 그는 결혼하면서 페레이로 거리에 있는 집으로 이사를 하는데, 그 집은 지금도 보존되고 있다. 당시 그의 탁월한 치료를 원하는 곳이 많았기 때문에 여러 지역을 돌아다니면서 약제사, 의사, 연금술사 등을 만났고, 이 무렵 스스로 예언 능력을 더욱 확연히 감지한다. 1550년에는 다음 해에 일어날 일들을 예언하는 달력을 처음 발간했고, 이게 잘 맞는다는 소문이 퍼지면서 예언가로써 명성을 쌓기 시작한다. 이후 최소 11건의 연례 달력을 만들었는데, 적어도 6,338건의 예언을 포함하고 있는 것으로 알려져 있다. 프랑스 발루아 왕가의 13명의 왕들이 통치하는 동안 파리에만 약 3만 명 이상의 점성술사, 연금술사, 예언가들이 활동하고 있었다고 전해지는데, 그들 중에서 노스트라다무스의 명성이 단연 독보적이었다. 그는 1552년 『파르드망 론』이란 저서를 발간하고, 1555년 『모든 세기』의 초판을 내면서 1,000개의 4행시를 완성해나가는 거대 프로젝트를 시작했다. 초판에는 제1,2,3권과 제4권의 1부가 실려 있었다. 당시의 서슬이 퍼렇던 종교 재판에 애꿎게 희생[3]되지 않기 위해 그는 고전적 문법, 말장난, 사투리, 다양한 언어들

---

3) 실제로 1561년 말에 사전 허가도 없이 "1562년의 연감"을 출판했다는 이유로 잠시

(그리스어, 라틴어, 이탈리어)의 혼합 등과 같은 방식들을 총동원하면서 자신이 의도하는 바를 최대한 모호하게 보이도록 구성해놓았다. 그의 비서 샤비니에 의하면 혹평과 비웃음을 걱정하면서 당시 출간을 많이 망설였다고 하는데, 막상 출간한 353개의 4행시는 대부분의 사람들이 놀라움을 금치 못할 정도로 대단한 이야깃거리가 되었다고 한다. 당시 인쇄술의 보급과 지식인들 사이의 오컬트 열풍 등을 타고 프랑스 전체로 소문이 퍼져나갔던 것이다.

1555년 프랑스 궁궐은 그의 예언을 화제로 들썩거리고 있었다. 특히 왕비 카트린 드 메디치는 신비로운 오컬트에 관심이 많아서 주변에 마술사, 점술가, 점성술사 등을 궁내에 두고 있었다. 그녀는 노스트라다무스를 초대했고, 1556년 7월14일 파리를 향해 출발하게 되었고 통상 8주가 걸리는 거리였지만, 왕비의 특별 배려로 8월 15일에 도착할 수 있었다. 그는 〈산 미셸〉에 묵게 됐는데, 여장을 풀 겨를도 없이 왕비에게 불려갔다고 한다. 그곳에서 유명인들을 상대하는 것이 훨씬 더 보상이 크다는 것을 절감하였고 왕비에게 계속 조언을 하면서 높은 수입을 보장받았다. 1559년 7월 1일에는 앙리2세에 대한 마상 창 시합 도중의 사고 예언이 적중하면서 그의 명성이 프랑스 전역으로 퍼져나갔고, 그의 유명세는 1564년 샤를9세가 직접 그의 집을 방문하면서 절정에 달하였고, 카트린 왕비는 노스트라다무스와 그의 가족을 왕궁으로 초청하기도 한다.

그의 필생의 역작 『모든 세기』는 1555년 초판이 출판된 이후, 1557년

투옥되기도 했다.

에 제4권의 나머지와 제5,6권, 그리고 제7권의 일부가 실린 두 번째 책이 인쇄되었다. 1558년 세 번째 판이 인쇄되었지만 현재는 일부만 전해진다. 당시 원시적인 목판 인쇄기술로 200부 정도를 인쇄하였고, 그것을 파리와 살롱의 친지들에게 나눠주면서, "이 속에 세계의 미래가 모두 들어있다."고 말한다. 그의 작품 중에서도 특히 해마다 출판된 연례 달력, 즉 연감이 가장 인기가 많았는데, 1550년부터 그가 죽을 때까지 매년 출판되었다. 종종 그는 "상세한 예측", "더 일반화된 예측"과 같은 제목으로 한두 해 또는 세 해를 게재하기도 했다. 이후 카트린의 아들들이 모두 프랑스 왕이 되지만 결국 모두 요절하고 만다는 예언까지 들어맞으며 유럽 전역에 명성을 날리게 되고, 사람들은 큰 사건이 터질 때마다 그의 예언서를 뒤져보게 된다. 그는 말년까지 왕비의 총애를 받아 풍족한 노후를 보낼 수 있었으나, 그는 지병인 통풍과 류머티즘으로 고통을 받았다. 1566년 7월 1일 밤에 샤비니 비서에게 말하기를 "해 뜰 무렵 나를 살아있는 사람으로 만나지 못할 것"이라고 했고, 다음 날 아침 숨을 거둔 채 발견되었다.

24 ⬦

PREFACE DE M. MICHEL NOSTRADAMVS A SES PROPHETIES
M. 미셸 노스트라다무스의 서신

Ad Caesarem Nostradamum filium,
내 아들 세자르 노스트라담에게,

Vie et felicite.
너의 장수와 행복을 기원하며.

Your late arrival, César Nostradame my son, has caused me to set out in writing the long periods that I have spent in continual nocturnal watches, in order to leave you a memorandum, after the physical extinction of your progenitor, for the general benefit of mankind, of that about which the Divine essence has granted me knowledge through the Astronomical revolutions. And since it has pleased the Immortal God that you have not come in natural light in this earthly shore, and do not want to state your years (of maturity) never the less your Martial months incapable to receive in your weak understanding what I shall be constraint to specify after my death: seeing that it is not possible to leave you in writing what shall be obliterated by the ravages of time: for the hereditary gift of the occult prediction shall be shut up within my bosom: considering also the outcome of human events is uncertain, and that all of it is ruled and governed by the power of God Inestimable, inspiring us not by drunken frenzy, nor by melancholic emotion, but by astronomical assertions. Only those divinely inspired can predict particular things in a prophetic spirit.

....

내 아들, 세자르 노스트라담, 네가 너무 늦게 오는 바람에 나는 밤마다 (미래의 일들을) 관찰하느라 많은 시간을 할애하게 되었고, 그리고 이렇게 편지로 너에게 전해줄 수 있게 되었다. 너의 자식들까지 죽은 이후의 미래의 세상에서 살아갈 후세들에게 도움을 주기위해 신성한 본체가 천체들의 이동을 통하여 나에게 인지하도록 허락해준 이 지식들을 너를 통하여 모든 사람들에게 남길 수 있게 되었다. 내가 너에게 억지 유산으로 남겨주게 될 이 기록들을 이해하고 파악하는데 노력하게 될 시간을 줄여주고 싶다. 시대의 편견 때문에 파괴될 지도 모를 이 기록들을 너에게 남기는 것이 가능하지 않을지도 모르겠다고 가정하면서… 네가 계승할 비밀 예언들의 열쇠는 내 마음속에 있을 것이다. 기록된 사건들은 아직 실현되지 않은 것들이다. 그리고 그 모든 것들은 주신酒神의 취기나 감정 같은 것에 의해서가 아니고, 천체학적인 확신으로 우리를 고취시켜주시는 전지전능하신 창조주의 권능으로 제어되는 것임을 마음속에 간직하고 있어라. 오직 신성한 영감에 감응된 이들만이 예언의 정신으로 특별한 것을 예언할 수 있단다.

....

16세기 노스트라다무스는 필생의 역작 『모든 세기』4)를 남기면서, 의도적으로 특정 인물들에게 2개의 서신을 보내는데, 이는 사실상 『모든 세기』의 서문이라고 볼 수 있을 정도로 중대한 내용들을 담고 있다. 서신중의 하나는 1555년 3월 1일 날짜로 그가 특별히 애지중지하던 아들 세자르에게 보냈고, 그리고 또 다른 하나는 1558년 6월 27일 날짜로

---

4) 세기, 즉 100년을 뜻하는 영어 Century와 달리 프랑스어 Centurie는 100년을 뜻하는 것이 아니다. '100명으로 구성된 군대'나 '100명으로 구성된 그룹'이나 '100편의 시'라는 뜻을 담고 있다.

당시 프랑스의 국왕이었던 앙리2세에게 보내면서, 총 1000개의 예언이 담긴 4행시를 후세에 남기게 된다.[5] 그가 이 예언을 남기는 목적은 후세에 도움을 주기 위해서라고 분명하게 밝히고 있으며, 또한 자신의 예언은 신성한 본체, 즉 우주의 중심인 성령으로부터 비롯되었다는 것도 분명하게 밝히고 있다.

그의 예언은 16세기 중반에 통용되던 당시의 프랑스어로 기록되어있으며, 필자는 16세기 고어는 물론이고, 현대 프랑스어 자체에 대해 아예 지식이 없는 문외한이기 때문에 영어 번역본을 주로 살피는 동시에 프랑스어 원문을 참고하며 현재 이 글을 써내려가고 있는 중이다. 따라서 당연히 필자의 번역이 완벽할 수 없을 것이다. 궁금해지는 점에 대해 즉시 살펴볼 수 있도록 프랑스어로 된 원문을 삽입하고 싶지만 지면 관계상 부득이하게 제외하기로 하였고, 대신에 영문을 병기해놓기로 한다. 필자가 전혀 전공자가 아님에도 불구하고, 굳이 이렇게 서신 2개를 애써 공을 들여 분석하는 것은 그동안의 연구자들이 크게 놓치고 간과한 부분이 이들 속에 있다고 믿고 있기 때문이다. 『모든 세기』의 전체적 구도는 서신 2통이 서문으로서 먼저 뼈대를 이루고, 그런 연후에 4행시들이 살이 되고 있는 듯하다. 이런 추측을 뒷받침해줄만한 단서들이 곳곳에 숨어 있다. 분명 한 통의 서신에 불과한데 이 서신들에는 1,000개의 4행시들을 능가할 정도로 중대한 예언들이 담겨져 있기도 하다. 뿐만

---

5) 애초 그는 10개의 Centurie, 즉 1000편의 4행시를 쓰려고 계획했던 것으로 보이나, 7번째는 완성되지 않았고, 그 이유도 밝혀지지 않았다. 또한 그는 11번째와 12번째를 덧붙이려고 시도했던 것으로 보이고 완성되기 전에 사망한 것으로 보인다. 이렇게 발표된 시들이 대략 1100여 개에 이르는 것으로 알려져 있고, 최근 들어 대중에게 공개되지 않았던 4행시들이 추가 발견되기도 했다.

아니라 대체로 아리송한 내용들로 가득 찬 4행시들과 달리, 비교적 구어체에 가까운 형식으로 기술되어 있으며, 내용도 상대적으로 쉬운 편이고, 『모든 세기』의 성격을 전체적으로 규정해주는 중요 사항들이 기술되어 있기도 하다. 그러므로 그간의 주요 연구가들이 서문을 먼저 언급하지 않았던 것이 오히려 이상하다고 해야 할 정도라 하겠다. 아들 세자르에게 보낸 편지 내용은 분량이 비교적 적지만 "방종의 주기"에 대한 내용, 그리고 "최후의 전쟁", 즉 "아마겟돈"에 대한 내용이 등장한다. 그리고 분량이 비교적 많은 앙리2세에게 보내는 서신에는 그가 바라본 7000년과 더불어 534년이란 중요한 주기에 대한 언급, 더불어 제1, 2, 3차 세계 전쟁을 중심으로 세계 역사가 흘러가는 전체 흐름을 파악할 수 있을 정도의 수많은 예언들이 등장한다. 그러나 무엇보다도 노스트라다무스 자신이 『모든 세기』에 대해 어떤 생각과 감정을 갖고 있었는지, 더불어 인간 노스트라다무스를 짐작해볼 수 있다는 것, 그런 것들이 더 중요한 부분이 아닌가 싶다.

Although I have long repeatedly predicted, well in advance, what has since come to pass, and in particular regions, asserting the whole of it to have been done through divine vertu and inspiration and having deliberately said nothing of, and refrained from putting in writing, other events both happy and unfortunate that were foreshadowed as increasingly imminent, and that have since come to pass by the regions of the world, for fear of attack, and not only of the present time, but also of most of the future, to put in writing, because regimes, sects and religions shall undergo such diametrical changes with respect to the present that if I were to disclose what shall come to pass, members of governments, sects, religions and faiths would find it so out of kilter to their fantasies, that they will come to condemn what will be recognized as having been seen and perceived over the centuries to come. Considering also the statement of the true Savior. Give not that which is holy unto dogs, nor cast your pearls before swine, lest they trample them under their feet and turn upon you and tear you in pieces. That was the cause for me to refrain from public utterance and prevented putting the pen to the paper, Then I extended myself declaring for the common future, by abstruse and puzzling sentences the future causes, even those truly urgent ones and those that I have foreseen, whatever human changes may be to come shouldn't scandalize delicate ears, and the whole thing written in nebulous form, rather than all prophetic, although, 'Abscondisti haec sapientibus, & prudentibus, id est. potentibus & regibus, & enucsleasti ea exiguis & tenuibus ('Thou hast hidden these things from the wise and prudent, i.e. the mighty and kings, and hast revealed them to the small and weak): and to the Prophets by the way of the immortal God, and the good Angels have received the spirit of foretelling, by which they see distant things and come to foresee the future events, for nothing can be fully achieved without him, to whom so great is the power, and goodness to his subjects, that while they abide in them, while still subject to all other good common sense influences: that prophetic heat and power approach us: just as the rays of the Sun reach us, casting their influence over elementary and non-elementary bodies.

전혀 예상치 못했던 것들을 자꾸 보게 되면서, 그것이 불행한 사건이든 행복한 사건이든 간에, 그 모든 것들을 창조주께서 특별히 허락하신 권능과 영감의 덕분으로 여기며, 나는 앞으로 긴 시간동안 지구상의 여러 지역에서 일어날 이런저런 특별한 일들을 미리 예언해놓는다. 현 시대뿐 아니라 미래의 대부분까지 불공정하게 평가받고 배척당할 것을 알고 있기에, 아직도 나는 사실 기록하는 이 일을 그만 두고 조용히 있고 싶단다. 왜냐하면 권력을 차지한 사람들이나 각 종교의 지도자들은 자신들이 진실이라 믿고 있는 것들과 이 예언의 내용이 대단히 다르다고 생각하게 될 것이고, 내 예언을 귀담아 듣기는커녕, 오히려 비난을 일삼을 것이기 때문이다. 그들은 나중에 예언이 완전히 실현되는 것을 보고나서야 비로소 내 말을 인정하게 될 것이다. "<u>거룩한 것을 개에게 주지 말며 너희 진주를 돼지 앞에 던지지 말라. 그들이 그것을 발로 밟고 돌이켜 너희를 찢어 상하게 할까 염려하라.</u>"고 하신 성서의 말씀 그대로 나는 직설적인 언어를 가급적 절제하였다. 아주 가까운 장래에 일어날 일들조차도, 나는 애매하고 수수께끼 같은 언어와 통속적인 표현으로 기술해놓았는데, 그 이유는 어렴풋이 이해되기를 바라고 있기 때문이다. 왜냐하면 그렇게 해야 미묘한 예언들에 대한 부당한 중상모략을 그나마 덜 할 것이기 때문이다. 따라서 전체적으로 평범한 양식보다는 오히려 희미하게 장막을 쳐놓는 방식으로 작업을 해놓았다. 그렇게 함으로써 현명한 자들과 빈틈이 없는 자들로부터 이것들을 숨겨놓은 것이다. 반면 오히려 힘없고 가난한 보통 사람들은 이것을 이해할 것이고, 우주의 통치자이자 전능하신 창조주로부터 예언적 직감의 능력을 부여받은 이들도 이를 이해하게 될 것이다.

밑줄 친 구절은 「마태복음」 7:6을 인용하고 있는 대목이다. 그는 사실 누구보다도 신앙심이 깊은 기독교도였으며, 『성경』 자체를 진리의 반석위에 새겨진 신의 말씀으로써 받들며 절대적으로 신봉하고 있었던 사람이었다. 그도 그럴 수밖에 없는 것이, 그의 탁월한 영감과 천체학 지식에 의한 추산으로 알게 된 먼 미래의 사건들이 이미 「계시록」 등에 명명백백하게 적시되어 있는 것을 수없이 경험으로 직접 체득한 사람이었기에 그 누구보다도 신뢰의 크기가 클 수밖에 없었을 듯하다. 서신의 이 대목에서 우리는 『모든 세기』의 예언들이 어찌하여 하나같이 그렇게 애매모호하고 알쏭달쏭했던 건지 그 이유를 눈치 챌 수 있게 된다. 그 이유는 다름 아닌 바로 우리의 예언자 자신이 일부러 작정하고 의도적으로 그렇게 써놓았기 때문에 그러했던 것이다. 각 문구마다 다른 의문의 여지들이 가급적 많이 떠오를 수밖에 없도록 의도적으로 단어들을 고르고 골라서 기술해놓았던 것이고, 그 결과 태생적으로 이미 해석 자체가 사람마다 천양지차로 달라질 수밖에 없었던 것이다. 애초에 그가 의도했던바 그대로, 우리는 그 일이 대명천지에 실현되고 나서야 비로소 그 의미를 겨우 깨닫게 되거나, 심지어는 실현되고 나서도 여전히 깨닫지 못하는 사태들까지 비일비재 벌어지고 있다. 그럼에도 불구하고 우리들이 『모든 세기』를 읽어야 하는 이유는 무엇보다도 우리 자신들이 우리의 미래사에 대해 너무나 무지하기 때문일 것이다. 모래 폭풍이 휘몰아치는 사막에서 길을 잃으면 유일한 희망은 나침반 뿐이다. 한치 앞을 내다보기 힘든 거대한 격변이 예고되고 있는 현하대세야말로 말 그대로 폭풍전야의 시기라 할 수 있겠는데, 나침반이 절실해지는 그런 때가 불원간에 들이 닥쳐온다면 우리는 과연 무엇에 의지해 우리의 발걸음을 재촉해볼 수 있을까? 이 질문의 답이 될 만한 게 그리 많지 않다는 것을 우리는 익히 잘 알고 있다. 따라서 더더욱 대예언자의 말을 귀담아 들어보는 게 좋을 듯하지만, 그 전에 한 가지, 그의 서신에서 드러나고 있는 다음과 같은 예언자의 속마음을 미리 참고해 두는 것이 좋을 듯하다.

"나의 예언은 충분치 못한 이해력으로는 해독 자체가 쉽지 않을 것이다. 제대로 해독해내는데 오랜 세월이 소요될 것이다. 그러나 한 가지 분명히 말할 수 있는 것은 나는 후일 일어날 일들을 모두 알고 있다. 내가 원했다면 모년모월모일모시까지도 빠짐없이 소상하게 기록해놓을 수 있었다. 하지만 그렇게 상세하게 서술해놓았다면 세상의 통치자들이 그리 달갑게 여기지 않았을 것이고, 마침내 나의 예언들이 모두 소각되어 버렸을 것이다. 그래서 그렇게 비밀스런 표현으로 포장을 해둘 수밖에 없었던 것이다. 때가 지나감에 따라 차츰차츰 밝혀지게 될 것이다. 그 비밀스런 4행시들의 의미를 명확하게 이해할 수 있게 될 것이다. 애매하게 생각되던 부분까지도 선명하게 해석할 수 있게 될 것이다. 그러니 섣불리 판단하지도 말고, 조급하게 굴지도 말라. 애매하다면 아직 때가 되지 않은 것이다. 또는 그대의 이해가 아직 부족한 것이다."

As for us who are humans, we cannot do nothing by our natural knowledge and intuitive ingenuity to get the knowledge of the hidden secrets of God the creator, Quia non est nostrum noscere tempora. nec momenta etc. (It is not for you to know the times nor moments, etc.) Although also from present they can be people to whom God the creator has deigned to reveal through imaginative impressions, some secrets of the future according to judicial astrology just as in the past, that a certain power and faculty of the mind came through them, appearing like a flame of fire, inspiring them in such a way as to allow others to appreciate their divine and human inspirations. For the divine works, that are totally absolute, are fully achieved by God: the medial in the center by the angels: the third by those who are evil.

만약 인간이 창조주께서 숨겨 놓으신 비밀스런 지식을 얻고자 한다면, 인간 들이 흔히 자랑하는 그 잘난 직관적 독창성이나 자연에 관한 지식들 따위만 가지고서는 사실 아무 것도 얻을 수가 없을 것이다. 시간이나 순간의 개념 같 은 것들은 인간의 영역에 속해 있는 것이 아니다. 만약 뭇 다른 자들로부터 신 성과 영성을 인정받도록 해주실 목적으로 창조주께서 특별히 허락해주신 경 우라면, 지금 당장이라도 신으로부터 영감을 부여받으며 풍부한 환상을 통해 (그 옛날 다니엘 선지자가 그랬던 것처럼) 마음속의 어떤 힘과 재능이 솟아나 고, 불꽃의 화염처럼 환영을 보며 계시를 행하는 그런 예언자가 되는 게 가능 할 것이다. 신성한 사역들, 그것은 완전히 절대적인 것이다. 그것은 **첫째** 전적 으로 창조주의 권능으로 성취되는 것이다. 그리고 **둘째** 하늘이 보내신 천사들에 의해 성취될 수도 있을 것이다. 그것이 아니라면 세 번째 가능성은 악마의 능력으로 성취되 는 경우일 것이다.

어느 날 노스트라다무스가 궁중에 머물고 있을 때, 당시의 프랑스 국왕이었던 앙리2세가 이렇게 물었다.

"그대의 섬찟하고도 심술궂은 지혜는 대체 어디에서 나오는 것인가?"

질문하는 말투로 보아 그는 노스트라다무스의 예언 자체를 모두 환 영일색으로 달가워할 수만은 없었던 모양이다. 종잡을 수가 없는 그의 예언 한 마디 한 마디에 상당한 심리적 압박감을 느끼고 있었던 것 같 다. 아무튼 이런 갑작스러운 국왕의 질문에 대해 그는 이렇게 대답을 한다.

"하나님에게서 나옵니다. 저는 하늘의 별을 올려다보거나 수정 구슬을 응시하면서 점을 치기도 하지만, 그것은 어디까지나 참고하는 것에 지나지 않습니다. 중요한 것은 하나님의 말씀 그대로 예언을 합니다."

이렇게 대답하는 것을 옆에서 들은 시중들로부터 전해들은 궁중의 사람들이 수군거리기 시작한다. 그리고 그 중의 한 사람이 이렇게 말한다.

"예수가 말하길, '나 자신은 아무 것도 모른다. 그러나 하나님 아버지는 모든 것을 알고 계신다. 나는 다만 그것을 너희들에게 전달할 뿐'이라고 말했었는데, 지금 그 얘기와 완전히 같은 얘기를 하고 있는 것 아닌가?"

사람들이 모두 고개를 끄덕끄덕 거리면서, 그를 더욱 두려워할 수밖에 없었다고 한다. 지금 서신에서도 그 옛날 선지자 다니엘은 두 번째 방식, 즉 하나님이 보내시는 천사로부터 전해들은 바를 예언한 경우이겠지만, 자기 자신의 예언은 첫 번째 방식, 즉 하나님으로부터 전해지는 바를 그대로 전달하는 것이라고 진술해준다. 더불어 예언의 마지막 가능성은 악마의 능력에 의해서도 가능할 것 같지만, 적어도 자신의 예언은 그 경우는 아니라는 것을 강조하고 싶었던 것 같다.

But my son, I am speaking to you here a little too obscurely: but as for the occult predictions that one manages to receive through the subtle spirit of fire, which sometimes by the disturbed intellect contemplates attentively the highest of the stars, surprises one with the written statements of pronouncements made with neither fear nor expectation, nor with immodest loquacity: but what of the whole of it proceeding from the divine power of the Almighty and Eternal God

34 •

from whom all goodness proceeds. Yet, my son, that I have inserted the name Prophet, I would not attribute to myself a title of such lofty sublimity for the present: for "qui propheta dicitur, hodie, olim vocabatur videns" (He who is called a prophet was once called a seer): for, properly speaking, my son, a Prophet is one who sees far-off things from the natural knowledge of all creature. And for instance it can happen that the Prophet, by means of the perfect light of the prophecy manifestly appearing before him, can see divine things as well as human, that cannot be done, seeing that the effects of future prediction extend far away.

그러나 아들아, 내가 여기서 너무 모호하게 말하고 있는 듯하다. 나의 신비한 예언에 대해 말해준다면, 그것은 신묘한 불의 정령을 통하여 내려진 것이다. 창조주의 말씀들이 전해진 것과 마찬가지 방식으로 밤새도록 먼 거리의 별들을 응시하고 있으면 이따금씩 지식이 하늘로부터 내려오곤 한다. 충격을 받거나 공포가 없이 예언들을 적어 내려가면서 스스로 깜짝깜짝 놀라는 내 자신을 발견하곤 했단다. 그 이유는 이 모든 것이 전지전능하신 창조주의 권능에서 비롯된 것이기 때문일 것이다. 그러나 나의 아들아, 나는 예언자라는 호칭을 바라지 않는다. 지금 예언자라고 불리는 이들은 모두 그 옛날 선지자로 불리었던 분들이다. 말하자면, 선지자란 평범한 피조물들로서는 도저히 인지할 수 없는 아주 먼 곳을 볼 수 있는 사람일 것이다. 이를테면 존재 앞에 분명하게 나타나는 예언의 완전한 빛으로 말미암아 선지자는, 미래 예측의 범위가 아주 광범위하게 확장되는 것을 보면서, 보통의 인간이 볼 수 없는 신성한 것들을 볼 수가 있는 것이다.

상기의 진술을 통해 알 수 있는 바는, 선지자로서의 역할을 강력하게 부정하는 그 말 속에서 자신이 선지자에 대해 상당히 의식을 하고 있었음을 짐작해볼 수 있다. 아마도 스스로 수천 번도 넘게 되물어보았던 질문이 바로 이것이었을 것 같다.

"나는 지금 선지자의 사명을 부여받고 있는 것인가?"

본인이 진술하는 바, 깜짝깜짝 놀랄 정도로 불쑥불쑥 찾아오는 예언의 환영들이 자신에게 주어지는 매 순간순간마다, 이것을 놓고, 지금 자신이야말로 하나님이 보내신 선지자의 사명을 받들고 있는 것이 아니냐는 자문을 스스로에게 이루 셀 수도 없이 던져보지 않을 수 없었을 것이다.

"대체 이것들이 어찌하여 하필이면 지금 나에게 주어지고 있단 말인가?"

그러면서 필시 「계시록」을 지은 사도 요한이 바로 이런 심정이 아니었겠느냐고 생각을 해보았을지 모르겠다. 그러나 사도 요한과는 대응이 다를 수밖에 없었던 점은 16세기 중반 엄연히 교황청이 존재하고, 교황을 비롯하여 수많은 사제들이 즐비한 반면, 자기 자신의 처지야말로 귀에 걸면 귀걸이, 코에 걸면 코걸이 식으로, 여차하면 도매금으로 넘어갈 수 있는, 남의 나라 남의 땅에 살고 있는 유대인의 신분에 불과한지라, 공연히 선지자를 자칭하면서 나선다는 것이 대단히 꺼림칙했을 것으로 추측된다.

"자칫 잘못하면 서슬 퍼런 종교 재판의 빌미가 될 수도 있겠구나!"

스스로 자제하고, 또 자제하기로, 생각을 다잡을 수밖에 없었을 것으로 짐작된다. 그리고 그러한 그의 선택은 지극히 올바른 선택이었던 같다. 여기서 얻을 수 있는 교훈 한 가지, 겸손이야말로 최선의 미덕임에 분명해 보인다.

For the incomprehensible secrets of God, and their effective power belongs to a dimension very remote from natural knowledge, taking their immediate origin from the free will, brings about the matters that cannot of themselves be noticed as such in order to be revealed, neither by the human augury, nor by other knowledge or occult virtue, comprised under the concavity of heaven itself, from de presently encompassed total eternity, that comes by itself to embrace the whole of time. But through some indivisible eternity, by means of Heraclian agitation, the matters are known by the celestial movements. I do not say, my son, in order that you understand it, that the knowledge of this matter cannot yet imprint in your weak mind, that very distant future matters are not to be known by the reasonable creature: much less those which are simply the extrapolation by an intellectual person of current events, these are by no means too carefully hidden from him, but on the other hand nor can they be said to be obvious. But the perfect perception of matters cannot be acquired without that divine inspiration: given that all prophetic inspiration receives its principle motivating force from God the creator, then from luck and from instinct.

하나님의 비밀은 이해할 수 없는 것이다. 그 분의 능력은 자연 지식에서 아주 멀리 초월한 차원에 속한 것이며, 자유의지로부터 즉각적인 원천을 얻으며, 흔히 인간들이 의지하는 육감이나 다른 종류의 지식이나 신비한 힘 같은 것에 의해 비롯되는 것이 아니라, 천국의 움푹 들어간 곳 밑에 있는, 지금 주위를 둘러싸고 있는 포괄적인 영원성으로부터, 스스로 전체의 시간을 포착해내는 것이므로, 계시된 것이 그리 간단히 이해되지 않을 수 있다. 그러나 사건들은 초인적 노력과 천상의 운동에 의하여 쪼갤 수 없는 영원을 가로질러 드러나는 것이다. 아들아, 너에게 그것을 이해시키려고 말하는 것은 아니다. 이 문제에 대한 지식은 너의 연약한 마음속에 각인되어 있지 않구나. 먼 미래의 사건들은 드러나 있지 않다. 지적인 존재가 현재의 사건을 바라보는 방식으로 미래를 미루어 추론할 수 있는 그런 것도 아니다. 이들이 아주 조심스럽게 숨겨진 것도 아니지만 다른 한편으로는 그들이 명백하다고도 말할 수 없다. 미래의 사건들에 대한 완벽한 인식은 신성한 영감이 없이는 얻을 수가 없는 것이다. 창조주 하나님께 근본적 원천을 둔 예언적 영감이 주어져야만 그때에야 비로소 행운과 본능으로 완벽한 인식을 얻을 수 있는 것이다.

이른바 "예언"이란 것에 대한 자신의 소견을 집약해놓고 있다. 그에 의하면, 미래를 안다는 것은 결코 지적인 추론 같은 것에 의해 얻어질 수 있는 것이 아니다. 우주를 주재하시는 하나님으로부터 비롯되는 것이므로, 평범한 인간이 그러한 예언의 비밀을 다 이해할 수가 없는 것이라고 정리해준다. 오직 신성한 영감만이 예언에 접근할 수 있다는 것이다. 노스트라다무스는 자신이 성서에 등장하는 **이사칼족의 자손**이라는 점을 평생 자랑스러워했다고 한다. 하지만 필자가 보기에 그의 진짜 자랑거리는 바로 **신성한 영감**이었을 거라고 확신한다. 더불어 그가 지닌 탁월한 지적 능력과 천체의 노정을 꿰뚫어보는 분별력이었을 것이다. 이런 것들이 뒷받침되지 않았다면 그저 신성한 영감을 통해 펼쳐지는 환영이 전부였을 것이다. 그리고 이것만으로는 결코 높은 적중률을 담보할 수가 없었을 것이다. 그러나 그는 그것에만 그치지 않고, 성서와 천체학을 통해 재차는 기본이고 삼차까지 확인하는 후속작업들을 수행할 수 있었다. 직접 눈으로 본 환영을 성서에 계시된 내용을 통해서 확인하고, 별자리를 통해 한 번 더 확인했던 것이다. 그는 지적인 토론을 좋아했는데, 상대방이 자신과 토론을 벌일 만큼 지성의 소유자라고 생각되면, 그 사람과 장시간에 걸친 열띤 토론을 마다하지 않았다고 한다. 세슐 프로랑빌이 그런 사람 중의 한 명이었다. 노스트라다무스는 로렌느에 영지를 갖고 있던 그 귀족의 성城으로 자주 방문했다. 어느 날 그와 미래를 예지하는 능력에 대해 이야기를 나누고 있었다. 귀족은 그 예언 능력을 한번 시험해보자고 제의를 했고, 구경꾼들까지 모여들었다. 프로랑빌이 말하기를 지금 이 성안에는 흰색 돼지와 검은 색 돼지가 있다고 했다. 그리고 자신이 알고 싶은 것은 그 두 마리 돼지 중에서 오늘 저녁 어떤 놈이 요리가 되는지를 예언해달라고 했다. 이에 답하기를

"흰 돼지는 늑대에게 먹힐 것이고, 검은 돼지가 요리될 것입니다."

라고 예언했다. 그러자 프로랑빌은 빙그레 웃으며 자신이 이미 흰 돼지를 요리해달라고 주문해놨으므로 예언이 빗나갈 것이라고 확신했다. 그것도 모자라 그는 요리사에게 흰 돼지를 죽여 만찬에 내오라고 한 번 더 확인 명령을 내렸다. 그리고 그날 저녁 두 사람이 앉은 식탁

위에 소스를 듬뿍 올린 돼지 바비큐가 올라왔다. 프로랑빌이 웃으며 말했다.

"맛있어 보이는 흰색 돼지 아닌가?"

그러자 노스트라다무스가 대답했다.

"아니, 이것은 검은 돼지입니다."

그러자 프로랑빌이 말했다.

"그럴 리가 없는데, 이것은 흰색 돼지가 틀림없을 것이다."

하지만 노스트라다무스는 고개를 저었다. 그러자 프로랑빌이 말했다.

"그렇다면 요리사를 불러 직접 확인해보자."

요리사가 불려오자 물었다. 요리사는 시선을 떨구면서 말했다.

"사실은 늑대가 창문으로 뛰어들어 흰색 돼지를 물고 가버리는 바람에 검은 돼지를 잡을 수밖에 없었습니다."

For which equal matters, equally produced, and not produced, the prediction is proportionally fulfilled, where predicted. For the understanding created intellectually cannot see occultly, unless voiced in limbo by means of the slender flame in which part the future events will be inspired. Furthermore my son, I beg that you will never want

40 •

to employ your understanding on such dreams and vanities that dry-up
the body and put the soul in perdition, giving trouble to weak senses:
even the vanity of the more than execrable magic long condemned
by the holy scriptures, and by the divine canons (of the Church),
foremost is excepted the judgment of the judicial Astrology by which
and means of inspiration and divine revelation with continual cal-
culations, we have drafted our prophecies in writing. And although
that such occult Philosophy might not have been condemned, I had
no desire to present their unbridled assertions even though that several
volumes that have been hidden for a great many centuries where at
my disposal. But dreading of what may happen, I made, after reading
them a present to Vulcan, of such that while he was consuming them,
the flame licking the air gave out an unusual brightness, brighter than
natural flame, like the light of a flashing fire jet, suddenly illuminating
the house, like if it was in a sudden conflagration. For that reason
in order that in the future you shall not be deceived, searching the
perfect transmutation such as alkaline (metallurgical solution) than by
isolation, and underground noble metals, and to the hidden waves,
I have reduced them to ashes.

....

지성적 이해만으론 신비를 볼 수 없다. 가느다란 불꽃에 의지해 보게 된 미래
사건들의 어느 부분들이 망각 속에 빠져버리지 않는 한, 동등한 사건들에 대
한 예언들은 비례적으로 채워진다. 아들아, 나는 네가 약한 감각에 무리를 주
면서까지 몸을 망가뜨리고 영혼을 절망에 빠지게 하는 그러한 헛된 꿈이나 허

영심에 몰두하지 않기를 간곡히 바란다. 성서의 계시와 영감의 도움과 공식적인 천체학의 활용을 제외하고는 성서에서 금하고 있는 가장 저주스런 마술의 헛된 것들을 무엇보다도 피하도록 해라. 비록 오컬트(신비) 철학이 비난까지 받고 있는 건 아니지만, 수세기 동안 감춰져 있던 몇 권의 책[6]들을 소장하고 있었음에도 불구하고, 나는 그들의 절제 없는 단언을 (너에게) 선물하고 싶지는 않다. 무슨 일이 일어날지 모른다는 두려움으로 나는 그것들을 읽은 후에 모두 불칸(Vulcan)[7]에게 줘버렸다. 불칸이 그것들을 게걸스럽게 삼키는 동안 공기 속에서 넘실대는 화염은 예상치 못한 빛[8]을 발하기도 하였고, 화염과 불이 깜박이면서 분사되는 것처럼, 평범한 불꽃보다 더 밝았더랬다. 그리고 마치 불이라도 난 것처럼 집안을 갑자기 환하게 비추기도 했었다. 내가 그것들을 재로 만들어 버린 이유는 앞으로 네가 **연금술이나 신비한 힘** 같은 것을 찾는데 열중하지 않기를 바라기 때문이다.

그는 자신의 예언이 당시 유럽 사회에 널리 유행하던 오컬트(신비학)하고는 전혀 관련이 없다는 점을 특별히 강조하면서 분명히 선을 그어 주고 있다. 비록 자신이 혹시나 하는 관심으로 오래전부터 전해져오던 오컬트 관련 책들을 구해서 소장까지 하고 있었지만, 아들에게 물려줄 가치가 있다고 여기지 않게 되었고, 오히려 오컬트 지식을 통해 혼란스럽게 되는 상황을 염려하고 있는 것이다. 소장하던 책을 아들에게 주지 않은 것은 물론이고, 다른 사람들에게 전하거나 높은 값을 받으며 되팔

---

6) 노스트라다무스는 한때 오컬트나 연금술에도 관심이 있었던 것이 분명하다. 자신이 소장하던, 어쩌면 앗시리아 시대로부터 전해져 오던, 오래된 책을 불에 넣어 태워버린 듯하다.
7) 불의 신, 대장장이의 신
8) 오래 된 책에 방부 처리된 칼륨이 불꽃반응으로 반짝이는 불꽃을 만들 수 있다.

42 •

지도 않았다. 오히려 그로 인하여 괜한 오해가 초래되는 상황을 두려워
했던 것으로 보인다.

But as for the judgment that comes to fully achieve itself, by means
of celestial judgment, that I want to reveal to you: by this to obtain
knowledge of the future events, rejecting far away the fanciful
imaginations that will occur, defining the description of the locations
by supernatural divine inspiration according to celestial figures,
(indeed) the places, and one part of the propriety of time hidden by
virtue, power, and divine faculty, in presence of which the three times
are comprised by eternity, a circular course holding past, present and
future events: Quia omnia sunt nuda & aperta etc. In this way, my
son, you can easily understand, despite your tender brain, understand
that the things to come, can be prophesied by the nocturnal and
celestial lights, which are natural, and by the spirit of prophecy: not
that I wish to attribute to myself either the name or the role of a
prophet, but by revealed inspiration, like mortal man, whose senses
are no less distant from Heaven, than his feet are from the ground.
Possum non errare, falli, decipi, I am sinner greater than any in this
world, subject to all human afflictions.

....

그 대신 나는 너에게 계시를 남겨주고 싶구나. 천계의 심판을 통해 우주 자체
를 완전하게 만들기 위한 최후의 심판에 관하여… 쓸데없이 동반되는 상상의
거품을 제거함으로써, 미래에 일어날 사건들에 대한 지식을 얻는다, 천체학

적 추산과 초자연적인 신성한 영감으로 사건이 일어날 장소들을 확실히 정의한다. 그리고 사건들을 담고 있는 **과거, 현재, 미래가 진행하면서 하나의 원처럼 동그랗게 영원[9]을 구성하고**, 그 영원을 구성하는 세 가지 시간 요소(과거, 현재, 미래)들의 현존 속에서, (모든 것이 발가벗겨져 노출되어 있고 열려 있기 때문에) 미덕과 권능과 신성한 재능으로 숨겨져 있는 시간을 확정한다. 아들아, 이런 식으로, 늦은 밤 동안의 작업과 자연스러운 천상의 빛에 의해, 그리고 예언의 정신으로 예언될 수 있었던, 앞으로 오게 될 일들을 너는 쉽게 이해할 수 있을 것이다. 너의 연약한 두뇌에도 불구하고… 나는 선지자의 이름이나 역할을 나 자신에게 부여하고 싶지는 않다. 나는 계시된 영감으로, 땅에 발을 두고 있기보다는 오히려 하늘 쪽에 가까운 감각을 지닌, 죽음의 숙명을 타고난 하나의 인간일 뿐이라고 말하고 싶구나. 나는 잘못을 범하거나 실패하거나 속일 수가 없단다. 나는 모든 인간적인 고난을 감수해야 하는, 이 세상에 있는 그 어떤 사람들보다도 더 큰 죄를 지은 한 사람의 죄인에 불과하다.

이 편지의 발송 날짜는 1555년으로 기록되어 있는데, 정작 아들 세자르는 노스트라다무스가 우리 나이로 51세이던 1553년 12월 18일에 태어났다. 따라서 3살짜리 아이에게 이 편지를 쓰고 있는 셈인데, 갓난아이에게 쓰는 말투로 보기에는 뭔가가 많이 이상하다. 이 편지는 아마도 미래의 어느 날 성장해있을 아들에게 쓰는 편지였을 것 같다. 그리고 동시에 후세의 사람들에게 쓰는 편지라고 보는 것이 보다 타당할 것 같다. 상기의 "**과거, 현재, 미래가 진행하면서 하나의 원처럼 동그랗게 영원을**

---

9) 시간이 과거, 현재, 미래로 일직선의 형태로 흘러가는 개념이 아니라, 갑자년이 흘러가지만 일정한 주기가 되면 또 다시 갑자년이 돌아온다는 동양 역학에서 보는 시간의 개념, 즉 과거, 현재, 미래가 계속 순환되는 형태의 시간 개념을 말하고 있다.

구성하고"란 대목에서 우리는 그가 동양의 순환적 시간 개념과 완전히 일치하는 내용을 기술하고 있음을 깨달을 수 있을 것이다. 1555년이 흘러 결국 현재 2017년을 지나간다는 식으로 오직 한 방향으로의 시간 개념만 인식하고 있는 서양인들로선 지금 이 구절의 의미를 제대로 간 파해내기가 어려울 것 같다. 반면 동양의 시간 개념은 지금 정유년이 흘러가지만, 때가 되면 또 다시 정유년이 되돌아오게 마련이다. 노스트 라다무스는 평소 고대 로마가 다시 부활한다는 지론을 펼쳤다고 한다. 뿐만 아니라, 부활한 로마의 운명까지도 고대 로마의 운명과 그 맥을 같이 하게 될 것이라고 말했다고 하니, 이 모든 것들이 순환적 시간 개념에 바탕을 두고 있는 바이다. 오직 동양적 개념 속에서만 보다 선 명하게 이해될 수 있는 내용이다. 한편 상기 서신의 "큰 죄를 지은 한 사람의 죄인에 불과하다."란 대목에서 독실한 기독교도에게서 흔히 접 해볼 수 있는 겸손한 "원죄 의식"을 확인할 수 있게 된다. 그들의 겸손 만큼은 높이 평가하는 바이지만, 유독 기독교에서 죄의식을 강조하는 것이 마치 "양날의 칼"처럼 조심스러워지게 된다. 우리가 한평생 살아 내야 할 광활한 삶의 바다에서 하필이면 두터운 "원죄 의식"까지 끼고 산다는 것, 조금은 유감스러워지는 대목이 아닐 수 없다. 불교로 치면 카르마(업)라는 개념에 과도한 집착이 느껴지는 대목이다. 방망이를 휘 둘러대던 선가의 대가들 같았으면 절대로 용납을 못했을 것 같다. 그보 다는 차라리 "텅 빈 의식"이 채울 것도 많아지고 훨씬 더 유익하지 않을 까?

But being overtaken some times weekly by ecstasy, and by lengthy calculation, lending a sweet odor to my nocturnal studies, I have composed books of prophecies each containing 100 astronomical quatrains of prophecies, which I have intentionally arranged a little obscurely: and are perpetual predictions, for from here until the year 3797. That possibly will cause some people to raise their eyebrows, on seeing such a long extend, and beneath all the concavity of the Moon shall take place and (be) understood with the universal mean the events throughout all the earth, my son. That if you live the natural human age, you shall see in the area of your own native Sky, the future events foreseen.

그러나 매주 몇 번씩 황홀경이 엄습해오고, 그리고 오랜 시간에 걸쳐 계산을 행하고, 늦은 밤 연구의 달콤함에 빠져서, 나는 의도적으로 조금 모호하게 배열한 각각 100개의 4행시들을 담고 있는 예언 책을 구성해놓았다. 이 책에는 (서기 1555년) 현재부터 (2242가 더해진) 3797년까지 일어날 사건들이 예언되어 있다. 내 아들아, 그러한 달빛 아래에서 일어날, 세상 전체에 일어나고 보편적인 의미로 이해될, 긴 시간의 일들을 한꺼번에 보면서, 아마도 일부 사람들은 눈썹을 치켜 올리며 아주 못 마땅하게 생각할 수도 있을 것이다. 만약 네가 일반적인 인간의 삶을 산다면 너는 너의 고향 하늘 아래서 어떻게 미래의 사건들이 실현되어 가는지 네 고향 땅 위에서 인식할 수 있을 것이다.

상기 "매주 몇 번씩 황홀경이 엄습해오고"라는 대목에서 그가 주장하는 이른바 예언의 필수요소인 "신성한 영감"이란 것의 출처를 능히 짐작해볼 수 있게 된다. 그것은 다름 아닌 충만한 성령의 감동임이 분명하다. 이와 비견해볼 수 있는 대목은 『성경』을 통틀어 오직 「계시록」에

46   •

서만 발견되는데 계 1:10을 보면 이런 대목이 나온다.

"주의 날에 내가 성령에 감동해 내 뒤에서 나는 나팔소리 같은 큰 음성을 들으니"

분명 사도 요한이 성령에 감동한 상태에서 계시를 받았노라고 진술하고 있고, 노스트라다무스는 황홀경이 엄습해왔노라고 진술하고 있다. 또한 요한은 종말을 말해주는 「계시록」을 저술했고, 그 또한 종말을 말해주는 『모든 세기』를 저술했다. 우리는 「계시록」과 『모든 세기』가 이렇게 상호보완적 관계에 서있다는 것을 명확히 인식할 필요가 있다. 심지어 노스트라다무스는 『성경』을 자신의 예언들이 성립되는 필수 요소의 하나였노라고 분명하게 밝히기까지 했다. 그리고 지금 서신에서 중요한 숫자 하나가 제시되는데, 자신의 예언이 서기 3797년까지라고 선명하게 드러내고 있다. 물론 두 말할 필요도 없이, 이 서신의 내용만 놓고 보면 다른 해석의 여지가 전혀 없다고 하겠는데, 그런데 국왕에게 보낸 서신까지 함께 참고해서 보면, 이야기가 조금 달라진다. 상기의 진술에서 3797보다 훨씬 더 중요해 보이는 숫자 하나가 도출되는데, 바로 이것이다. 3797 - 1555 = 2242, 이렇게 간단하게 도출된 2242는 국왕에게 보낸 서신 속에서도 공통적으로 도출되므로, 사실상 3797라는 숫자보다 2242라는 숫자가 훨씬 더 중요한 셈이 된다. 따라서 말은 이렇게 써놓았지만 예언의 유효기간이 실제로는 서기 2242년을 넘어서지 않을 가능성이 농후하다고 추정할 수 있다. 그가 공개적으로 천명한 바와 같이 진의는 항상 잘 안보이도록 구성해놓았다는 점을 참고한다면 보다 판단이 쉬울 것이다. 어쩌면 적어도 서기 3797년까지도 유효한 예언이 한두 개쯤 들어있을지도 모르겠다. 하지만 『모든 세기』

안에서 서기 2242년 이후의 일을 찾는 것 자체가 거의 무의미한 일이라고 단정해보게 된다. 하물며 서기 7000년? 그런 얼토당토 않는 얘기는 아예 두 귀에 담을 필요조차 없다.

Although the sole eternal God, is the only one who knows the eternity of his light, proceeding from himself, and I tell frankly that into those to whom his immense greatness, which is immeasurable and incomprehensible, has deigned to reveal through long and melancholic inspiration, that by way of hidden matters divinely manifested, mainly from two principal matters, that are comprised in the understanding of the inspired one who prophesies, the one that come to infuse, clarifying the supernatural light, to the person who predict by the doctrine of the stars, and prophesies through inspired revelation, which is a certain participation from the divine eternity, by means the Prophet comes to judge what is given to him from his own divine spirit through God the creator, and by a natural inducement: to know that what is predicted is true, and took its celestial origin: and such light and slender flame is altogether efficacious, and from such highness none less than natural clarity and natural enlightenment that rends the Philosophers so assured, which by mean of the principles of the first cause have attained the innermost depth of the highest doctrines.

비록 영원하신 하나님께서만 신령한 빛의 영원성을 아시는 유일한 분이시겠지만, 헤아릴 수 없고 이해할 수 없는 그분의 엄청난 위대함과 길고 엄숙한 영감을 통해, 창조주 하나님과 자연적인 유인을 통해 자신의 거룩한 영으로부터 그에게 주어진 것을 판단하는 예언자를 통해, 영감 받은 자의 예언에 대한 이해에 포함되는, 주로 두 가지 중요한 신탁에서 신성하게 드러난 숨겨진 신탁으로 말미암아, 신성한 영원으로부터 어떤 관계가 있는 영감 받은 계시를 통해 예언하고, 초자연적인 빛을 분명히 하고, 별들의 교리로 예언하는 사람[10]에게 주입하기 위해 오는 존재[11]로부터 황송스럽게 계시 받았음을 나는 솔직하게 고백한다. 그리고 예언은 사실이고 천계에 기원을 두고 취해진 것이다. 그리고 그런 가볍고 가느다란 불꽃은 요컨대 효능이 있고, 그리고 철학자들에게 그렇게 확신을 주었던 자연의 선명함과 자연적인 계발보다 결코 더 못하지 않은 그러한 고귀함으로부터 유래된, 가장 위대한 교리의 가장 깊숙한 곳까지 도달하는 으뜸가는 근본 원리이기도 하다.

....

상기의 서신에서, "예언은 사실이고, 천계에 기원을 두고 취해진 것이다."라고 명시된 바에서 그가 마음속에 품었던 확신의 크기가 어느 정도인지를 짐작해낼 수 있다. 엄밀히 말해서 예언의 하나이므로 "장차 실현될 가능성"에 불과한 것 아니냐고 물어오는 사람들 앞에서, 그는 이렇게 분명하게 대답한다.

"아니다. 가능성이 아니라 확정된 것이다. 단지 아직 실현되지 않았을 뿐이고, 때가 되면 실현될 것이다."

실제로 노스트라다무스가 살아 있는 동안, 그 해의 일들을 예언해놓

---

10) 노스트라다무스 자신을 지칭하고 있다.
11) 성령을 지칭한다. 요한계시록을 지은 요한처럼 성령으로부터 계시를 받았음을 말하고 있다.

은 연례 달력 속에 예언된 내용이 그리 썩 마음에 들지 않았던 일련의
사람들로부터 단체 야유를 받았던 적이 있었다. 그때 노스트라다무스
는 그들을 향해 이렇게 일갈했다고 한다.

"당신들이 내 입을 다물게 할 수는 없다. 내가 살아 있는 동안에, 그리고 내가
죽은 다음에도 그렇다. 나의 예언은 모두 실현될 것이며, 운명은 확실히 결정되어
있다."

많은 사람들이 예언의 진의를 이해하지 못하고 헐뜯었지만, 그는 또
한 이렇게 말했다.

"내 작품들은 내가 죽은 뒤 태어나는 사람들, 그들에 의해 보다 잘 이해될 것이다."

But to that end, my son, that I not wander too deep for the future
capacity of your mind, and also that I find that letters will undergo
such a great and incomparable loss, that I found the world before the
universal conflagration with so many deluges and such high inun-
dations, that there will be scarcely any territory that is not covered by
water and it will be for so long that except for country maps and
topographic maps, that all will be perished: also before and after such
inundations, in several regions, the rains will be so scarce, and from
the Sky will fall such great abundance of fire and incandescent stones,
that nothing will remain that hasn't been consumed: and this to happen
in brief, and before the last conflagration.

그러나 아들아, 마지막으로 나는 네 마음속에 미래의 일을 너무 많이 담아놓지 않기를 바란다. 나는 굉장히 거대하고 비교할 수 없을 정도의 손상을 입게 될 것임을 알고 있다. 세계적인 대화재가 있기 전에 수많은 유혈사태와 엄청난 홍수를 겪게 될 것이다. 지도나 지형도를 제외하고 홍수로 침수되지 않는 지역이 거의 없을 정도일 것이며, 매우 오랫동안 유지될 것이며, 모두가 고난을 당할 것이다. 또한 홍수의 재앙이 있기 전후에 여러 지역에서 강수량은 매우 적을 것이고, 그리고 하늘로 부터 엄청난 양의 불덩이와 백열석이 떨어질 것이며, 짧은 시간동안 일어나지만 아무도 이 재난을 피하진 못할 것이다. 마지막 세계적인 대화재가 있기 전에 이 일이 있을 것이다.

가히 "예언의 제왕"이라 불리고 있지만, 이 대목을 읽어보면 정말 "제왕"이란 이름에 걸맞다는 생각이 들게 된다. 그는 서문의 성격으로 남기는 서신에서조차 중요 예언들을 담아두고 있다. 서신을 읽어보면 여러 사건들이 순차적으로 일어나는 것을 알 수 있는데, 재앙의 순서는 대략 이러한 것 같다.

엄청난 가뭄 ⇒ 유혈사태, 엄청난 홍수 ⇒ 불덩이와 돌덩이 낙하 ⇒ 세계적 대화재

먼저 강수량이 매우 적어 가뭄에 시달리는 상황이고, 이어 수많은 유혈사태와 엄청난 홍수에 시달리고, 하늘에서 불이 떨어지고 돌이 떨어진다. 그리고 그 뒤에 세계적인 큰 불이 일어나는 순으로 진행될 것으로 보인다. 『모든 세기』에서도 강수량이 매우 적다고 표현된 예언이 발견되고 있다.

Nostradamus prophecy: Quatrain 4, 67

The year that Saturn and Mars are equal fiery,
The air very dry parched long meteor:
Through secret fires a great place blazing from burning heat,
Little rain, warm wind, wars, incursions.

토성과 화성이 동등하게 빛나는 그 해
대기는 아주 메마르고, 긴 유성,
비밀의 불꽃들을 통하여, 불타는 열기로 타오르는 넓은 지역
아주 적게 내리는 비, 뜨거운 바람, 전쟁, 침공으로…

상기의 예언을 만족시키기 위해선 먼저 지구 쪽으로 유성이 와야 한다. 2017년 현재 기준으로 유성이 다가올 것으로 예상되는 가장 빠른 시기는 2019년이다. 지난 2002년 7월 5일 미국 뉴멕시코 주 천체 관측소에서 지름 2km의 소행성 2002NT7이 발견되었고, 이 소행성은 2019년 2월 초속 28km의 속도로 지구로 돌진할 것이라고 한다. 당초엔 지구와 부딪힐 것 같다고 예상했었으나, 추가적인 정밀계산 결과 충돌 확률은 20만분의 1 정도에 불과하다고 한다. 그리고 토성과 화성의 밝기가 비슷해져야 한다. 화성의 겉보기 등급이 가장 밝을 때 -2.91, 가장 어두울 때 1.84이다. 반면 토성은 가장 밝을 때 -0.49, 가장 어두울 때 1.47이므로, 화성보다는 주로 토성에 의존하고 있어 토성이 가장 밝아지는 시점을 찾아봐야 할 것 같다. 2019년 6월 30일경의 태양계 행성 배치를 보면 그때에 지구와 토성이 가까워지고, 화성은 적당히 멀어지므로, 두 행성의 밝기가 비슷해질 것 같다. 한편 상기 서신에서의 진술

52 •

을 토대로 추론해볼 수 있는 것은 앞으로 종말의 시기에 세계적인 큰
불이 있을 것인데, 그것은 그야말로 최후에 해당하는 재앙인 것으로
짐작되고, 그 전에 수많은 유혈사태가 일어난다고 하는데, 그것은 세계
각국의 행정부가 통제력을 상실하고 마비되어 불신을 받게 되고 결국
무정부상태를 향해 치닫는 사태가 벌어지는 것으로 추측된다.

Nostradamus prophecy: Quatrain 1, 55

In the land with a climate opposite to Babylon
there will be great shedding of blood.
Heaven will seem unjust both on land and sea and in the air.
Sects, famine, kingdoms, plagues, confusion.

바빌론과는 정반대의 기후를 가진 땅에서
거대한 유혈 사태가 있으리라.
그 땅과 바다, 공기, 하늘은 유죄가 될 것이며
종파, 굶주림, 통치, 역병, 혼란

여기서 언급되는 바빌론은 중동으로 보이고, 사막이 많은 지역이므
로, 정반대 기후는 비가 많이 오는 기후를 말할 것이다. 상기의 4행시가
풍기는 전반적인 뉘앙스는 현대의 로마, 즉 서구인들과 첨예하게 대립
할 무슬림들의 바빌론을 은연중에 드러내는 것에 방점이 찍혀 있는 것
같다. 바빌론이란 단어를 굳이 서두에 둔 것은 유럽이 바빌론의 동향을
살펴야 된다는 것을 넌지시 말하고 싶었던 것이 아닐까 한다. 거대한
유혈 사태가 긴박한 상황을 유발하는 주요 원인이 될 것 같고, 그러한

틈을 타 중동이 움직이면서 유럽지역이 거대한 소용돌이에 휘말리게 될 것으로 보인다. 상기 서신에서는 유혈사태와 더불어 세계적인 대홍수가 일어난다고 했는데, 이러한 마지막 시기 홍수에 대한 예언은「다니엘서」에서도 찾아볼 수가 있다. 단 9:26에서 이르기를,

> "육십이 이레 후에 기름 부음을 받은 자가 끊어져 없어질 것이며, 장차 한 왕의 백성이 와서 그 성읍과 성소를 훼파하려니와, 그의 종말은 홍수에 엄몰됨 같을 것이며, 또 끝까지 전쟁이 있으리니, 황폐할 것이 작정되었느니라."

고 하여, 한 왕에 의한 훼파, 홍수, 그리고 전쟁으로 인한 황폐화를 예고하고 있다. 그리고 상기 서신에서는 홍수가 일어나기 전후 무렵으로 짐작되는 시기에 하늘에서 떨어지는 불과 돌의 재앙이 닥친다고 하는데, 돌과 불에 대한 재앙에 대해서도 『모든 세기』에 예언 하나가 실려 있다.

Nostradamus prophecy: Quatrain 2, 18

New, impetuous and sudden rain
Will suddenly halt two armies.
Celestial stone, fires make the sea stony,
The death of seven by land and sea sudden.

새로이 갑작스럽게 맹렬한 폭우가 쏟아지고
두 군대를 움직이지 못하게 한다.
하늘에서 돌과 불이 내려와 돌 바다를 만들고
갑작스런 땅과 바다에 의한 7개의 죽음

54 •

상기 4행시를 보면, 하늘에서 돌과 불이 내려오는 규모가 바다를 이룰 정도로 엄청나다는 것을 알 수 있다. 뿐만 아니라 그것과 연관되어 두 군대가 언급되는 것으로 보아 이미 전쟁을 치루고 있는 상황이라는 것, 그리고 "갑작스런 7개의 죽음"을 언급하고 있다. 그는 이 일은 잠시 동안 일어나지만, 아무도 이 재난을 피하지 못할 것이라 예언했고, 따라서 여기서 말하는 "아무도"는 아마 7개의 죽음과 밀접하게 연관되어 있을 듯하다. 과연 7개의 죽음이 의미하는 바가 무엇일까? 머릿속에 제1순위로 떠오르는 대상은 바로 서방선진7개국, 즉 G-7이다. 홍수로 인해 피해를 보는 것도 주로 서양일 것이고, 하늘에서 돌과 불이 떨어지는 즈음에 돌연히 죽게 되는 일곱도 서방선진국을 지칭하는 것으로 보이고, 현재 전 세계를 좌지우지하고 있는 서방세계의 몰락을 예견하고 있는 듯하다. 그리고 세상은 이윽고 어마어마한 대화재의 재앙을 향해 치닫는다.

For although the planet Mars is completing its cycle, and at the end of its last period, so it shall resume: but some assembled in Aquarius for several years, the others in Cancer for longer and continuous (periods). And now that we are conducted by the Moon, by means of the total power of the eternal God, that before she completes her entire cycle, the Sun will come, and then Saturn.

비록 화성의 주기가 끝났을지라도, 큰 주기가 돌고 돌아 화성의 주기는 다시 시작할 것이다. 그러나 몇몇은 물병자리에 몇 년 동안 모였고, 다른 것들은 게자리에 더 오랫동안 그리고 연속적인 (기간들) 동안 모였다. 그리고 영원한 하나님의 전능하신 능력으로 말미암아, 지금 우리는 달이 지배하는 시기에 있고, 그녀가 전체 주기를 완료하기 전, 태양이 지배하는 시기, 그 다음으로 토성이 지배하는 시기가 올 것이다.

―――――――――――――――――――――――――――――――――――――

 필자가 동방의 빛 시리즈 제3,4권 『정역』을 집필하면서 시중에 출간된 서적 하나를 참고하여, "아들아, 그 원인은 화성이다. 종말이 올 때 갖가지 이변이 덮쳐온다. 그리고 지구 대이변의 마지막은 화성이 불러온다."라고 해석된 문장을 인용한 바가 있었다. 그리고 시간이 한참 지난 뒤에 프랑스어 원문과 영문 번역본을 샅샅이 뒤졌는데도 불구하고, 그 어디에서도 그런 내용을 찾아볼 수가 없었고, 잘못 해석된 내용을 인용했다는 자괴감이 들게 되었다. 결국 의도치 않았던 그러한 과오로 인해 굳이 본서를 발간하게 되었다. 분명 본서를 발간하는 중요한 동기 중의 하나임을 밝히는 바이다. 결자해지의 마음으로 지금 이 서신을 해설하고 있는 것이다.

 일반적으로 노스트라다무스는 프랑스 리용의 의사 리처드 루사(Richard Roussat)의 저서[12]를 참고한 것으로 널리 알려져 있고, 그로 인하여 그를 비난하는 회의론자들에 의해 점성술사라고 공격을 당하기도 했다. 하지만 그 책에서 우리는 『모든 세기』의 예언을 이해하는데 도움이 되는 중요한 단서들을 얻을 수가 있는데, 그 책에 의하면 태양계의 별들이 차례대로 354년 4개월 동안 지배한다고 설명되어 있다. 즉 통상 일-월-화-수-목-금-토의 순으로 일주일이 흘러가지만, 태양계의 별들이 지배하는 순서는 그것의 역순, 즉 토-금-목-수-화-월-일의 순서

―――――――――

12) 『국가와 시간 변화의 서(Book of the State and Mutation of Times, 1550)』

로 각각 차례대로 정해진 주기 동안을 지배한다는 개념인데, 편의상 그 주기를 354년이라고 단순화하면 다음과 같을 것이다.

월 : 서기 1534년 ~ 서기 1888년 ──────── (354년)
일 : 서기 1888년 ~ 서기 2242년 ──────── (354년)
토 : 서기 2242년 ~ 서기 2596년 ──────── (354년)
금 : 서기 2596년 ~ 서기 2950년 ──────── (354년)
목 : 서기 2950년 ~ 서기 3304년 ──────── (354년)
수 : 서기 3304년 ~ 서기 3658년 ──────── (354년)
화 : 서기 3658년 ~ 서기 4012년 ──────── (354년)

이러한 관점에 의거해, 우리는 첫 절의 "화성의 주기가 끝났을지라도…
다시 시작할 것"이라고 말하는 그 의미를 쉽게 이해할 수 있다. 지금 이 서신을 쓰고 있는 연도가 1555년 이므로, 서기 1180년부터 서기 1534년 까지 354년 동안 화성이 지배했던 시기가 이미 끝났지만, 시간이 흘러 가 결국 서기 3658년부터는 다시 화성의 주기가 시작될 거라는 의미로 받아들일 수 있다. 그리고 "지금 우리는 달이 지배하는 시기에 있고"에서 언급된 바대로 이 편지를 쓰고 있었던 서기 1555년 현재는 정확히 달이 지배하는 시기에 속한다. 그리고 이어서 서기 1888년부터는 태양이 지 배할 것이고, 서기 2242년부터는 토성이 지배할 것이다. 이러한 이해를 토 대로 우리는 『모든 세기』에서 가장 난해한 4행시 중의 하나라고 일컬어 지는 아래의 예언을 이해할 수 있는 길을 모색해볼 수 있게 된다. 하나 같이 모두 난해하기는 하지만 그 중에서도 이것은 특히 더 하다고 여겨 지고 있던 것이다.

Nostradamus prophecy : Quatrain 1, 48

When twenty years of the Moon's reign have passed
another will take up his reign for seven thousand years.
When the exhausted Sun takes up his cycle
then my prophecy and threats will be accomplished.

20년간의 달의 지배가 지나가고,
태양이 지치게 되었을 때,
또 다른 7000년이 시작될 것이다.
그때 내 예언이 완료될 것이다.

이 편지를 쓰고 있던 당시가 1555년이므로 정확히 달이 지배하던 시기에 속한 것이 맞다. 달의 지배는 대략 1534년이나 1535년경 시작된 것이고, 따라서 1554년이나 1555년은 그로부터 정확히 20년이 지난 연도에 해당한다. 따라서 제1행의 의미가 저절로 자명해진다. 그리고 이어지는 제2행과 제3행은 해석의 편의를 위해 의도적으로 뒤집어 놓았고, 하나의 문장으로 합쳐서 해석해야 한다. 그동안 따로따로 풀이하면서 온갖 말도 안 되는 억측들이 난무했던 것이다. 두 행을 합쳐서 "태양이 지치게 되었을 때 또 다른 7,000년이 시작될 것이다."가 올바른 풀이이다. 달의 지배가 대략 1888년 즈음에 완료되면, 이어서 태양이 지배하는 시기가 도래할 것이고, 그 기간은 1889년 무렵부터 2242년까지이다. 여기서 등장하는 대망의 서기 2242년은 노스트라다무스가 바라보는 7,000년이 완성되는 해이기도 하다. 그는 앙리2세에게 보내는 편지에서 자신이 바라보는 연대기에 대해 명료하게 표현을 해놓는다. 따라서 예언의 범위는 태양의 지배가 끝나는 시점, 다른 말로 오랫동안 지배하

느라고 태양이 지치게 되는 시점, 그리고 동시에 7,000년이 완성되는 시점, 바로 서기 2242년까지인 것을 알 수 있게 된다. 어떤 이들은 이를 "또 다른 것이 7,000년을 지배할 것이다."라고 해석하면서 외계인이나 인간이 아닌 다른 생물을 떠올리기도 하는데, 전혀 그런 의미가 아니다. 지금까지 아담 이후 7,000년이라는 거대한 모래시계를 채워가고 있듯이, 그 이후 새로운 7,000년의 대장정이 다시 시작될 거라는 의미이다. 그래도 혹시 그때 즈음에 지구가 멸망하거나 아니면 인류가 절멸하는 변곡점이 있는 게 아닐까? 그렇지 않을 것이다. 아니, 보다 엄밀히 말한다면, 아마겟돈으로 칭해지는 대전환의 시기가 분명 있긴 하겠지만, 결코 멸망의 최극단까진 이르지 않을 것이다. 오히려 바닥을 치고 더 큰 번영으로 힘차게 도약할 것이다. 앙리2세에게 보내는 서신에서 그는 분명하게 천명해주고 있다. 자신의 예언이 끝난 이후에도 시간은 계속 흘러갈 것이고, 인류는 계속 번영할 것이라고… 분명 그는 독실한 신앙의 소유자였고 성서적 세계관에 입각해 세상을 바라보고 있었던 인물이었다. 따라서 그의 예언들은 모두 하나같이 성서적 관점에 바탕을 둔다. 그 이상도 아니고 이하도 아니다. 따라서 그가 주장하는 결말은 저절로 자명해진다. 「계시록」을 읽어보면 저절로 알게 된다. 「계시록」에서 종말의 시기가 종결되면 그때 사탄이 천 년간 결박을 당할 것이며, 천년이 지난 시점에 잠시 다시 놓이게 될 것이고, 그리하여 다시 한 번 대혼란이 잠시 있겠지만, 결국 사탄은 영원한 멸망으로 들어가고, 그 이후

찬란한 시기가 도래할 것임을 분명히 말해주고 있다. 바로 정확히 이러한 세계관으로 『모든 세기』가 구성되어 있는 것이고, 우리는 쓸데없는 걱정들은 그만 놔버려도 될 것이다. 정말 걱정해야 되는 것은 빛나는 봄을 맞이하게 위해 혹독한 한때를 지나야 한다는 것, 단지 그거 한 가지이다. 우리는 그것만 걱정하면 된다. 따라서 마지막 시기를 서양은 종말로 보고 동양은 개벽으로 본다는 말도 기실 알고 보면 한참 잘못된 얘기이다. 서양이나 동양이나 모두 매 한가지로 "**찬란한 다음 세상**"을 이야기해주고 있는 것이다. 또한 알고 보면 그가 『모든 세기』를 남긴 이유도 사람들에게 공포심을 조장하거나 잘난 체하려는 게 아니라, 시련의 한때를 겪더라도 끝까지 희망의 끈을 놓지 않도록 도와주기 위한 것이다.

Nostradamus prophecy: Quatrain 1, 25

The lost thing is discovered, hidden for many centuries.
Pasteur will be celebrated almost as a god-like figure.
This is when the moon completes her great cycle,
but by other rumours he shall be dishonoured.

오랜 세기 동안 감춰져 있던, 잃어버린 것이 발견된다.
파스퇴르는 거의 신과 같은 인물로 유명해지리라.
이때는 거대한 달의 주기를 완성하는 시기일 것이다.
그러나 다른 소문들로 그는 명예 손상이 있을 것이다.

방금 전에 우리는 도무지 난해하기만 하던 4행시조차 어렵지 않게 풀어내는 꽤 쓸 만한 도구 하나를 얻은 셈인데, 재미로 연습 삼아 한 번만 더 휘둘러보기로 한다. 이 4행시는 19세기 유명한 과학자 파스퇴르에 대한 예언을 담고 있다. 파스퇴르는 박테리아나 바이러스 같은 세균들의 실존을 과학적으로 입증했다. 하지만 제1행을 읽어보면 노스트라다무스의 뉘앙스는 그가 처음으로 발견한 것이 아니라, 이미 오래 전 인류들이 벌써 알고 있었던 사실을 재발견한 거라고 말하는 듯하다. 이 점에 있어서 개인적으로 상당히 많이 통하는 것을 느끼게 된다. 그리고 제3행이 특히 재미있다. '거대한 달의 주기를 완성하는 시기일 것이다.'라고 하는데, 언뜻 보아도 굉장히 난해해 보인다. 하지만 방금 전에 준비된 도구를 동원하면 일도 아니게 된다. 당황하지 말고, 달이 지배하는 시기를 다시 찾아보면, 1534년에서 1888년까지 인데, 이 기간 중에서 달이 거대한 주기를 완성하는 시기는 1888년 무렵일 것이다. 그리고 그 무렵은 정말로 파스퇴르가 최고 전성기를 구가하던 시기와 정확히 맞아 떨어진다. 1885년 광견병에 감염된 소년을 구해낸 일이 언론에 대서특필 되면서 세계 각지에서 성금이 몰려들었고, 1888년 11월 14일 파스퇴르 연구소가 설립되기에 이른다. 그리고 제4행에서 '다른 소문들로 인한 명예손상'이란 대목은 그가 사망한지 100년이 지난 서기 1995년 무렵에 완벽하게 실현된다. 〈타임지〉는 지난 세기 호평 일색이었던 파스퇴르를 다시 평가해야 될지도 모르겠다고 하면서 "파스퇴르의 기만"이란 제목의 기사를 게재하는데, 그 내용인즉, 과학 역사학자인 기슨[13])이 파스퇴르의 실험노트를 철저하게 조사해 본 결과 파스퇴르가 탄저병 백신제조에 대한 잘못된 정보를 주는 설명을 하고 있다고 쓰고

---

13) Gerald L. Geison

있으며, 다른 학자들도 파스퇴르가 알려진 바와 다르게 표절자였으며 엉터리 실험노트를 적었다는 증거가 있으며, 그의 연구는 독창적이지 않았다고 주장하고 있기도 하다. 정작 파스퇴르 자신조차도 알 수가 없는 이런 사후의 일까지 노스트라다무스는 몇 세기 전에 이미 전후 사정을 모조리 꿰차고 있었던 셈이다. 이는 마치 신의 관점에 서서 모든 것을 내려다보고 있노라고 말해주는 듯한데, 이것이 바로 노스트라다무스만의 특별한 장기라 하겠다. 그는 4행시를 쓰면서 단어 하나를 고르더라도, 이해당사자만이 알 수 있는 아주 비밀스런 부분을 마치 폐부를 찌르듯이 찔러버리며 간담을 서늘하게 만드는 재주를 자주 선보인다. 이 정도라면 그는 이미 창조주께서 써놓은 대본을 모두 보았고, 파스퇴르라고 하는 한 연극배우가 예정된 시기에 나타나 무대 위에서 시현한 것 아니냐고 말할 수도 있을 것 같다. 딱 아는 만큼만 보인다고, 바로 노스트라다무스가 그렇다. 그를 알면 알수록 다른 소리를 낼 수가 없게 되는데, 필자의 경우 이따금씩 소름이 돋으며 전율을 느끼게 되는 것을 막을 길이 없다.

For according to the celestial signs, the reign of Saturn will return, that as it is all calculated, the world is nearing a dissolute cycle: and that from the present that I am writing this before hundred seventy seven years three months eleven days by pestilence, lengthy famine, and wars, and more over by the inundations the world between here and that predefined term, before and after by several times, will be so diminished, and so few people will remain, that one will not find any to take the fields, that will become free as long as they have been in service: and in reference to the visible celestial judgment, although that we are in the seven number of thousand which finishes all, while we are approaching the eighth, where is the firmament of the eighth sphere, that is in a broadness dimension, where the great eternal God will come to complete the cycle: where the celestial pattern will return to their movement together with the superior movement that makes our earth stable and secure, non inclinabitur in saeculum saeculi. (Not deviating from age to age) : apart of the fact that his will shall be accomplished, but no less otherwise as by ambiguous opinions exceeding all natural reasons by Muslim dreams, also in no times God the creator by the instrument of his messengers of fire, in fiery missives comes before our exterior sens even our eyes, the events of a future prediction, significant of the future fact relevant to whom the prediction is to be manifested.

....

천체들의 신호에 따라 토성의 통치 시대가 돌아올 것이다. 계산된 바와 같이, 세상이 방종의 주기에 가까워지고 있다. 나는 지금으로부터 177년 3개월 11일 전에 이것을 쓰고 있다. 전염병, 긴 기근, 그리고 전쟁들, 게다가 여기에서부터 미리 정의된 기간 사이에 있을 대홍수, 그 전후의 기간 몇 번씩이나 세상은 인구가 급감할 것이고, 마침내 극소수의 사람들만 남을 것이고, 밭의 주인을 찾지 못할 것이다. 그리고 가시적인 천체의 판단과 관련하여, 우리는 지금 7번째 천 년을 채워가고 있는 중이지만, 우리가 8번째 구球의 궁창이 있는, 광대한 차원에 있는, 8번째에 접근해가는 동안, 위대하시고 영원하신 하나님께서 주기를 완성하시기 위해서 오실 것이다. 천체들의 패턴이 지구의 안정과 안전을 보장하는 보다 양호한 운동으로 돌아갈 것이다. 이는 사상 초유의 일일 것이다, 무슬림의 꿈에 의한 모든 자연적인 이유를 초월한, 애매모호한 의견과 크게 다르지 않는, 또한 때로는 불의 전령에 의한 도구에 창조주 하나님도, 불같은 미사에 온 우리의 외모가 우리의 눈초차도 느끼기 전에, 미래 예언의 사건들, 예언이 명백해지는 관련된 미래 사실에 중대한, 신의 뜻이 성취될 것이라는 사실을 제외하고…

....

상기 서신에서 언급된 "토성의 통치시대"는 인류가 꿈에 그리는 황금시대를 말한다. 하지만 그때가 도래하기 전에 방종의 한때가 예고된다. 지금 소위 "방종의 주기"란 것에 대해 언급이 되고 있지만, 어느 시기를 말하는 것인지가 좀 막연하다. 그러나 문맥의 전후를 유심히 살펴보면 전에 없었던 중요한 힌트가 하나 발견되고 있는 것 같다. "나는 지금으로부터 177년 3개월 11일 전에 이것을 쓰고 있다." 밑도 끝도 없이 177년 전에 쓰고 있다고 언급하는 이 대목, 혹 이것이 방종의 주기란 것과 연관되어 있지 않을까? 이 편지는 1555년 3월 1일 날짜로 기록되어 있으니, 그로부터 177년 3개월 11일 이후, 즉 서기 1732년 6월 12일을 일컬어 방종의 시작점이라고 지목하고 있는 것은 아닐까? 1732년 전후의 프랑스를 잠시 들여다보면, 그때는 나라 살림을 거덜 냈다는 오명과 함께 역사상 최악의 왕들 중의 하나로 손꼽히는 루이15세가 다스리고 있었던 시기였다. 1733~1738년 폴란드 왕위 계승 전쟁, 1740~1748년 오스트리아 왕위 계승 전쟁을 벌였고, 특히 1756~1763년 7년 전쟁을 벌이면서 해상과 인도 식민지와 미국 식민지에서 패배하면서 많은 영토를 상실하였으며, 많은 비용을 지출하면서 막대한 재정난을 초래하였다. 그 결과 그가 1774년 5월 10일 천연두에 걸려 64살의 나이로 사망했을 때, 아무도 그의 죽음을 애도하지 않았을 정도였다. 그 뒤를 이은 루이16세 때에

64 •

프랑스 대혁명이 일어나는 지경에 이르렀으니, 1732년 그 무렵이야말로 방종의 시작점으로 지목될 자격이 충분하다고 볼 수 있겠다. 그리고 이어지는 구절, "전염병, 긴 기근, 그리고 전쟁들, 대홍수······ 인구의 급감"에서 표현되는 바는 종말의 상황을 말해주는 것으로 보이고, 그것들의 최종 결론은 논밭의 주인을 찾지 못할 정도로 살아있는 사람을 찾아보기가 힘들게 된다고 한다. 그리고 이어지는 "위대하시고 영원하신 하나님께서 주기를 완성하시기 위해서 오실 것이다. 천체들의 패턴이 지구의 안정과 안전을 보장하는 보다 양호한 운동으로 돌아갈 것이다. 이는 사상 초유의 일일 것이다,"라는 구절에서 우리는 지구의 공전과 자전에 관련된 일찍이 기록된 바도 없고 경험해본 바도 없었던 사상 초유의 대사건이 벌어진다는 것을 감지할 수 있다. 나중에 다시 다루기로 한다.

For the prediction which is made by the exterior enlightenment comes infallibly to judge together and by means of the exterior enlightenment: however truly the side that seems to have the understanding by sight, which is not the annoyance of the imaginary sense, the reason being very obvious, the whole to be predicted by inducement of divinity, and by the means of the angelic spirit inspired to the man prophesying, rendering (him) anointed of prophecies illuminating him, inciting the front of the imagination by diverse nocturnal apparitions, that by daytime with certainty prophesies by Astronomical guidance, in conjunction with the holiest and future prediction, with nothing more than free confidence. At this time come to understand, my son, that I find though my revolving calculations, which are in accordance to the revealed inspiration, that the sword of death is now approaching from us, through plague, wars more horrible than was to three men's lifetime, and famine, which will fall upon earth, and will return often: for as the Stars are in agreement with the revolving calculations, and likewise the saying: Visitabo in virga ferrea iniquitates eorum, & in verberibus percutiam eos, (I will visit their iniquities with a rod of iron, and will strike them with blows) for the mercy of God shall not be extended for a time, my son, until most of my prophecies will have been accomplished, and will by accomplishment have fully passed.

외부적 계몽에 의해 지어진 예언은 외부적 계몽과 더불어 판단을 더해주면 틀리는 법이 없다. 겉으로 언뜻 보기에는 상상의 감각을 쥐어짜고 괴롭힌 것 아니었냐고 여길 수도 있으나 사실은 그렇지가 않다. 그리고 그 이유는 아주 명백하다. 예언자에게 영감을 주는 천사의 정신에 의해, (그에게) 예언의 기름 부음을 주어 그에게 빛을 비추고, 밤에는 다양한 환영(幻影)으로 상상을 자극하고, 낮에는 가장 거룩한 성경의 계시와 천체들의 안내로 예언을 더욱 공고히 하면서, 자유로운 신뢰 외에는 다른 것이 전혀 없이, 이런 식으로 모든 것은 신성의 인도로 예언되어지는 것이다. 아들아, 내가 수행한 계산과 성경 계시록의 영감을 일치시켜 내가 발견해놓은 것들을 이해하려고 애를 써 보아라. 세 사람의 생애 동안에 있었던 것보다 훨씬 더 무서운 전염병과 전쟁과 기아를 대동하고 죽음의 칼이 우리에게 다가오고 있다. 그리고 이 죽음의 칼은 지구를 엄습할 것이고, 가끔 그것에게 되돌아가고, 별들의 위치는 이 격변과 일치를 보여줄 것이고, 그리고 그것은 이렇게 적어놓는다. "나는 쇠막대기를 들고 그들의 불의를 벌하기 위해 찾아갈 것이다. 그리고 그들에게 타격을 가할 것이다." 나의 아들아, 나의 예언들이 모두 실행되고, 이 실행이 완결될 때까지 창조주의 자비는 어떤 정해진 한 시기에만 주어질 것이다.

....

　여기서 등장하는 소위 "세 명의 생애"가 의미하는 바는 곧 "세 명의 적그리스도"에 관한 얘기일 것이다. 노스트라다무스는 악의 화신이란 의미를 담아 적그리스도란 용어를 총 5차례 사용했으며, 그 중 2차례가 『모든 세기』의 4행시에서 언급된다. 그리고 나머지 3차례는 모두 2통의 서신에서 언급되는데, 지금 여기서는 비록 직접적으로 적그리스도란 용어를 언급하고 있진 않지만, 명백하게 적그리스도를 지칭하고 있는 대목이기도 하다. 그동안 주요 연구가들에 의해 주장된 내용의 골자는 『모든 세기』에 총 3명의 적그리스도가 예언되었다는 것이고, 가장 먼저 나폴레옹, 두 번째로 히틀러, 아직 오지 않은 마지막 종말의 시기에 세 번째가 등장한다는 것이었다. 그러나 여기서 언급되는 "세 사람의 생애"에서 말해주고 있는 바는 마지막 종말의 시기 이전에 최소한 3명의 적그리스도가 이미 생애를 마감해버린 상황이어야 함을 시사해준다. 따라서 하나의 통념처럼 회자되고 있는 "세 명의 적그리스도" 가설은 수정될 필요가 있을 것 같고, 그에 대해선 국왕에게 보내는 서신 부분에서 보다 상세하게 다루어보기로 한다. 어쨌든 마지막 시대에는 전혀 새로우면서도 전에 없던 최강의 적그리스도가 등장할 것이고 아마도 그는 훨씬 더 강력한 전투력과 더불어 한층 업그레이드 된 활약(?)을 보여주게 될 것으로 예상된다. 한편 이 대목을 읽어 내려가다 보면, 마지막 종말의 시기에 펼쳐진다는 최후의 결전, 즉 아마겟돈 대결전의 이미지가 자연스럽게 떠오르게 된다. 그리고 1918년 스페인 독감으로 인해, 전장에서 총탄에 죽은 군인들의 숫자보다 훨씬 더 큰 인명피해의 사례가 있었지만, 앞으로 다가올 역병은 그 위력에 있어서 비교 자체가 안 될 정도의 실로 어마어마한 피해를 입히게 될 것으로 보인다. 또한 제3차 세계대전으로 인한 피해는 제1,2차 세계대전 때와는 분명 차원이 다를 것이며, 그로인해 농산물 재배는커녕, 저장된 음식물들조차 대부분 부패되거나 파괴될 것이고, 자연스럽게 인류는 참담한 기아의 고통에 직면하게 될 것으로 예상된다. 그리고 이어지는 구절, "그들의 불의를 벌하기 위해 찾아갈 것이다. 그리고 그들에게 타격을 가할 것이다."라고 외치는 이 대목은 「스바냐」 1장을 연상시키고 있다.

[2] 여호와께서 이르시되 내가 땅 위에서 모든 것을 진멸하리라

[3] 내가 사람과 짐승을 진멸하고 공중의 새와 바다의 고기와 거치게 하는 것과 악인들을 아울러 진멸할 것이라 내가 사람을 땅 위에서 멸절하리라 나 여호와의 말 이니라

[4] 내가 유다와 예루살렘의 모든 주민들 위에 손을 펴서 남아 있는 바알을 그 곳에서 멸절하며 그 마림이란 이름과 및 그 제사장들을 아울러 멸절하며

[6] 여호와를 배반하고 따르지 아니한 자들과 여호와를 찾지도 아니하며 구하지도 아니한 자들을 멸절하리라

서신에서 "그들의 불의를 벌하러 찾아가 그들에게 타격을 가하겠다."는 대목과 「스바냐」에서 "모든 것을 진멸할 것"이라는 여호와의 외침이 완전히 상통한다. 이와 더불어 서신에서 주목해야 할 구절이, "나는 쇠막대기를 들고"라고 기술된 대목인데, 노스트라다무스는 이 서신 외에도 『모든 세기』에 막대기와 관련되는 최소 2개의 4행시를 남겨놓고 있다. 그뿐만 아니라 막대기에 대한 언급은 「계시록」에서도 등장하는데, 이는 제3

편에서 자세히 다루는 것으로 미루고, 『모든 세기』의 4행시 2개를 잠시
살펴보기로 한다.

Nostradamus prophecy: Quatrain 2, 29

The Easterner will leave his seat,
To pass the Apennine mountains to see Gaul:
He will transpire the sky, the waters and the snow,
And everyone will be struck with his **rod**.

동방인이 자기 본거지에서 나설 것이다.
(이탈리아 반도의) 아페닌 산을 넘어 골(프랑스)을 보기 위해,
그는 하늘과 물과 눈을 넘어오리라.
그리고 누구든지 그의 막대기로 맞게 되리라.

상기의 4행시를 통해서 우리는 막대기를 드는 자가 "동방인" 이란
사실, 즉 동쪽의 어딘가에서 출발해서 서쪽 방향으로 이동한다는 것,
그리고 그가 유럽 지역, 특히 이탈리아 반도를 거쳐서 프랑스 쪽으로
향할 것이고, 더불어 정황상 반드시 알프스 산맥을 넘게 될 것으로 보
이고, 그 과정을 하늘과 물과 눈을 넘는다고 표현해놓은 듯하다. 더불
어 막대기의 용도가 "누군가를 때리는 데 쓰는 것"임을 미루어 짐작해
볼 수 있는데, 세자르에게 보낸 편지에서도 그가 쇠막대기를 드는 이유
가 이른바 "불의를 벌하기 위해서"라고 외치는 장면이 적시되어 있다.
따라서 전후문맥상 동방인은 아마도 "불의를 징벌하는 정의의 사도"일
가능성이 매우 높다고 하겠다. 적어도 엉뚱하게 벌어질지도 모르는 다

른 반전의 가능성을 배제한다면 말이다. 가령 다음과 같은 가능성, 막대기를 든 자가 독선과 아집으로 똘똘 뭉친 자이고, 아무도 인정해주지 않는데도 자기 혼자만의 기준으로 정의의 사도라고 외치는 그런 경우 말이다. 북한의 김정은처럼······

Nostradamus prophecy: Quatrain 5, 54

From beyond the Black Sea and great Tartary,
There will be a King who will come to see Gaul,
He will pierce through Alania and Armenia,
And within Byzantium will he leave his bloody rod.

흑해와 타타르(아시아 북부)에서
한 왕이 골(프랑스)을 보러 오리라.
알라니아와 아르메니아를 가로질러 뚫고 지나가리라.
그리고 비잔틴14)에 그의 피 묻은 막대기를 남기리라.

그리고 여기서도 막대기라는 용어가 나오는데, 앞의 4행시와 동일 인물일 가능성이 높다는 가정을 기본 전제로 깔아놓고, 앞에서 등장했던 동방인은 적어도 흑해보다는 동쪽 지역에 위치한 곳에 살고 있는 아시아 계통일 것으로 짐작되고, 그의 이동 경로는 아르메니아15)를 지날 것이고, 알라니아16)를 경유하여 흑해를 건널 것이고, 그 다음 이탈

---

14) 동로마제국을 일컬어 비잔틴 제국이라고도 한다. 수도 콘스탄티노폴리스는 현재의 터키의 수도인 이스탄불이다.
15) 터키의 동쪽에 있는 나라

리아 쪽으로, 그리고 더 나아가 알프스 산맥을 넘어 프랑스 쪽으로 방향을 잡아갈 것인데, 이탈리아로 진입하기 전에 먼저 터키의 수도 이스탄불을 지나면서 그곳에서 막대기에 피를 묻힐 일, 즉 유혈 충돌이나 전쟁이나 전투 같은 것을 한바탕 치루는 장면이 떠오르게 된다.

Then several times during the sinister tempest, Conteram ego, the Lord will say, & confringam, et non miserebor (I will trample and break them, and will have no mercy) and thousand other events which will come by waters and continuous rains, as I have set forth more fully in writing in my other Prophecies which are drawn out at length, in soluta oratione (in plain prose) defining the places, times, and the predefine term that the humans coming after will see, knowing the

---

16) 앞의 지도에서 붉은 색 핀으로 표시된 지역이 바로 알라니아가 위치한 곳이다.

events to have occurred infallibly, such as we have spotted through
the others, speaking more clearly: not withstanding that under a cloud
will be understood the meanings: sed quando submovenda erit
ignorantia, (when the time comes for the removal of ignorance) the
matter will be more clarified.

....

그런 다음 때때로 슬픈 큰 변혁의 와중에서 창조주께선 말씀하실 것이다. "그
러므로 나는 때려 부술 것이고 그리고 자비를 보여주지 않을 것이다." 그리고 내 예
언들은 일정한 계통이 없이 서술되지만 장소와 시간, 그리고 미리 정해진 용
어로 기술되어 있으므로, 후세 사람들은 어떤 사건을 말하는 것인지 틀림없
이 알 수 있을 것이다. 형식상 베일로 감추어놓기는 했지만, 그 내용을 알아
보는 데에는 무리가 없을 것이다.

....

　상기의 진술을 통해 우리는 전지전능하시고 자애로우신 창조주께서
도 도저히 분노하지 않으시고는 견딜 수가 없는 그런 슬픈 상황이 전개
된다는 것을 느낄 수 있다. 그리고 마침내 자비로우신 창조주께서 이렇
게 호통을 치신다고 한다. "그러므로 나는 때려 부술 것이고 그리고
자비를 보여주지 않을 것이다." 이렇게 지금 언급하는 바는 「스바냐」
1장의 다음의 내용을 염두에 두었던 것으로 보인다.

　[15] 그날은 분노의 날이요 환난과 고통의 날이요 황폐와 패망의 날이요 캄
　　　캄하고 어두운 날이요 구름과 흑암의 날이요
　[16] 나팔을 불어 경고하며 견고한 성읍들을 치며 높은 망대를 치는 날이로다
　[17] 내가 사람들에게 고난을 내려 맹인 같이 행하게 하리니 이는

그들이 나 여호와께 범죄 하였음이라 또 그들의 피는 쏟아져 티끌 같이 되며 그들의 살은 분토 같이 될지라
[18] 그들의 은과 금이 여호와의 분노의 날에 능히 그들을 건지지 못할 것이 며 이 온 땅이 여호와의 질투의 불에 삼켜지리니 이는 여호와가 이 땅 모 든 주민을 멸절하되 놀랍게 멸절할 것임이라

바로 여기서 언급되는 여호와의 분노가 결국 일찍이 기록된 바가 없 었던 전무후무한 우주적 일대사건, 즉 지구적인 규모의 대변혁으로 연 결될 것으로 짐작된다. 그와 더불어 문자로 기록된바 그대로 놀랍게 멸절되는 거대한 희생이 동반될 것으로 보인다.

Bringing to a close, my son, take then this gift of your father Michel Nostradamus, hoping to relate to you each one Prophecy from the quatrains here set. Praying to the immortal God, to grant you long life, in good and prosperous happiness.

결론적으로 아들아, 이 선물을 아버지 "미셸 드 노스트라담"에게서 받아라. 나는 여기에 실린 각각의 예언들을 네가 이해하기를 바란다. 너에게 장수와 행복 을 달라고 불멸의 신에게 기도한다.

De Salon ce 1 de Mars, 1555
살롱에서 1555년 3월 1일

이상으로 아들에게 쓰는 편지를 마감한 노스트라다무스는 1558년 6월

27일 날짜로 당시 프랑스의 국왕에게 다른 서신 하나를 더 보낸다. 두 편지의 간격은 3년이 넘는데, 이 기간 동안 그는 누구에게 서신을 보내야 할지를 결정하지 못하고 고심을 거듭했던 것으로 보인다. 16세기부터 종말의 시기까지 벌어질 일들이 비교적 체계적으로 기술되어 있어서, 『모든 세기』를 이해하고 종말의 양상을 파악해보는데 있어 도움이 된다.

A L'INVICTISSIME

TRES-PUISSANT, ET TRES-CHRESTIEN HENRY ROY DE FRANCE
SECOND:
MICHEL NOSTRADAMUS SON TRES-HUMBLE, TRES-OBEYSSANT
SERUITEUR & SUBJECT,

VICTOIRE & FELICIT

TO THE MOST INVINCIBLE
가장 무적이시고
MOST POWERFUL AND MOST CHRISTIAN
가장 강력하시고 가장 독실하신 기독교인
HENRY, KING OF FRANCE THE SECOND
앙리2세, 프랑스 왕
MICHEL NOSTRADAMUS,
미셸 노스트라다무스,
HIS VERY HUMBLE AND VERY OBEDIENT SERVANT AND SUBJECT,
WISHES VICTORY AND HAPPINESS
매우 혼란스럽고 아주 순종적인 신하이자 목격자, 승리와 행복을 기원
드립니다.

Because of the royal audience that I had, O most Christian and most
victorious King, ever since my long-beclouded face first presented itself
before the immeasurable deity of your Majesty, I have remained
perpetually dazzled, not resisting to honor and venerate worthily that

day when I first presented myself before so excellent Majesty and so humane. Now in searching for some occasion on which I would be able to manifest the good heart and frank courage, by means of which my ability would have made ample extension of knowledge toward your most Serene Majesty.

오랫동안 독실한 기독교인이셨고 가장 많은 승리를 거두신 폐하, 미천한 저를 신뢰해주신 왕실의 귀하신 분들 덕분에 오랜 베일을 벗고 신성하신 폐하의 용안을 뵙던 그날 이후, 그토록 탁월한 위엄을 갖추시고 인도주의적이신 폐하를 향한 경외심이 저절로 우러러 나오는 것을 금할 수가 없었고, 영원히 눈이 부시지 않을 수 없었습니다. 저는 지금 가장 선한 마음으로 돌아가서, 다른 한편으로는 크게 용기를 내어보면서, **감히 폐하의 용상에 이 서신을 바치고자 합니다.** 이를 통해 가장 고귀하신 폐하께서 지식의 확장을 도모하시는 데에 조금이라도 도움이 되신다면 더 이상 바랄 게 없을 것 같습니다.

당시 프랑스의 국왕은 1519년 3월 31일에서 1559년 7월 10일까지 재위한 앙리2세였다. 그는 차남으로서 메디치 가문의 카트린 드 메디치와 결혼해 오를레앙 공작이 되었으나, 장남이 급사하자 그 뒤를 이었다. 강인한 성격으로 기사도에 심취하여 '기사왕'이라고 불렸다. 그 당시 마르틴 루터로 부터 시작된 종교개혁이 온 유럽을 휩쓸고 있었던 때였다. 종교개혁은 오직 『성경』을 외치고 일어난데 비해, 반종교개혁은 오직 교황을 외치며 맞섰다. 앙리2세는 1551년 칙령을 내려 『성경』과 관련 있거나 제네바에서 출판된 책들은 모두 금서로 규정하였고, 종교개혁자들을 체포해 화형을 시켰고, 그때 소리를 지르지 못하도록 혀를 자르기

76 •

도 했다. 1559년 장녀 엘리자베트 드 발루아와 에스파냐 국왕 펠리페2
세의 결혼, 그리고 여동생 마르그리트 드 프랑스와 사보이 공작 에마누
엘레 필리베르토의 결혼을 축하하는 마상 창 시합에서 그는 스코틀랜
드인 기사인 몽고메리 백작 가브리엘의 창에 눈을 맞아 사망하였다.
이 사건을 예언해놓았던 4행시는 이미 너무나 잘 알려져 있으므로 생
략하기로 한다.

But perceiving how in effect it is not possible for me to declare
myself, together with my singular desire from my very long-beclouded
obscurity, to be suddenly enlighten and transported in front face to
face of the sovereign sight, and of the premier monarch of the
universe, for as so much I have been long in doubt as to whom I
would dedicate these three remaining Centuries of my Prophecies
completing the thousand. And after having cogitated for a long time
upon rash audacity, I have presumed to address your Majesty, as one
not having been astonished, as those mentioned by that most grave
author Plutarch, in the life of Lycurgus, who on seeing the offerings
and presents made as sacrifices in the temples of the immortal gods
of that era, and that attributing too often an importance to such
donations did not dare present anything at all in the temples.

제가 오랫동안 집착해온 단 하나의 소망, 즉 이 1,000개의 예언시를 완성함에
있어서, 각각 100개의 예언으로 구성된 남은 3권을 스스로 선언하는 게 그리
효과적이지 않다는 것을 인식하게 되었고, 이후 아주 오랫동안 누구에게 바쳐야

하는 지에 대해 고민을 거듭하였고, 그 결과 우주의 최고 군주이시며 주권자이신 폐하의 용상에 바치는 것이 좋겠다는 결론에 도달하게 되었습니다. 한편 이러한 무모한 용기에 대해 오랫동안 궁리를 거듭한 후, 그 가장 중대한 저자 플루타르코스에 의해 언급된 바와 같이, 그 시대 불멸의 신들의 성전에 희생 제물로 바친 제물과 선물을 보았으며, 그 헌금에 너무 중요한 역할을 했다고 해서 성전에서 아무 것도 내지 않았던 리크르고스[17]의 삶에서 용기를 얻어 이렇게 감히 폐하께 진언을 올리게 되었습니다.

아들에게 보내는 서신에서 이미 그는 자신의 예언들이 후세에 심각하게 훼손되는 상황에 처하게 될 것이라고 기술해놓은바 있었고, 이제 저술을 마친 세 권에 담겨있는 예언들을 어떻게 하면 훼손을 최소화하면서 대혼란의 시기를 살아갈 후손들에게 무사히 전달해줄 수 있을지에 대해 고심을 거듭했던 것으로 보인다. 게다가 당시 종교재판에 의한 검열과 탄압이 극심한 시기였기 때문에 이에 대해서도 효과적인 방어망을 구축하는 일도 절실했을 것이고, 그 방법에 대해서도 궁리가 필요할 수밖에 없었을 것이다. 다행히 왕실에서 그를 신뢰해주고 존중해주는 분위기가 형성되어 있었으므로, 프랑스 국왕이라고 하는 제왕의 현세적 권위에 의지하는 것이 상기의 2가지 문제를 가장 효과적으로 해결할 수 있는 최선책이라고 판단했던 것으로 보인다.

---

17) 리쿠르고스(기원전 800~기원전 730)는 스파르타의 전설적인 입법자로서, 델포이의 아폴론 신탁에 따라 스파르타 사회를 군국주의로 개혁하였다. 리쿠르고스의 모든 개혁은 스파르타 사람의 3가지 덕목인 평등, 군사적 적합성, 엄격성을 지향하였다. 고대 역사가 헤로도토스, 크세노폰, 플라톤, 플루타르코스가 그에 대하여 언급한 바 있다. 리쿠르고스가 역사적으로 실존한 인물인지는 분명하지 않으나, 고대의 여러 역사가들은 리쿠르고스가 공동체적이고 군국주의적인 개혁으로 스파르타 사회를 바꾸었다고 여긴다.

Nevertheless, seeing your royal splendor, accompanied by an incomparable humanity, I have seized my opportunity to address, not as to those Kings of Persia, to whom one could neither be permitted to stand before, nor to approach. But it is to a most prudent and most wise Prince that I have dedicated my nocturnal and prophetic calculations, composed rather out of a nutural instinct, accompanied by a poetic frenzy, than according to the rules of poetry, and for the most part composed in accordance to astronomical calculations, corresponding to the years, months and weeks of the regions, countries, and the majority of towns and cities of all Europe, including of Africa, and a part of Asia through the changes of regions, which for most relate to all these locations, and composed by a natural faculty: someone will answer, who would do well to blow his nose, that the rhythm is as easy as the comprehension of the meaning is difficult.

감히 언급하거나 접근조차 할 수 없는 페르시아 왕들과는 달리, 비교할 수 없는 인성을 갖추신 왕실의 광영을 보면서 이렇게 서신을 바칠 기회를 얻게 되었습니다. 주로 한밤중에 쓴 저의 예언들은 떠오르는 영감에 따라 시적인 격정과 규칙에 의거해 기록한 것입니다. 여기에는 수많은 숫자들이 등장하는데, 그것은 특정한 년, 월, 일, 그리고 앞으로 국경이 바뀌게 될 아시아의 일부와 아프리카를 포함한 유럽 전역의 나라나 도시, 지역에 관련되어 있습니다.

상기의 대목에서 예언들의 주요 무대가 되는 지역적 범주를 짐작해 볼 수 있는데, 그 중심 무대는 아무래도 주로 유럽일 수밖에 없을 것이다. 그리고 인근 아프리카 지역과 터키를 비롯한 근동 아시아 지역까지도 포함된다고 한다. 따라서 예언의 대다수는 철저하게 유럽 지역과 관련된 묘사들임에 분명하다. 그렇다면 아메리카 대륙이나 극동 아시아 지역과는 전혀 상관이 없는 것일까? 가령 미국이나 러시아, 중국, 일본 등과 같은 나라들은 전혀 해당사항이 없는 것일까? 더불어 우리 한국과 같은 작은 나라는 더 말할 필요도 없는 것이고? 차라리 그랬더라면 오히려 더 홀가분해졌을지도 모르겠는데, 불행인지 다행인지, 그가 남긴 4행시들과 예언 그림들을 샅샅이 분석해본 결과 미국, 러시아, 중국, 일본까지도 명백하게 범주에 포함된다는 것을 확인했고, 전 지구적 범위라고 말하는 것이 오히려 타당해 보였다. 더불어 우리 한국도 전혀 예외가 아니었다. 장차 지구적인 재앙이 닥치는 그날의 상황과 관련해, 세계적으로 영향을 주는 주요 핵심 인자들은 모두 빠짐없이 총망라되어 있다고 보는 것이 보다 타당하다는 것을 알게 될 것이다.

And for such, O most humane King, most of the prophetic quatrains are so rugged that one would not know how to make way through them, nor even less interpret them, however, hoping to leave in writing the years, towns, cities, regions where most (of the events) will come to pass, even those of the year 1585 and of the year 1606, beginning from the present time, which is the fourteenth of March, 1557, and passing far beyond to the coming advent, which will be after in the beginning of the seventh millennium, profoundly reckoned, as far as my astronomical calculations and other knowledge has allowed this to extend, when the adversaries of Jesus Christ and his Church will begin to strongly increase, the whole has been composed and calculated in appointed days and hours and well-disposed and the most accurately as was possible to me. And all when Minerva was free, and not unfavorable, calculating almost as many events of the future, as from passed eras, including from present, and out of which through the course of time through all regions, they will know to happen, all exactly as it is written, without mixing any superfluous, although soma may say: Concerning the future there can be no entirely determined truth.

．．．

그리고 가장 인도적이신 폐하, 예언의 대부분은 문장이 너무 거칠어서 그로부터 길을 찾아내기가 쉽지 않으실 것이며 심지어는 해석조차 어려우실 수도 있습니다. 그러나 저는 특정연도, 특정 마을이나 도시, 특정 지역에서 일어날 사건들을 기록해놓고 싶었습니다. 1557년 3월 14일 현재의 시점부터 시작하여 1585년, 1606년, … 하는 식으로 일곱 번째 천 년 기가 모두 다 찰 때까지, 깊은 성찰을 통해 제가 알게 된 천체학적 지식과 그 밖의 모든 지식들을 전부 다 기록해놓고 싶었습니다. 따라서 제 능력이 닿는 한도 내에서 지명된 날짜와 시간을 가급적 정확하게 계산해놓았습니다. 미네르바 여신[18]이 자유롭게 활동하면서 제약을 받지 않는 시각에, 저는 현재를 포함한 미래의 거의 모든 주요 사건들을 가능한 한 정확하게 추산했고 정확하게 구성해놓았습니다. 저는 그것이 마치 이미 지나간 과거의 사건이라도 되는 양, 앞으로 오랜 기간 동안 발생하게 될 모든 주요 사건들에 대해 추산해놓았고, 시간의 경과와 함께 앞으로

---

18) 미네르바(Minerva)는 로마 신화의 여신. 전쟁과 시, 의술, 지혜, 상업, 기술, 음악의 여신이다. 그리스 신화의 아테나에 해당한다.

그 모든 일들이 차례차례 일어나게 될 것입니다. 이에 대해 혹자는 미래에 관한한 전적으로 결정된 진실이라는 것이 있을 수 없다고 반론을 제기할지도 모르 겠습니다.

....

앞에서 지역적 범주를 언급했고 여기선 시간적 범주를 언급해주고 있다. 그는 1557년으로부터 시작하여 7,000년이 모두 다 찰 때까지 예 언해놓았다고 분명히 밝히고 있다. 문제는 여기서 말하는 7,000년이란 것이 과연 서기 7000년을 말하는 것인가 하는 점이다. 즉 1557년 ~ 7000년까지 총 5,443년간 일까? 이 서신을 계속해서 읽어내려 가다보면 이에 대한 의문이 저절로 풀리게 되는데, 결단코 5,443년간의 터무니없 을 정도로 긴 기간이 아니란 것을 알게 된다. 따라서 서기 7000년, 지구 의 종말 혹은 태양의 종말 혹은 태양계의 종말 등과 같은 터무니없는 말들은 일고의 가치도 없는 헛된 망언에 불과하고, 그저 심심해서 한번 뱉어보는 헛소리에 불과할 뿐이다. 노스트라다무스 자신이 규정하는 7,000년에 대한 자세한 설명이 곧 등장한다. 그때 다시 다루는 것으로 미루어두고 가야 할 길이 먼 관계로 일단 발걸음을 재촉하기로 한다.

It is quite true, Sire, that for my natural instinct which has been given to me by my ancestors, not thinking to predict, and adapting to predict and reconciling this natural instinct with my long calculations as one, and freeing the soul, the spirit and the mind from all thought, perplexity, and vexation through rest and tranquillity of the spirit. All of these concurred and predicted the one part (by) tripod aeneo. Although there are several who attribute to me that which is as much mine, as that is not mine at all, Eternal God alone, who is the thorough searcher of human minds, pious, just and merciful, is the true judge of it, to whom I pray the will to defend me from the calumny of the wicked, who would likewise, calumniously want to inquire by what means all your ancient progenitors, Kings of France, have cured the scrofula, and from other nations that have cured the bite of serpents, from others that have had certain instinct in the divination art, and other cases which would be long to recite here.

조상의 음덕으로 주어진 자연적 본능에만 의존한 것은 아니고, 폐하, 긴 시간에 걸쳐 수행한 추산과 자연적 본능을 하나로 통합해놓은 것입니다. 동시에 제 마음의 평안과 안식을 통해 잡념들과 걱정과 불안에서 벗어날 수 있었던 것이 또한 사실입니다. 이들 모두는 청동 삼각대에 의해서 하나로 일치되어 예언되었습니다. 사실 이 모든 것을 저 혼자 다 한 것은 아닙니다. 도와준 많은 이들이 있었습니다. 오직 인간의 마음을 철저히 감찰하시고 경건하시고 공정하시고 자비로우신 하나님만이 올바르게 판단하실 수 있으실 것입니다. 저는 하나님께 악한 자들의 비방으로부터 저를 보호해주시기를 간절히 기도드리고 있습니다.

그의 나이 44세가 되는 1547년, 마침내 오랜 방랑 생활을 마치고, 프로방스의 샬롱이라는 거리에 정착한 노스트라다무스는 이후 부유한 미망인 안나와 재혼하여 6명의 자녀를 얻는다. 의사로서의 진찰 시간은 갈수록 줄어들다가 1550년에는 아예 간판을 내리고 그 해의 날씨라던가 특정일의 운세를 예언해놓은 한해의 운세를 담아놓은 달력을 발

행하기 시작했다. 그리고 놀랍게 적중하는 그의 달력으로 인해 예언자
로서의 명성이 더욱 확고부동해지게 되는데, 하지만 밤마다 심혈을 기
울이던 그의 진짜 작업은 따로 있었으니, 바로『모든 세기』를 저술하는
일이었다.

Nostradamus prophecy: Quatrain 1, 1

Sitting alone at night in secret study;
it is placed on the brass tripod.
A slight flame comes out of the emptiness and
makes successful that which should not be believed in vain.

깊은 밤 놋쇠의 삼각대가 놓인 곳에
홀로 앉아 비밀스런 탐구
희미한 불꽃이 정적 속에서 다가와
헛되이 지나쳐버려선 안 될 것들을 성사시킨다.

지금 서신에서 언급되고 있는 금속재질의 삼각대는, 상기와 같이『모
든 세기』의 제일 첫 번째 4행시에서도 등장한
다. 지금 서신에서 언급된 내용과 상기의 4
행시를 통해 추정해보건대, 아마도 그는 삼
각대 위에 물을 떠놓고 지팡이로 삼각대의
중앙부를 건드리는데, 그러면 어느 순간 물
속에서 그의 시선에 희미한 불꽃이 일어나
는 게 포착되고 그러한 불꽃 속에서 사건

의 장면들이 파노라마처럼 펼쳐지는 방식으로 미래에 일어날 사건들을 미리 볼 수 있었던 것으로 보인다. 그리고 이것은 아마도 고대 그리스 아폴론의 예언자들이 영감을 얻거나 신탁을 받는데 사용했던 방식과 같은 종류일 가능성이 커 보인다. 한편 이처럼 서문 성격의 편지들에서 언급되는 핵심적인 단어들은 거의 예외 없이 『모든 세기』의 예언들에서도 매우 긴밀하게 연결된다. 그리고 동시에 『성경』과도 긴밀히 연결되는데, 이것이 바로 이른바 일련의 예언들을 풀 수 있게 해주는 비밀스런 열쇠였던 것으로 보인다. 필자는 이것을 일컬어 "Key-word 연결법"이라고 명명하고 있는데, 그것은 더 나아가 4행시와 4행시를 연결하는 데에도 유효하게 적용된다는 것을 알게 될 것이다. 이러한 이치를 알아야, 그리고 이러한 이치에 입각해서 풀어야, 비로소 그의 예언들을 올바로 풀어낼 수 있다는 것이 필자의 생각이고, 바로 이것에 기초하여 지금 본서가 기술되고 있다.

[1st Chronology, 첫 번째 연대기]

Notwithstanding those to whom the malignity of evil spirit will not be contained by the course of time after my early extinction, more will be of my writings than during my lifetime, however, should I err into my calculations of the ages, it will be of not anyone fault, may it please your More Than Imperial Majesty to pardon me, protesting before God and his Saints that I have no pretensions toward putting anything in the writing of the present Epistle, that might be against the true Catholic faith, conferring the Astronomical calculations, contiguous to my knowledge: for the distance of time since our primeval, who preceded us is such, submitting myself to correction by the most sane judgment, that the first man, Adam, was before Noah approximately one thousand two hundred and forty two years, not reckoning the time by the calculations of the Gentiles, as set in the writings of Varro: but solely and totally according to the Holy Scriptures, and according to my feeble spirit, within my Astronomical calculations.

....

그럼에도 불구하고 제가 죽고 나서 시간이 지남에 따라 비록 악의까진 아닐지라도 저에 대한 글들이 제가 살아있을 때보다 훨씬 더 많아질 것이오니, 혹시 제가 천체학적 추산을 행함에 있어 날짜 계산에 오류가 있다거나 혹은 진정한 가톨릭 신앙에 반한다거나 성도들에게 항의 받는 일이 발생한다면, 그것은 아무도 잘못한 것이 아니오고, 지금 저는 이 서신을 적어 내려감에 있어서 한 줌의 지적인 허세나 사심조차 품지 않고 있사오니, 부디 폐하께서 하해와 같

.

86 •

으신 드넓은 마음으로 너그럽게 용서해주시기를 간곡히 청하는 바입니다. 바로(Varro)의 글에서 설정한대로, 이방인 방식의 계산이 아니라 가장 합리적인 판단으로 추산해보면, 태곳적 하나님께서 최초로 지으신 아담의 때로부터 노아까지가 약 1242년입니다. 오로지 전적으로 성서를 따르면서 천체학적인 예상을 이정표로 삼아 때를 찾아내는 것이, 제가 시와 때를 알아낼 수 있었던 최선의 길이었습니다.

앞서 7,000년까지 예언을 해놓았다는 기한에 대한 언급이 있었고, 드디어 노스트라다무스 자신이 어떤 방식으로 7,000년이란 "Time Frame", 즉 "시간의 뼈대"를 규정해놓았는지를 밝히고 있는 장면이다. 자신의 계산법은 주로 성서에 근거를 둔다는 점을 특히 강조하고 있고, 최초 시작점으로써 하나님이 창조한 아담을 언급한다. 즉 우리는 지금 아담이 창조되어진 때로부터 시작하여 7,000년이란 거대한 모래시계를 차곡차곡 채워가고 있는 중이고, 그것이 완전히 채워지면 그때 자신의 예언이 완전히 끝난다는 것이 내용의 주요 골자라고 하겠다. 한 가지 잊지 말아야 할 것은 결코 세상의 끝을 언급한 것이 아니라 단지 예언의 끝을 언급했다는 점이다. 한편 예언의 제왕답게 자신의 죽음에 대해서도 4행시 한편을 남겨놓았다.

Nostradamus prophecy: 예견집 141편

사절使節의 칭호를 사양하고 왕으로부터 선물을 받아 집에 둔다.
이제 할 일은 아무 것도 없고 신의 부름을 받는다.
가족과 친척들과 친구들이

죽은 그를 침대와 소파 사이에서 발견할 것이다.

　그는 일생동안 대체로 건강했지만, 그의 말년 2~3년간은 통풍을 비롯하여 관절염, 심장질환 등으로 시달려야 했다. 그는 1566년 6월 17일 3,444개의 금화를 비롯한 그의 재산을 아내와 자식들 앞으로 남긴다는 유서를 썼고, 7월 1일 사제를 불러 장례를 부탁한다. 그리고 다음날 7월 2일 오전 5시경 그가 예언해놓았던 바대로 가족 중 아무도 그의 마지막 순간을 지켜보지 못한 채 침대와 책상 사이 바닥에 쓰러진 모습으로 발견되었다. 그 후, 그의 무덤 안에 몰래 숨겨놓은 비밀문서만 있으면 그가 기록한 모든 예언들을 풀어낼 수 있다는 소문이 파다하게 퍼졌다. 그렇게 시간이 흘러 서기 1700년, 그 지역 유지들이 유명한 인사의 시신을 좀 더 안전한 곳으로 옮기기로 결정하였고, 이장을 틈타서 무덤 안을 슬쩍 엿보게 되었는데, 소문의 비밀문서 같은 것은 전혀 찾아볼 수가 없었고, 단지 유골 사이에서 "1700"이라고 적힌 메달이 나오면서, 그것을 본 사람들이 경악을 감출 수가 없었다고 한다.

　After Noah, of him and the universal flood, came Abraham, about one thousand and eighty years, who was a sovereign Astrologer, according to someone, he invented first the Chaldean alphabet: after came Moses, about five hundred fifteen or five hundred sixteen years, and between the time of David and Moses, there were around five hundred and seventy years. Then after, between the time of David and the time of our Savior and Redeemer, Jesus Christ, born of the unique Virgin, have elapsed (according to some Chronographers) one thousand three hundred and fifty years: it could be objected that this calculation cannot be right, because it differs from that of Eusebius. And from the time of the human redemption until the detestable seduction of the Saracens, have elapsed six hundred and twenty one years, thereabouts, from which one can easily add up the amount of time gone by, although if my calculations are not good and valid for all nations is because the total has been calculated by the celestial course, by association of emotion infused at certain hours of abandonment, by the emotion of my old ancestors.

또한 어떤 이의 주장에 의하면, 보편적인 홍수가 있었던 노아 이래 약 1080년 후의 사람 아브라함, 그는 일류 점성가였으며 칼데라 알파벳을 최초로 발명한 사람이기도 합니다. 그리고 대략 515년 또는 516년이 지난 후 모세가 왔으며, 그의 시대로부터 570년이 지난 후가 다윗이고, 다윗 이후 동정녀 마리아에게서 태어난 예수까지는 (몇몇 Chronographers에 따르면) 1350년이 경과합니다. 이 숫자들은 유세비우스의 계산과는 다르기 때문에 옳지 않을 수도 있습니다. 그리고 인간 구속의 때부터 사라센의 가증스러운 이단까지가 621년입니다. 천체학적 노정과 조상의 음덕으로 갖게 된 감수성에 의거해 특정 시간에 떠오른 정서적 통합으로 추산된 것이기 때문에, 저의 계산이 비록 옳지 않거나 근거가 부족할 수는 있지만, 적어도 이러한 추산으로써 그 누구라도 흘러간 시간들의 총합을 쉽게 계산해볼 수는 있을 것입니다.

상기와 같은 그의 주장에 따라서 최초 아담이 창조된 때로부터 시작해, 이후 흘러간 시간들을 모두 정리해보면 다음과 같을 것이다.

아담 ~ 노아의 홍수 : 1242년

노아의 홍수 ~ 아브라함 : 1080년

아브라함 ~ 모세 : 515년 또는 516년

모세 ~ 다윗 : 570년

다윗 ~ 예수 : 1350년

이렇게 언급된 모든 시간들을 모두 합해보면, 우리는 4757년(또는 4758년)이란 숫자를 얻을 수 있게 된다. 그리고 기원전에서 기원후로 바뀌는 시점에 서기 0년이란 것이 존재하지 않으므로 우리는 +1이란 것을 항상 더해주어야 하고, 이것을 반영하여 가증스런 이단이라고 언급한 621년에다가 +1을 해주면, 서기 622년 마호메트가 이슬람교를 창건한 연도에 도달한다. 그리고 이 서신을 앙리2세에게 보냈던 서기 1557년은 그의 이러한 계산법에 의하면 대략 6315년이나 6316년에 해당하게 된다. 따라서 그의 예언은 7,000년이 모두 채워지는 서기 2242년까지란 것을 알 수 있게 된다. 그 이후의 일들은 그의 주요 관심사가 아니었으며, 따라서 예언해놓지 않았다는 말이다. 그리고 그가 그렇게

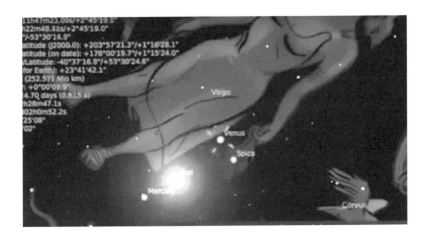

예언을 중단한 이유에 대해서도 서신을 읽어 가다보면 저절로 알게 된다. 지극히 평화로운 시대일 것이기 때문이다.

한편 우리가 기원전과 기원후를 경계점으로 삼고 있는 예수의 탄생 연도가 중요한데도 불구하고, 실제로는 의견들이 분분하여 정확한 연도를 분명하게 알 수가 없는데, 대체로 기원전 3년이라는 설이 가장 유력한 상황이다. 그리고 정확한 탄생 연도에 대한 흥미로운 주장이 하나 있어서 참고로 소개를 해볼까 한다. 최근 유튜브 영상을 통해 놀라운 주장이 하나 제기되고 있다. 기원전 3년 초막절[19]은 양력으로 9월 26일에 시작되었다. 그 무렵 메시아를 상징하는 금성(Venus)이 앞서 내려가는 천사장을 상징하는 수성(Mercury)을 뒤쫓아 내려가다가, 3일 후인 9월 29일 드디어 처녀자리의 두 별, 즉 Virgo와 Spica 사이를 통과하게 되는데, 이 두 별 사이가 바로 처녀의 엉덩이에 해당한다. (상기의 Stellarium이라고 하는 별자리 프로그램이 보여주는 처녀의 엉덩이가 이 두 별과 약간 어긋나 있는 것은 전적으로 프로그램상의 문제임) 따라서 금성이 처녀자리 자궁 속의 산도(産道)를 통과한 **기원전 3년**

---

19) 유월절(무교절), 칠칠절(오순절, 맥추절)과 함께 3대 절기 중 하나로, 초막절은 하나님의 백성(유대인)들이 함께 거주하시는 하나님을 기념하는 절기이다, 초막절은 1년 중 마지막 절기로 유대력으로 에다님월 (7월) 15일에서 22일까지이다. 성력 7월 10일 시내산에서 내려온 모세에 의해 하나님의 뜻을 전해들은 이스라엘 백성들은 성막 지을 재료를 풍성히 모았다. 모세가 두 번째 십계명을 받아 내려오던 날부터 모든 백성들에게 언약의 말씀과 성막 지을 문제를 다 설명한 후에 그달 15일부터 7일간 성막 지을 재료인 금, 은, 포목, 목재 등을 자원하는 사람들이 넘치도록 풍성하게 드려 성막을 짓게 하였다. 여호와의 뜻을 따라 성막 지을 재료를 제조하여 바친 그 7일간을 기념하고 이스라엘 백성들로 말미암아 대대로 이 날을 기억하게 하려고 초막절을 정하여 지키게 했다.

9월 29일이야말로 정확히 예수가 태어난 날일 가능성이 높다고 하는 주장인데, 「이사야」 7:14에 이르길,

"그러므로 주께서 친히 징조를 너희에게 주실 것이라 보라 처녀가 잉태하여 아들을 낳을 것이요 그의 이름을 임마누엘[20])이라 하리라."

고 했던 바, 예수가 바로 임마누엘의 실현이라고 보는 견해가 정설로 통하고 있다. 그런데 여기서 임마누엘의 뜻 자체가 하나님이 우리와 함께 계신다는 의미이고, 초막절이 또한 함께 거주하시는 하나님을 기념하는 절기이므로, 둘의 의미가 서로 상통한다는 점에서 꽤나 흥미로운 가설이라고 생각된다.

But the injustice of time, O Most Serene King, requires that such secret events should not be made manifest except in enigmatic sentences, having however only one sense, and unique meaning, without having put anything of ambiguity nor doubtful calculation: but rather kept under a cloudy obscurity by a natural infusion approaching to the sentence of one of the one thousand and two Prophets, who have existed since the creation of the world, according with the calculation and Punic Chronicle of Joel: I will pour out my spirit upon all flesh and your sons and daughters shall prophesy. But such Prophecy proceeded from the mouth of the Holy Ghost, who has been the sovereign and eternal power, in association with the celestial to some from this tally have predicted great and marvelous events: as for myself

20) 임마누엘은 하나님이 우리와 함께 계신다는 뜻이다.

in this, I by no means would ever assign such a title to myself, God forbid, indeed, I readily confess that all emanates from God, and to him rend thanks, honor and undying praise, without having mixed therein any divination proceeding to presumptuousness: but to God, and to nature, and for the most part accompanied by movements of the celestial course, just like looking into a burning mirror, as through clouded vision, the great events, sad, prodigious, and calamitous happenings that approach toward the principal worshipers.

그러나 폐하, 현 시대적 상황은 그러한 비밀스러운 사건들이 모호하거나 의문의 여지를 두지 않고 오직 하나의 의미나 독특한 의미를 가지면서 명명백백하게 그 뜻이 드러나는 문장들보다는 오히려 불가사의하거나 불분명한 의미를 요구하고 있습니다. 천지 창조 이후 존재했던 사람들 중에 **군계일학과 같았던 두 선지자들께서 예언하셨던 그런 문장들**과 마찬가지로 알 듯 모를 듯 애매모호하게 표현되는 문장들 말입니다. 두 선지자들께선 주권적이며 영원한 권능이신 성령의 입으로 말미암아 천상과 연관된 위대하고도 놀라운 일들을 예언했던 것이고, 그에 비해 제 자신을 말씀드린다면, 저는 절대로 선지자란 칭호가 가당치도 않으며, 이는 신께서 금지하신 바이기도 합니다. 거기에 어떠한 점술적인 요소도 전제로 달지 않고, 이 모든 것은 **오로지 하나님으로부터 비롯된** 것이기에, 즉 천체들의 움직임과 함께 불타는 거울을 들여다보듯이 흐릿한 시야를 통해 피조물에게 다가오던 위대한 사건들, 슬프고, 경이롭고, 비참하던, 그 모든 사건들은 하나님으로부터 비롯된 것이기에, 모든 감사와 명예와 불사의 칭찬은 모두 하나님의 몫이고, 또한 우주 자연의 몫으로 돌려야 한다는 것을 진실로 자백 드리는 바입니다.

　　상기의 "군계일학과 같았던 두 선지자"는 「다니엘서」를 쓴 다니엘과 「계시록」을 쓴 사도 요한을 의미한다. 노스트라다무스는 「다니엘서」와 「계시록」을 주로 참고하면서 자신의 저서 『모든 세기』를 집필해놓았다. 다만 겸손한 그는 다니엘과 요한에게 부여된 선지자라는 칭호만큼은 극구 사양하고 있으며, 그러한 그의 뜻을 받들어 사람들은 그에게 예언자라는 칭호로 부를지언정 선지자라는 칭호만큼은 부여하고 있지 않다. 한편 이 대목에서 그의 예언들이 어찌하여 그렇게 하나같이 모호하고 중의적인 시어들로 가득 차 있게 됐는지, 그리고 그의 심정이 어떠했던 건지를 어렴풋이 이해할 수 있게 된다. 그 이유는 그의 시대가 그에게 그렇게 요구했던 것이다. 「계시록」이 기록되던 시대와 노스트라다무스가 살던 시대가 별반 다르지 않았기 때문에, 그가 선택할 수 있는 여지가 그것밖에 없었던 것이다. 그것이 오늘날 우리들이 그의 예언들을 쉽사리 간파하지 못하게 된 근본 원인이었던 것이다.

First upon the temples of God, secondly, upon those who are sustained by the earth, approach such decadence, with a thousand other calamitous happenings, that through the course of time will be known to come: for God will look upon the long sterility of the great lady, who then afterwards will conceive two principal infants: but she being in peril, she which to whom will be adjoined by the fear of the age of death being in peril within the eighteenth, unable to pass the thirty-sixth that will leave three males, and one female, and will have two, the one which will not ever had from one same father, between the three brothers there will be such differences, then united and in agreement, that the three and four parts of Europe will tremble: by the youngest in age will be sustained and augmented the Christian Monarchy: elevated sects, and suddenly abased, Arabs retreated, Kingdoms united, new Laws promulgated: of the other infants the first will occupy the fierce crowned Lions, holding the paws over the fearless (coat of) arms.

....

첫째로 하나님의 성전위에, 둘째로 땅을 디디고 살고 있는 사람들 위에, 천 가지 다른 재앙들이 타락에 접근하면서 시간의 경과에 따라 다가오게 된다는 것이 알려질 것입니다. 하나님께서 위대한 부인의 오랜 불임을 바라보실 것이기 때문에, 거기서 나중에 두 명의 주요한 자녀들을 잉태하시게 될 것입니다. 그러나 그녀는 위험에 처하게 될 것이며, 그녀가 출산하게 될 여성은 무서움 때문에 18세의 나이에 죽음의 위기에 처하게 될 것이고, 36세를 지나칠 수는 없을 것이고, 3명의 아들과 1명의 딸을 남겨둘 것인데, 그 1명의 딸은 아버지가 다를 것입니다.

....

여기서 언급된 위대한 부인은 카트린 드 메디치를 말하는 것 같은데, 기술되는 전후 내용을 살펴보면 완벽하게 부합되는지 약간 의심스럽긴 하다. 하지만 현재의 주요 관심사는 아니므로 크게 중요해보이진 않는다. 아무튼 카트린 왕비는 그녀의 남편 프랑스 국왕에게 보다는 노스트라다무스에게 있어 훨씬 더 중요한 인물이었음은 분명하고 잠시 그녀에 대해 간략하게 정리해보기로 한다.

그녀는 1519년 4월 13일 피렌체에서 태어났고, 출생 직후 부모님을 모두 잃어 메디치 가문의 유일한 후계자였다. 아버지 로렌초2세의 숙

부이자 카트린의 종조부인 교황 레오10세는 카트린을 자신의 손길이
미치는 곳에 두기 위해 로마로 데려왔다. 그녀는 그곳에서 할머니 알폰
시나 오르시니, 고모할머니 루크레치아, 고모 클라리체 등의 보살핌을
받았다. 프랑수아1세는 교황에게 카트린의 후견인이 되게 해달라고 요
구했지만 교황은 이를 거절했다. 교황은 동생 줄리아노의 서자인 이폴
리토 데 메디치와 결혼시켜 피렌체를 공동 통치시킬 생각이었다. 하지
만 1521년 교황이 갑작스럽게 죽고 카트린은 이모부 스코틀랜드의 알
바 공작의 보호 하에 고모할머니 루크레치아의 손에서 자랐다. 1523년
카트린의 재종조부 줄리오 데 메디치가 교황 클레멘스7세로 즉위했고
카트린은 리카르디 궁에서 생활하게 되었다. 당시 클레멘스7세는 카를
5세와 대립 중이었고 로마는 카를5세의 군대에게 파괴되었다. 이어진
피렌체 시민의 반란 등 복잡한 정치적 상황 탓에 카트린은 여러 수녀원
에서 난을 피하며 많은 질곡을 겪었다. 피렌체가 안정을 되찾자 클레멘
스7세는 카트린을 다시 로마로 데려왔고 카트린의 신랑감 찾아주기에
나섰다. 그녀가 프랑스 왕가로 시집가게 된 것은 이탈리아를 흠모했던
프랑수아1세의 의지가 반영되었다. 프랑수아1세가 처음 카트린과 아들
앙리의 결혼을 계획했을 때 프랑스 귀족들의 반발은 심했고, 이 때문에
프랑수아1세는 건강한 왕태자 프랑수아를 제치고 앙리가 왕이 될 리
없으며 따라서 카트린은 어디까지나 오를레앙 공작부인일 뿐 왕비가
되지 못한다고 대신들을 설득했다. 교황도 이 제의를 받아들여 카트린
과 프랑수아의 둘째 아들 앙리와 1533년 마르세유에서 결혼식을 거행
했다. 프랑수아1세는 아들을 카트린과 결혼시켜서 밀라노 공작령을 맡
을 것이라 생각했지만 클레멘스7세는 그럴 의향이 전혀 없었다. 대부
호로 알려진 메디치 가문이었으나, 카트린이 결혼할 당시 파산에 가까

운 상태로, 그녀가 혼수로 가져간 보석들은 메디치의 소유가 아닌 클레멘스7세가 빼돌린 교황청의 소유였으며, 클레멘스7세는 카트린의 지참금으로 약속된 금액을 끝내 지불하지 않았다. 그러나 결혼 당시 카트린이 데려간 이탈리아의 요리사들과 식사 예절은 이후 미식으로 이름난 프랑스 요리의 시발이 되었다. 카트린 왕비는 메디치 가문 출신답게 본심을 드러내지 않는 신중함을 갖추고 있었고 상대를 능수능란하게 칭찬할 줄 알았다. 그녀는 아름다운 용모는 아니었지만 화술과 교양으로 상대방을 사로잡았다. 그녀는 밝고 활달한 성격이었고, 그리스어와 라틴어를 구사할 수 있었다. 지리, 천문, 물리, 수학에도 밝았으며 튈르리, 슈농소 궁전을 직접 설계했다고 한다. 그녀는 당시 가장 세련되었던 이탈리아 문화의 결정체였다. 때문에 시아버지인 프랑수아1세와 그의 누이 마르그리트 드 나바르와 친근하게 지냈고, 프랑수아는 카트린에게 많은 조언을 해주었으며, 마르그리트는 몇 안 되는 그녀의 후원자였다. 클레멘스7세가 죽고 그녀를 통해 얻을 것이 없다는 것을 안 뒤에도 프랑수아1세는 며느리를 되돌려 보내지 않았다. 그녀는 시아버지를 진심으로 존경하고 무조건적으로 복종했으며 그의 사냥에 따라다니기 위해 새로운 승마법을 고안해내기도 했다. 또한 시아주버니 프랑수아 왕세자 및 시동생 샤를과도 원만한 사이를 유지했다. 갑작스러운 왕태자 프랑수아의 사망으로, 왕자비에서 왕태자비가 된 카트린에게 프랑스의 여론은 지극히 적대적이었다. 그녀는 당대 이탈리아의 명문인 메디치 가문의 출신이었음에도 상인의 딸이라는 비방을 들었다. 특히 카트린은 결혼한 지 10년이 지나도록 아이를 낳지 못해 폐위 문제까지 불거졌다. 1538년 앙리가 필리파 두치라는 이탈리아 여자에게서 사생아 디안 드 프랑스를 얻고 난 다음부터는 자식이 생기지 않는 원인이 그녀에게 있다는 인식이 퍼졌다. 하지만 그녀는 1544년 태어난 프랑수아2세를 시작으로 샤를9세, 앙리3세, 그리고 마고로 유명한 마르그리트 드 발루아 등 모두 10명의 자식을 낳았다. 그러나 자식들은 대부분 어린 시절 죽거나 어머니보다 일찍 세상을 떠났다.

프랑수아1세의 사후, 1547년 앙리2세가 즉위하면서 카트린은 프랑스의 왕비가 된다. 그러나 그녀가 프랑스로 오기 전부터, 남편 앙리2세는 20세 연상인 노르망디 법관의 아내 디안 드 푸아티에를 정부(情婦)로 두고 있었다. 디안은 앙리의 총애를 등에 업고 사실상의 왕비로 행세했으며, 상당한 부정축재를 하는 한편 카트린의 아들들을 빼앗아 가정교사에게 맡겨버렸다. 카트린은 이름뿐인 왕비로 소외당했고, 이러한 상황은 앙리2세가 사망할 때까지 이어졌다. 그럼에도 카트린은 남편을 깊이 사랑했고, 그의 관심을 끌고자 많은 노력을 기울였다. 1559년 6월, 앙리2세는 몽고메리 백작과의 마상시합에서 사고로 급사하게 된다. 남편을 사랑했던 카트린은 큰 충격을 받았으며, 죽을 때까지 검은 상복을 입었다. 같은 해 그녀의 장남 프랑수아2세가 즉위하게 되지만, 기즈 가문의 세력이 강력했기 때문에 카트린은 실권을 잡지 못했고, 프랑수아2세가 일찍 죽고 차남인 샤를9세가 10세의 어린 나이로 즉위하면서 본격적인 섭정으로 나서게 된다. 이후 샤를9세마저 세상을 떠나고 앙리3세가 즉위하게 되며 섭정을 그만두지만, 이후로도 정치적인 힘을 발휘했다.

The second will penetrate so deep ahead into the Latins associated, that the second trembling path will be made, and ferocious to the mount

98 •

Iouis descending to climb to the Pyrenees, will not be transferred to
the ancient monarchy, will be made the third inundation of human
blood, will not find Mars fasting for a long time.

....

세 명의 형제들은 다른 점도 있을 것이나 단합되고 일치될 것이고, 유럽의 서
너 지역이 두려워 떨게 될 것입니다. 그들 중 막내아들에 의해 기독교 군주제
가 유지되고 증강될 것입니다. 그 밑에서 종파들은 승계될 것이고, 갑자기 쓰
러지고, 아랍인들은 후퇴하고, 왕국은 연합되고, 새로운 법령이 공표될 것입
니다. 세 형제 중 첫째 아들은 두려움이 없는 (코트의) 팔위에 발을 들고서 용
맹한 사자의 왕관을 차지할 것입니다. 둘째 아들은 라틴계와 관련된 깊은 곳
으로 침투하여 피레네 산맥으로 등반하기 위해 내려오는 루이스 산에 사나운
두 번째 떨림 경로가 만들어지지만, 고대의 군주국으로 전이되지는 않을 것
이며, 인간 피의 세 번째 침수가 만들어질 것이며, 오랫동안 사순절을 포함시
키지 않을 것입니다.

....

노스트라다무스가 카트린 드 메디치 왕비의 초대를 받아 파리를 방
문했을 때, 왕자들의 미래에 대한 질문을 받고 세 아들이 모두 왕이
될 거라고 예언했다. 왕비는 의아하게 생각했지만, 자세한 내막에 대해
선 함구했으므로 알 수가 없었다. 하지만 적어도 두 아들들의 집권 기
간이 길지 않다는 것 정도는 왕비도 눈치를 채지 않았을까 싶다. 국왕
에게 바친 이 서신에서도 아들들이 모두 왕위에 오른다는 것이 기술되
어 있다. 하지만 읽어보면 확실하게 표현해놓은 문장이 아니라, 정확한
뜻을 파악해내기가 쉽지 않은데, 예언자가 국왕에게 전해줄 수 있는
최대치가 이 정도가 아니었을까 싶다. 한편 삼형제에 대한 예언들이

별도로 있었다.

Nostradamus prophecy: Quatrain 10, 39

First son, widow, unfortunate marriage,
Without any children two Isles in discord:
Before eighteen, incompetent age,
For the other one the betrothal will take place while younger.

장남은 불행한 결혼 끝에
자식을 두지 못한 과부를 남겨, 두 섬에 싸움을 일으키리라.
그리고 18세가 되기 전에 죽는다.
동생은 더 젊은 나이에 약혼식을 할 것이다.

장남 프랑소와2세는 아주 짧은 기간 동안 메리 스튜어트와 결혼했었다. 프랑소와2세는 18세 생일이 되기 전 6주 전에 사망한다. 왕자를 임신하지 못한 과부는 스코틀랜드로 돌아가고 그녀와 엘리자베스 여왕은 섬의 영토권을 놓고 전쟁을 한다.

Nostradamus prophecy: Quatrain 4, 47

The savage black one when he will have tried
His bloody hand at fire, sword and drawn bows:
All of his people will be terribly frightened,
Seeing the greatest ones hung by neck and feet.

잔인한 왕, 그가 불길과 검과 폭력으로
피로 물들은 손을 휘두를 때
모든 백성들은 공포에 떤다.
위대한 자가 손과 목을 묶이는 모습을 목격했기 때문이다.

장남을 이어 차남 샤를르9세가 즉위하는데, 그는 불과 11세에 결혼한다. 그는 수천 명이 넘는 개신교도들을 학살하도록 지시할 정도로 잔인한 왕으로 기록되어 있다. 창가에 서서 거꾸로 매달려 죽은 희생자들을 향해 총을 쏘았다고 한다. 그 다음 왕위에 오른 셋째는 앙리3세였다. 『모든 세기』와는 별도로 발표된 예언 속에 그의 삶이 예언되어 있었다.

위대한 왕은 젊은이의 손에 …
세 명의 형제가 모두 죽을 운명,
바로 이 죽음이 마지막이 된다.
두 번째 왕은 클레맹의 손에 죽음을 당한다.

이것이 발표되고 35년이 지나, 앙리3세는 쟈크 클레맹이라는 그리스도교 수행자에 의해 암살당한다. 앙리3세는 프랑스 국왕으로 즉위하기 전에 잠시 폴란드 국왕을 지냈던 적이 있었는데, 바로 역사적으로 2번째 경우였다고 한다. 한편 그의 모친 카트린은 1589년 1월 5일 블루아에서 사망한다. 카트린이 섭정이 된 이래 프랑스는 4번의 내전을 겪었고, 장남이 요절하는 등 재난이 끊이지 않았다. 카트린은 왕권에 도전하는 기즈 가문과 거듭 대립하는 한편, 나바르와 손을 잡으면서 프랑스 왕권 확립에 애썼다. 비록 그녀의 마지막 아들 앙리3세가 8개월 뒤에 암살당하지만, 사위 앙리 드 나바르가 앙리4세로 즉위하면서 강력한 프랑스 왕권의 기초를 세우게 된다.

And the daughter will be given through the preservation of the Christian Church, her lord falling into the pagan sect of the new infidels, she will have two children, one faithful, and the other unfaithful by the ratification of the Catholic Church. And the other, who to his great confusion and later repentance, will want to ruin her, will be three regions by the extreme difference of the contracted alliances, to wit the Roman, the German, and Spain, which will make diverse sects by military hand, abandoning the 50th and 52nd degree of latitude, and will all render homage to the far regions of Northern Europe from 48 degrees latitude, which first by vain timidity will tremble, then the more Westerners, Southerners and Easterners will tremble, such will be their power, that what will be forged by concord and union invincible to warlike conquests. In nature they will be equal: but extremely different in faith.

....

그리고 딸은 기독교 교회의 보전을 위해, 새로운 종파에 빠지는 주인에게 주어질 것입니다. 그녀의 두 자녀 중 하나는 가톨릭교회에 충실할 것이고, 다른 하나는 이교도가 될 것입니다. 그리고 큰 혼란과 후회에 이를 정도로 그녀를 망치기를 원하는 성실하지 못한 아들은 계약된 동맹의 극단적인 차이로 로마, 독일, 스페인 등 세 지역으로 흩어져 있어, 무장 세력에 의해 다양한 종파가 세워질 것입니다. 위도 50도 및 52도를 버리고, 위도 48도에서 북유럽의 먼 지역에 경의를 표할 것이며, 후자는 처음에는 허황된 태도로 떨림을 겪지만 이후에는 서쪽, 남쪽 및 동쪽 지역이 떨릴 것입니다. 그러나 그들의 힘의 성격은 일치와 조합에 의해 초래된 것이 전쟁을 통한 정복으로 극복할 수 없을 정도로 커질 것이라는 것입니다. 본질상 그들은 평등할 것이지만 신앙은 매우 다를 것입니다.

예언대로 세 아들들은 모두 왕이 되었으나 통치하는 기간이 그리 길지 않았고, 프랑스의 왕위는 결국 그녀의 딸과 결혼한 사위에게로 넘어간다. 가장 유명한 딸 마르그리트는 앙리 드 나바르와 결혼하고 그는 나중에 앙리4세가 된다.

1564년 노스트라다무스는 『예언집』을 집필하고 상류층 사람들을 상대로 미래를 예언해주면서 생활하고 있었다. 카트린 왕비는 프랑스 국내를 돌아보고자 행차했다. 당시 그녀는 차남 샤를로9세를 비롯한 일가 전원을 대동했다. 그때 왕비는 노스트라다무스를 만나기 위해 살롱에 들렀고, 왕비는 그를 만찬에 초대하기도 하고, 그 후 그의 집으로 직접 방문하기도 했다. 그녀는 예언자에게 300개의 금화와 거액의 보수, 그 외에도 여러 가지 이익을 보장하는 "주치의"라는 칭호를 내리는데, 그 무렵 노스트라다무스는 그녀의 수행원들 사이에 끼어 있던 한 소년을 발견한다. 그는 왕비에게 소년의 몸에 있는 검은 사마귀를 보여달라고 부탁했고, 그녀는 기꺼이 동의했으나, 수줍음이 많았던 소년이 달아나버렸다. 그날 밤 소년이 잠들어 있을 때 조심조심 소년의 몸을 관찰한 노스트라다무스는 나중에 국왕이 될 거라고 예언했고, 왕비는 아직 두 아들들이 멀쩡히 살아 있었기 때문에 반신반의했지만 결국 이 예언도 성취되었다. 앙리4세는 일생동안 4번의 개종을 하면서 새로운 종파에 빠진다는 예언도 성취된다.

After this the sterile Lady of greater power than the second, will be received by two nations, by the first resolute by the one who had power over all of them, by the second and by the third (class) which will extend its forces toward the areas of the Orient, from Europe to the Pannonians (Eastern Europe) to have overwhelmed and failed and by maritime sail will make its extension to the Adriatic Trinacrie (Sicily), through the Balkans and the Germans having from all of it failed, and the Barbarian sect will be greatly afflicted and expelled from all the Latins.

> 그 후 둘째보다 큰 힘을 가진 불임의 여인은 두 나라[21]에 의해 받아들여질 것입니다. 그녀는 그들 모두에 대한 권력을 가진 자에 의하여 굳게 결심한 첫째에 의하여 받아들여질 것입니다. 그리고 그녀는 발칸 제국과 독일이 모두 실패하고, 바바리안 분파가 모든 라틴족들에게 의해 큰 고통을 당하며 추방되고 해양 항해의 범위가 아드리아 해의 시칠리아까지 확장됨으로 인해, 유럽에서 동유럽까지 압도하면서 동쪽 영역을 향해 힘을 확장할 둘째와 셋째에 의하여도 받아들여질 것입니다.

앞에서 16, 17세기경의 분위기였는데, 여기선 갑자기 시간 점프가 일어나 제1차 세계대전의 상황이 묘사되고 있다. 제1차 세계대전은 대

---

21) 한 나라는 첫째이고, 다른 한 나라는 둘째와 셋째

영제국, 프랑스, 러시아 제국의 3국 협상을 기반으로 한 협상국 진영과 독일 제국, 오스트리아-헝가리 제국을 기반으로 한 동맹국 진영 간의 전쟁이었다. 여기에 이탈리아 왕국, 일본 제국, 미국이 협상국 진영에 가세한 반면, 오스만 제국과 불가리아 왕국은 동맹국 진영에 가세한다. 전 세계 약 7천만 명의 군인이 전쟁에 동원되면서 역사상 최초로 벌어진 세계 규모의 대전으로 기록되었다. 1914년 6월 28일 사라예보에서 오스트리아-헝가리 제국 왕위 후계자인 프란츠 페르디난트 대공이 세르비아 국민주의자 가브릴로 프린치프에게 암살당하고, 7월 28일 오스트리아-헝가리 제국이 세르비아를 침공하면서 전쟁이 시작되었다. 러시아가 동원령을 내리면서 독일군은 중립국인 룩셈부르크와 벨기에를 침공하며 프랑스로 진격했고, 영국이 독일에게 선전포고한다. 파리 앞에서 독일군의 진격이 멈춘 이후, 서부 전선은 1917년까지 참호전과 같은 소모전 양상으로 고착된다. 한편 동부 전선에서는 러시아군이 오스트리아-헝가리 제국으로 진격하는 데는 성공했지만 동프로이센 침공은 독일군의 반격으로 실패한다. 1914년 11월에는 오스만 제국이 참전하면서 코카서스, 메소포타미아, 시나이 반도 등으로 확대된다. 이탈리아와 불가리아는 1915년, 루마니아왕국은 1916년, 미국은 1917년 참전했다. 러시아 정부가 1917년 3월 붕괴된 이후 동부 전선이 해소되었으며 이후 10월 혁명으로 인해 동맹국이 러시아의 영토를 획득했다. 1918년 11월 4일, 오스트리아-헝가리 제국은 휴전에 합의했다. 1918년 서부 전선에서 독일군의 춘계 공세 이후, 연합군은 일련의 공세를 방어하고 이후 진격하여 독일군의 참호들을 점령하기 시작했다. 독일 11월 혁명 이후, 독일이 1918년 11월 11일 휴전에 합의하면서 동맹국 진영이 전쟁에서 패했다. 1918년 종전과 함께 독일 제국과 오스트리아-헝가리 제국이 붕괴하고, 4년 뒤 1922년 오스만 터키 제국이 무너졌다. 패전국 독일 제국과 오스트리아-헝가리 제국은 많은 영토를 잃었지만 그나마 승계 국가가 탄생할 수 있었다. 하지만 이 전쟁의 여파로 러시아 제국과 오스만 터키 제국은 완전히 해체된다. 이후 유럽 및 서남아시아의 지도는 새로운 독립 국가가 생기면서 새롭게 그려지게 되었다. 상기 서신에서 "발칸 제국과 독일이 모두 실패하고"라고 기술된 대목은 제1차 세계대전에서 패전한 독일, 오스트리아-헝가리 제국, 불가리아 왕국의 상황을 말하는 것으로 보인다. 그들은 확실히 실패했다. 그리고 "바바리안 분파가 모든 라틴족들에게 의해 큰 고통을 당하며 추방되고"는 오스만 터키 제국의 상황을 말하는 것으로 보인다. 바바리안 분파로 볼 수 있는 오스만 제국이 협상국 진영에 굴복하는데, 이때 이탈리아와 프랑스, 포르투갈, 그리스, 루마니아 등 '라틴족' 국가들이 협상국 진영 측에 가담하고 있었다. 오스만 터키의 입장에서 보면 라틴족들에 의해 큰 고통을 당한 셈이다.

Then the great Empire of the Antichrist will begin, where Attila and Xerces descended, in numbers great and countless: so many that the coming of the Holy Ghost, proceeding from the 48th degree, will change place, chasing the abomination of the Antichrist, making war against the royal who will be the great Vicar of Jesus Christ, and against his Church, and his temporal reign, and in opportune time, and will be preceded by a solar eclipse more obscure, and more dark, than any since creation of the world until the death and passion of Jesus Christ, and from there till here, and will be in the month of October that some great alteration will be made, and such that one will think that the Earth field has lost its natural movement, and be plunged into perpetual darkness, will be before spring time, and following thereafter with extreme changes, reversals of kingdoms, by mighty earthquakes, with increase of the new Babylon, the miserable daughter, augmented by the abominations of the first Holocaust, and it will hold only seventy three years, seven months, thereafter will it issue forth from the stock which had for so long remained sterile, proceeding from the 50th degree, one who will renew the whole Christian Church.

그때 적그리스도의 거대한 제국은 아틸라 제국이던 곳에서 시작될 것이며, 새로운 크세르크세스는 무수한 숫자로 내려올 것이나, 통치 기간은 한시적이며, 시간의 끝에 이를 것입니다. (그리스도의 위대한 대리자이시며 교회를 대변하시는 군주를 대적하여) 전쟁을 치를 가증스러운 적그리스도를 뒤쫓으면서, 48도에서 나아가, 성령이 장소를 바꾸어 임할 것입니다. 때가 이르기 전에 일식이 있을 것인데 천지가 창조된 이래 그리스도의 죽음과 수난을 제외하고 그토록 어둡고 암울한 시기는 없을 것입니다. 그리고 10월에 거대한 변동이 일어나는데, 사람들은 지구의 중력이 규칙적인 운행을 벗어나 영원한 암흑으로 추락하는 것으로 여기게 될 것입니다. 봄에는 징조가 있을 것이며, 그 후에는 극단적인 변동과 왕국들의 전복, 거대한 지진이 있을 것입니다. 이 모든 것은 첫 번째 홀로코스트의 가증스러움을 통해 커진 비참한 탕녀, 즉 73년 7개월간 존속할 새로운 바빌론의 세력 팽창과 함께 일어날 것입니다. 그 후에 위도 50도에서 전진하면서 기독교 교회 전체를 일신시킬 분이 오랫동안 가난한 집안 혈통으로부터 유래하게 될 것입니다.

이 단락에서 또 한 번 시
간 점프가 크게 이루어진
다. "(그리스도의 위대한
대리자와 교회를 대변하는
군주를 대적하여) 전쟁을
치를 가증스러운 적그리스

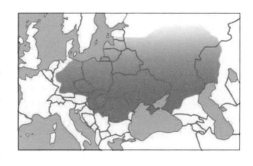

도를 뒤쫓으면서, 48도에서 나아가, 성령이 장소를 바꾸어 임할 것입니
다."라고 기술된 이 대목은 종말의 상황을 말해주는 것으로 보인다. 왜
냐하면 아직까지 그리스도의 위대한 대리자라고 칭할만한 인물이 등장
한 바가 없었고, 그와 대적해 전쟁을 치를 최후의 적그리스도도 아직
발톱을 숨겨놓고 있다. 한 가지 중요한 단서는 마지막 적그리스도의
세력권이 아틸라의 세력권과 겹친다는 정보이다. 상기의 지도에서 아
틸라의 세력권은 동유럽을 비롯하여 러시아 일대라고 볼 수 있다. 그리
고 "크세르크세스"라는 중요한 이름이 하나 언급되고 있는데, 크세르크
세스라고 명기된 4행시 하나가 최근 새로이 발견되었다. 잠시 뒤에 다
루기로 한다. 따라서 "때가 이르기 전에 일식이 있을 것"이라고 기술된
내용도 자동적으로 종말의 시기에 벌어질 일로 추정된다. 어떤 연구가
는 러시아 제국 시절에 학대받은 유대인들의 대규모 이주와 1917년 1
월 23일 유럽과 러시아 지역에 있었던 부분 일식을 말하는 것 같다고
주장하기도 하는데, 전후문맥상 필자는 그 의견에 동의하지 않는다.
"천지가 창조된 이래 그리스도의 죽음과 수난을 제외하고 그토록 어둡
고 암울한 시기는 없을 것입니다."라고 기술될 정도로 어둡고 암울했었
냐고 반문해보면 대답은 저절로 자명해진다. 적어도 아직 거기까진 도
달하지 않은 듯하다. 그리고 이어서 "10월에 거대한 변동이 일어나는

데, 사람들은 지구의 중력이 규칙적인 운행을 벗어나 영원한 암흑으로 추락하는 것으로 여기게 될 것입니다. 그 일은 봄이 되기 전에 일어날 것이며, 뒤이은 극한의 변동과 왕국들의 전복, 거대한 지진이 있을 것입니다." 라고 기술되는데, 어떤 연구가는 1917년 러시아의 10월 혁명과 그 전조가 된 3월의 로마노프 왕조의 몰락을 의미하고, 지진은 1923년 일본의 관동대지진을 말하는 것 같다고 주장하는데, 이 또한 필자는 동의하지 않는다. 이것도 아직 일어나지 않았고, 따라서 종말의 시기에 일어날 일이라고 믿는다. 지구가 규칙적인 운행을 벗어나 영원한 암흑으로 추락하는 것으로 여기게 될 그런 일이 과연 언제 적에 있었던가? 아직 일어나지 않은 것이 분명하고, 지금 기술된 이 내용이야말로 동방의 빛 시리즈 제4권 『정역』에서 다루었던 지구 공전궤도 이탈의 상황이라고 추정하는 바이다.

그리고 이 서신에서 제일 중요한 내용이 이어진다. "이 모든 것은 첫 번째 홀로코스트의 가증스러움을 통해 커진 비참한 탕녀, 즉 73년 7개월간 존속할 새로운 바빌론의 세력 팽창과 함께 일어날 것입니다." 알고 보면, 이 구절은 노스트라다무스가 『모든 세기』 전체를 통틀어 후세 사람들에게 꼭 알려주고 싶었던 핵심 메시지를 담고 있다고 해도 전혀 과언이 아닐 정도이다. 먼저 우리는 첫 번째 홀로코스트를 통해서 성장한 세력, 그리고 73년 7개월간 존속하는 세력이라는 두 가지 조건을 만족시키는 세력을 찾아낼 필요가 있는데, 왜냐하면 바로 그 비참한 탕녀가 노스트라다무스가 주목해마지 않는 대혼란의 시기에 큰일을 저지를 당사자일 것이기 때문이다. 지혜로운 사람은 강물이 바닥을 드러나는 원인을 강바닥에서 찾지 않고 당연히 강물의 근원으로 거슬러 올라가 찾을 것이고, 지금 여기서 그가 일러주고자 하는 바가 바로 그 근원에 해당하는 것이다.

　먼저 첫 번째 홀로코스트의 역사를 거슬러 올라가보자. 본래 홀로코스트(Holocaust)라는 용어는 유대교의 전번제(全燔祭) 즉, 짐승을 통째로 구워 신에게 바치는 것을 말했다. 그러다가 이 용어는 사람이나 가축을 전부 태워 죽이는 뜻으로 사용되었다가 제2차 세계대전 이후에는 유대인 대학살을 의미하게 되었다. 그러나 나치의 대학살은 역사상 첫 번째 대학살이 아니었다. 그보다 앞선 19세기 초 이미 유럽의 곳곳에서 유대인들을 혐오시하는 움직임이 싹트고 있었고, 1819년 8월 2일 독일 뷔르츠부르크에서 반유대인 폭동이 일어난다. 곧이어 덴마크, 폴란드, 라트비아, 보헤미아(체코) 등지에서도 비슷한 폭동이 일어나고, 수많은 유대인들이 죽임을 당하고 재산을 빼앗긴다. 당시 폭도들이 유대인들을 때리고 약탈하는 데에도 경찰들은 팔짱을 끼고 바라보기만 했다. 그러다가 1821년 제정 러시아에서 첫 번째 대규모 집단학살이 자행되었고, 러시아 사람들은 홀로코스트(집단학살)를 포그럼이라고 불렀다. 1821년 그리스 정교회의 주교가 이스탄불에서 갑자기 세상을 떠나자 이 일에 유대인들이 연루되었다고 하면서 유대인 14명을 잡아 처형했는데 이는 단지 시작에 불과했다. 현재의 우크라이나에 해당하는 오데싸에서 폭동이 일어나고, 이후 1859년에는 오데싸에서 본격적인 유대인 학살이 일어나는데, 당시 오데싸 항구에 정박하고 있던 그리스 선박의 선원들이 갑자기 유대인들을 향하여 '그리스도를 죽인 놈들'이라고 소리치며 공격하기 시작했고, 그곳에 살고 있던 그리스인들이 가세하여 유대인들을 공격하면서 수많은 유대인들이 죽거나 다쳤다. 그 후에도 오데싸에서는 1871년, 1881년, 1886년 유대인 박해 사건들이 줄지어 일어났다. 흑해의 오데싸 항구는 동유럽에서 유대인 집단학살의 본거지였다. 특히 1881년에서 1884년까지의 4년 동안, 제정 러시아 서남부 지역에서는 반유대인 폭동이 하루가 멀다 하고 일어났다. 러시아어 포그럼(집단학살)이란 용어가 세계적으로 널리 사용되기 시작한 것은 바로 이때부터였다. 4년에 걸친 대규모 집단학살의 원인은 알렉산더2세에 대한 암살이었다. 당시 언론과 러시아 정교회는 쨔르의 암살에 유대인들이 연루되었다고 비난했다. 불행하게도 암살단원의 일원인 게스야 겔프만이 알고 보니 유대인이었다. 암살단원의 다른 멤버들은 기독교인이었지만 유독 유대인이 한명 끼어 있었던 것이 폭동의 도화선에 불을 지핀다. 게다가 당시 제정 러시아의 지방경제는 위기에 처해 있었고, 사람들은 유대인이 경제를 쥐고 있기 때문에 러시아의 지방경제가 파탄에 이르렀다고 생각했으므로, 유대인들을 잡아 죽이는 일만 남아 있었던 것이다. 전국적으로 반유대인 박해가 4년 동안이나 계속되었다. 당시 유대인들은 가족과 재산을 잃었으며 살던 집을 뒤로하고 정처없이 떠돌아 다녀야 했다. 하지만 이 4년간의 유대인 박해는 1903~1906년 사이에 제정 러시아와 동유럽에서 일어난 피비린내 나는 반유대인 폭동에 비하면 아주 양반이었다. 당시 폭도들이 유대인의 집들을 공격하자 일부 유대인들은 가족과 재산을 보호하기 위해 총을 들었다. 그러자 총을 본 폭도들이 더 걷잡을 수 없는 상황으로 치달았고 수천 명의 유대인들이 죽임을 당했고 부상을 당한 유대인들은 이루 셀 수가 없었다. 반유대인 폭동이라고 하면 전통을 자랑하는 오데싸에서 가장 심했다. 오데싸에서만 2500명의 유대인들이 죽임을 당했다. 시체가 거리에 뒹굴어도 누구하나 거들떠보지 않았다. 밤에는 개들이 시체를 으르렁거리면서 뜯어 먹었다. 나중에 사학자들은 오데싸를 비롯한 제정 러시

아 전역에서의 유대인 포그럼에 대해 쨔르의 비밀경찰 오크라나의 배
후 조정설을 제기하기도 했다. 제정 러시아에서 1880년대의 유대인 박
해, 그리고 1905년의 유대인 포그럼은 전 세계적으로 유대인들의 대규
모 이민을 가중시켰다. 제정 러시아에서는 1880년에서 1914년 사이에
2백만 명의 유대인들이 살던 고향을 등지고 주로 영국과 미국으로 떠
났다. 쨔르 시대에 유대인에 대한 박해가 이렇게 심화되자 일부 유대인
들은 '우리도 큰 목소리를 내야한다.'는 생각으로 다른 나라에서 정치계
에 참여하여 적극적인 활동을 펼치기 시작했다. 예를 들어 분트(The
Bund)라고 알려진 종합유대인노동연맹의 입지를 강화하는가 하면 볼
세비크 운동에도 참여하였고 또한 결과적으로 시온주의가 활발하게 일
어나게 된 계기가 되기도 했다. 1917년 러시아 혁명 때에도 유대인에
대한 포그럼은 양념처럼 따라다녔다. 사회주의 혁명분자들은 종교를
타협할 수 없는 적으로 간주하였으며 특히 18세기 폴란드에서 일어난
신비주의적 유대교인 하시디즘에 대하여는 이것이 소련 사회주의 프로
그램에 장애가 된다고 하여 박해에 박차를 가했다. 이어 일어난 러시아
내란에서도 유대인은 희생양이었다. 반-소비에트 세력들은 마르크스가
기독교로 개종한 유대인의 아들이란 점을 들어 마르크스주의를 비난했
다. 이로 인하여 7만에서 25만에 이르는 유대인들이 러시아에서 학살
을 당했으며 유대인 고아들은 30만 명이 넘었다. **따라서 노스트라다무스
가 첫 번째 홀로코스트를 자행한다고 지목한 세력은 러시아가 분명하다.** 러시
아 혁명 이후 유대인 집단학살은 동부 유럽과 중부 유럽까지 파급되었
다. 뿐만 아니라 다른 지역에서도 반유대인 운동이 서서히 고개를 쳐들
었다. 1831년~1829년 그리스 독립전쟁에서도 수천 명의 유대인들이 집
단학살을 당했다. 그리스 정부군은 유대인들이 반정부 운동에 참여하

고 있다고 보고 '하나도 남김없이 제거하라.'는 지침을 내렸다. 1919년 아르헨티나에서는 이른바 '비극적인 주간'에 포그럼이 진행되었고, 1927년 루마니아의 오라데아에서도 포그럼이 있었다. 1940년대에 들어서서 아랍 국가들과 이스라엘의 긴장이 고조되자 아랍 국가들은 유대인들을 집단으로 박해하기 시작했다. 1941년 바그다드에서는 약 400명의 유대인들이 별다른 이유도 없이 성난 군중에 의해 죽임을 당했다. 1945년 리비아의 트리폴리에서 일어난 반유대인 폭동에서는 140명의 유대인이 죽임을 당했다. 유대인들은 신변의 위험을 느끼고 아랍 국가를 떠나 주로 이스라엘로 발길을 돌렸다. 한편 유대인 집단학살의 최고 정점은 히틀러였다. 제2차 세계대전 중 아돌프 히틀러가 이끈 나치당이 독일 제국과 독일군 점령지 전반에 걸쳐 계획적으로 유대인과 슬라브족, 집시, 동성애자, 장애인, 정치범 등 약 1천1백만 명의 민간인과 전쟁포로를 학살한다. 사망자 중 유대인은 약 6백만 여명으로, 그 당시 유럽에 거주하던 9백만 명의 유대인 중 약 2/3에 해당한다. 유대인 어린이 약 백만 명이 죽었으며, 여자 약 2백만 명과 남자 약 3백만 명이 죽은 것으로 파악된다. 유대인과 기타 피해자들은 독일 전역과 독일 점령지의 약 4만 여개의 시설에 집단 수용 및 구금되어 죽게 되었다. 독일에서의 집단학살의 시작은 1938년 11월 7일 히틀러의 나치에 의한 "Kristallnacht"였다. 이는 "수정처럼 투명한 밤"이란 뜻인데, 독일 아리안 민족 사회에서 유대인들을 깨끗하게 청소해버리자는 의미였다. 그날 밤 독일의 전역에서 유대인들이 공격을 받았고, 그 다음날에는 오스트리아에서 유대인들이 공격을 받았다. 나치들은 군가를 부르며 유대인들의 상점을 파괴하였고 재물을 약탈하였고 유대인들을 거리로 끌고 나와 폭행하였다. 단 하룻밤 만에 200명이 넘는 유대인이 죽임을 당하였으며 30,000명 이상의 유대인들이 체포되어 강제수용소로 보내졌다. 그들은 자기들이 왜 죽임을 당해야 하는지, 집에서 쫓겨나 강제수용소로 들어가서 노동을 하다가 죽어야 하는지 도무지 알 수 없었다. 그저 하나님의 뜻이려니 하며 언젠가는 메시아가 나타나 구원해 줄 것으로 믿고 양처럼 순순히 복종할 수밖에 없었다. 유대인들을 처단한 것은 독일만이 아니었다. 동구에서도 독일의 유행을 본받아서 유대인들을 박해하기 시작했다. 동구의 여러 나라들은 독일이 그동안 제정 러시아로부터 받은 압정으로부터 자기들을 해방시켜 주었다고 믿었으며 그와 함께 독일이 제거대상으로 삼고 있는 유대인들을 기꺼이 청소함으로서 독일에게 잘 보이자고 했다. 이로 인하여 수천 명의 유대인들이 죽임을 당하였다. 1941년 폴란드의 예드봐브네 포그럼에서는 폴란드 시민들이 독일의 지원을 받아 약 1,600명의 유대인들을 죽였다. 우크라이나의 르비브에서는 1941년 6월 우크라이나 국수주의자들이 두 번에 걸친 대규모 포그럼을 진행하여 6,000명의 유대인들을 살해했다. 유대인들이 과거 소련정부에 협조했다는 명목이었다. 말이 6,000명이지 도저히 인간으로서는 상상할 수 없는 비 인륜적 행위였다. 같은 기간에 리투아니아에서는 나치 독일군이 입성하자 국수주의자들이 앞장서서 유대인 3,800명을 살해했다. 유대인 소유의 개인상점들이 파괴되고 약탈당한 것은 두말할 필요도 없다. 벨라루스의 민스크에서도 비슷한 학살 사건이 일어났다. 전쟁 후에 약 5,000명의 유대인들이 집단적으로 학살당한 무덤이 발견되기도 했다. 홀로코스트 기간 중에 가장 잔혹한 포그럼은 아마 루마니아의 이아시에서 일어난 포그럼일 것이다. 루마니아 주민들이 경찰과 군대의 협조를 받으며 무려 13,200여 명의 유대인을 살해하였다. 참으로 참혹한 역사가 아닐 수 없는데, 아마도 노스트라다무스

114 •

자신이 유대인이었기 때문에 특히 더 집단학살의 정황에 관해 관심이
갈 수밖에 없었을 것으로 보인다.

　이렇게 우리는 첫 번째 홀로코스트를 자행한 세력이 러시아라는 것
을 확인했으니, 그 다음은 "**73년 7개월간 존속할 새로운 바빌론의 세력 팽창
과 함께 일어날 것입니다.**"에서 등장하는 이른바 새로운 바빌론 세력이
누구인지를 찾아낼 차례이다. 제1차 세계대전에 참전하고 있던 1917년
3월 제정 러시아가 붕괴되고, 같은 해 10월 볼셰비키 혁명이 일어났다.
러시아력 기준으로 '10월 혁명'으로 불리지만, 양력으로는 11월에 해당
한다. 이때부터 소련이 태동되어 1991년 12월 25일까지 73년 2개월 존
속한다. 그러나 1917년 3월 로마노프 왕조가 몰락하고 4월에 레닌이
귀국하고, 도시와 촌락, 군대에 소비에트가 형성되어 이미 6월에 제1차
러시아 소비에트 대회가 소집되고 있었으므로 사실상 6월부터 출범했
다고도 볼 수 있는데, 이렇게 보면 73년 7개월이 정확히 맞아 떨어진다.
따라서 우리는 지금 노스트라다무스가 전 세계 여러 나라 중에서 특히
어디를 주목해서 보고 있는지를 십분 짐작해볼 수 있게 된다. 제정 러
시아를 거쳐 소비에트연방으로 73년간 유지되다가, 연방이 붕괴되어 회
귀한 러시아, 그 나라가 바로 종말의 시기에 나타날 비참한 탕녀인 동시
에 새로운 바빌론으로써 화려하게 일어설 것임을 예고해주고 있는 것
이다. 그리고 이어서 "**그 후에 위도 50도에서 전진하면서 기독교 교회 전체
를 일신시킬 사람이 오랫동안 가난한 집안 혈통으로부터 유래하게 될 것입니
다.**"라고 기술되는데, 새로운 바빌론과 운명의 일전을 겨루는 최후의
메시아가 소개되고 있는 장면이다. 제4편에서 자세히 다루기로 한다.

And great peace will be made, union and concord between the children of diversity strayed and separated by diverse reigns, and will be such peace that the instigator and promoter of the military factions (born) from the diversity of the religious, will remain tied to the deepest pit, and will be united the kingdom of the Fanatic, who will counterfeit the wise. And the lands, towns, cities, kingdoms, and provinces who will have abandoned their first ways to gain liberty, enslaved themselves more profoundly will be secretly angered of their freedom, perfect religion lost, will begin to stride to the left party, to return to the right, and replacing the sanctity overcome long ago with their pristine scriptures: that after the great dog, will send forth the largest of mastiffs, who will cause destruction of all, even of what had in the beginning been perpetrated, temples will be reset as in the first times, and the priest will be restored to his original position, and will begin to be promiscuous and luxurious, do and commit a thousand offenses.

⋯⋯⋯⋯⋯⋯⋯⋯⋯⋯⋯⋯⋯⋯⋯⋯⋯⋯⋯⋯⋯⋯⋯⋯⋯⋯⋯⋯⋯⋯

그리고 다양한 통치로 인해 길을 잃고 헤매고 분리된 자녀들 사이를 조화시키고 일치시켜줄 큰 평화가 있을 것입니다. 그리고 종교로 인한 무력 분쟁 같은 것은 가장 깊은 구덩이 속에 묶여있는 것 같은 그러한 평화가 찾아올 것이고, 위선자와 흡사한 광신자의 왕국이 연합될 것입니다. 그리고 자유를 얻기 위해 오래된 관습을 버렸지만 실제로는 더 자신을 열망하게 될 국민들, 도민들, 시민들, 마을 사람들은 은밀하게 자유를 잃어버릴 것입니다. 완벽한 종교에서 길을 잃어버린 신앙은 왼쪽으로 치닫다가 오른쪽으로 되돌아오기 시작할 것입니다. 그후 가장 커다란 마스틴은 앞으로 나아가 모든 것을 파괴할 것이고, 똑같은 범죄가 또 다시 저질러질 것입니다. 사원은 고대의 때와 마찬가지로 다시 돌아갈 것이고, 성직자는 원래 위치로 복원될 것이고, 난잡해지고 호화로워지기 시작할 것이고, 천 가지의 범죄들이 저질러질 것입니다.

서신을 읽어 내려가다 보면, 시간적 선후가 연속적이지 않고 오락가락하는 것을 부지기수로 보게 된다. 시간이 흘러가는 순서대로 차례차례 기술해놓지 않았다는 것이다. 어차피 앙리2세가 사망한 이후에 벌어질 먼 미래의 일이기 때문에, 그가 이해할 수도 없을 것이고 이해할 필요도 없다고 본 것 같다. 실제로 앙리2세는 서신의 내용을 거의 이해하지 못했다고 한다. 노스트라다무스는 자신이 전해주고 싶은 바를 필요한 사람들에게 전해주면 그만이라고 생각을 했던 것으로 보인다. 이는 『모든 세기』의 구성을 보아도 똑같은데, 노스트라다무스는 결국 시간 순서 같은 것은 전혀 염두에 두지 않았던 것이 확실하고, 그것이 2개의 서신에서도 그대로 반복된다. 추정컨대, 그의 생각은 이러했던 것 같다.

"앙리2세를 위한 립 서비스는 그 정도로 충분하고, 정말 중요한 메시지들을 전달하고 싶다. 어차피 내가 훔쳐본 바에 의하면 창조주의 설계도는 이미 확정되어 있다. 나는 그것을 어딘가에 적어놓을 것이고, 후세인들은 때가 되면 그것을 분명 알아볼 것이다. 그들을 위해서 적어놓은 것이니, 그들이 알아보는 것으로써 나는 만족한다. 나의 목적은 달성될 것이고 그것까지도 이미 알고 있다."

그러니 좀 오락가락하고 있기는 하지만 우리 후세인들이 다소 번거롭더라도 지혜롭게 찾아내는 수 외에 다른 도리가 없을 듯하다. 전후사정이 이러하니 말이다. 한 편 서신에서 지금 "그후 가장 커다란 마스틴은 앞으로 나아가 모든 것을 파괴할 것이고, 똑같은 범죄가 또 다시 저질러질 것이고,"라고 언급되는데, 여기서 등장하는 마스틴은

세계에서 가장 오래된 사냥개의 일종으로서, 이름의 유래는 "길들이기" 라는 뜻을 가진 라틴어 "mansuetus"에서 파생되어, 옛날 프랑스에서는 "mastin", 그리고 영국에서는 "mastiff"라고 불렸다. 사냥개가 크면 얼마나 클까 싶겠지만, 사진에서 보이는 바와 같이 그 크기는 일반적 상상을 크게 넘어선다. 통상적으로 체중이 68~89kg 정도 되는 초대형견이다. 본래 티베트 지역에서 서식하다가 유럽 지역으로 전파된 것으로 보이고, 약 2천 년 전부터 영국 지역에서 전투용이나 맹수 사냥용으로 사육되었다고 한다. 고대 원주민이었던 켈트족, 즉 갈리아 사람들이 기르던 것을 기원전 55년에 "줄리어스 시저"가 로마제국으로 들여와 맹수와 싸우게 한 이후부터 사냥개의 대명사가 되었다고 전해진다. 매우 크고 사나워서 주로 전투견이나 시체 처리용으로 쓰였고, 아메리카에서는 원주민을 학살하는 데에도 이용되었다고 한다. 사냥개의 본성 때문에 쉽게 친해지지 않지만, 주인에게만은 절대 순종하며 헌신적이라고 한다. 특히 2017년 들어 갑자기 우리나라를 비롯한 여러 나라에서 애완견들이 자신들의 본분을 망각하고, 사람들을 물어버리는 일들이 자주 벌어지고 있는 듯한데, 앞으로 마스틴과 같은 애완견들의 반란을 한층 더 유념해야 할 시기가 다가올 듯하다. 서신에서 등장한 마스틴이

란 존재가 과연 무엇을 일컫는지를 알아낼 필요가 있겠는데, 그러기 위해 먼저 4행시 하나를 다루어야 할 것 같다. 이 4행시는 전 세계적으로 엄청난 관심과 조명을 받은 바 있고, 동시에 엄청나게 많은 논란과 파장을 일으켰던 바 있으며, 지금까지도 『모든 세기』의 대명사처럼 회자되고 있기도 하다.

Nostradamus prophecy: Quatrain 10, 72

In the seventh month of 1999
A great king of terror comes from the sky
To receive the king of Angolmois
Before and after, Mars reigns by good fortune

1900, 90의 9년, 7의 달
하늘에서 공포의 대왕이 온다.
앙골모아의 거대한 대왕을 소생시키기 위해,
전후, 마르스가 엄청난 권력의 행운을 거머쥔다.

너무도 유명하기 때문에 모르는 사람이 없을 듯하다. 1999년 당시로 시간을 되돌려보면, 나름 재밌는 일들이 회상된다. 당시 소위 밀레니엄 버그라고 불리던 컴퓨터 문제와 맞물리면서 1999년 지구에 큰일이 생길지 모른다고 많이들 겁을 먹거나 두려워하고 있었고, 일본의 한 방송사에선 컴퓨터 시뮬레이션을 통해, 노스트라다무스가 말한 1999년 7월, 이것을 태양력을 사용하는 현대 역법으로 바꾸면 8월 18일 무렵, 소위 태양계 행성들이 이른바 "그랜드 크로스"라고 하는 거대한 십자가 형상을 만든다고 대대적으로 호들갑을 떨어댔고… 하지만… 뭐야? 공포의 대왕은 무슨… 아무 일도 없잖아… 내 이럴 줄 알았지… 등등…이렇게 그냥 하나의 해프닝으로 끝나버리는 듯 했는데, 그런데 그때, 공포의 대왕은 정말로 내려오지 않았던 것일까? 사람들이 정작 중요한 걸 놓치고 있었던 건 아니었을까? 예언연구가들이 주장하던 공포의 대왕은 적어도 대중들의 눈에는 분명 드러나진 않았지만, 그때 사람들이 보지 못하던 곳에서 공포의 대왕이 정말로 지구상에 행차하고 있었던 것은 아닐까? 마지막 4행에서 묘사된 바, **"전후, 마르스가 엄청난 권력의 행운을 거머쥔다."**와 같이 1999년 그때 정말로 특별한 권력의 행운을 차지했었던 자, 그런 자가 바로 노스트라다무스가 그토록 두려워하던 공포의 대왕이 아니었을까?

동방의 빛 시리즈 제1권, 불 꺼진 아궁이에서 잿더미를 뒤적거리며 불씨를 찾던 바로 그 심정으로, 시계를 다시 돌려 1999년 8월로 돌아가 보면, 그때 사람들이 공포의 대왕을 기다리면서(?) 하늘을 올려다보고 있었을 그 무렵, 우리의 태양계 차원에서는 정말로 엄청나게 거대한 사건이 벌어지고 있었다. 이른바 그랜드 크로스, 즉 거대한 십자가가 양력 8월 18일에 지구를 중심으로 형성되고 있었다. 태양, 수성, 지구, 천왕성, 해왕성이 세로로 정렬했었고, 명왕성, 화성, 지구, 목성, 토성이 가로로 정렬하고 있었던 것이다. 그런데 하늘의 징조는 그게 전부였을까? 천만에… 또 다른 징조 하나가 8월 11일에 일어났다. 그 당시 태양을 완전히 가리는 개기일식이 북유럽 지역에서 일어나고 있었다. 이 정도로 거대한 징조들이 겹친 상황이라면 뭔가 특별하고도 의미심장한 일이 충분히 벌어지고도 남았을 것 같은데? 아무런 일이 없었다는 거, 그게 오히려 이상한 거 아닐까? 요즘 세태는 무심한 건지, 무감각한 건지, 하늘이 보여주는 징조 같은 것에는 도통 관심을 잘 기울이지 않고 있지만, 그래도 이 정도 상황이라면 진짜로 뭔 일이 생겨도 생겼을 것 같지 않은가?

하늘에서 이렇게 거대한 징조 두 가지를 보여주고 있었던 그 무렵, 과연 지상에서는 어떤 일이 벌어지고 있었던가? 그 당시 국제 정치계에 누구나 경악할만한 큰일이 하나 벌어지고 있었다. **"전후, 마르스가 엄청 난 권력의 행운을 거머쥔다."** 바로 블라디므로 푸틴… 당시 일개 KGB 국장에 불과했던 그런 작자가 보리스 옐친 대통령으로부터 러시아의 차기 지도자로 전격적으로 지명을 받던 시기가 바로 1999년 8월 9일이었다. 그로부터 8월 10일, 11일, 그러니까 딱 사흘째 되는 날에 북유럽 지역에 개기일식이 있었던 것이고, 다시 일주일 지난 8월 18일에는 태양계에 그랜드 크로스까지 정렬되었던 것이고… 이 자의 등장이 대체 얼마나 중요한 것이기에… 우주적 차원에서… 태양계조차도 전전긍긍… 정작 노스트라다무스가 알려주고 싶었던 진짜 메시지는 바로 이것이었다. 인류 최악의 적그리스도가 세계사의 전면에 부상하는 장면을 이렇게 표현해놨던 것인데…

세 번째 행에서 등장하는 "앙골모아"는 이미 예언연구가 고도 벤에 의해 잘 설명된 바와 같이 "쟈클리"라는 무도한 녀석의 별명이 맞다. 앙드레 모로아가 저술한 『프랑스 역사』에 의하면 서기 1338~1453년 영국과 프랑스 사이에 벌어진 백년전쟁으로 당시 사람들이 극도로 굶주리고 있었고, 거기에 흑사병까지 겹치면서 프랑스 서부의 농민들이 대규모 반란을 일으키고 한때 파리의 왕궁을 포위하기까지 한다. 봉기초기에는 나름 명분도 있었으나 파리에 도착한 이후 그들은 극도로 흥분하여 방화, 강도, 학살, 윤간을 비롯한 온갖 악독한 일들은 다 저질러버린다. 나중에는 처음의 봉기 목적을 완전히 상실하고, 자신들 스스로 "대 마귀"를 자칭하면서 미친 짐승들의 떼거리로 변해버렸고, 영국에서 상륙한 에드워드2세의 군대가 그들을 추적하여 2만 명을 사살해버리자, 자포자기의 심정이 되어 아리따운 파리의 여성을 범하고 네 필의 말을 묶어 사지를 찢고 갓난아이를 빼앗아 불에 구어 먹었다. 당시 사람들이 그런 극악무도한 모습을 보고 "앙골모아"란 별명을 붙였다고 한다. 노스트라다무스가 "앙골모아의 거대한 대왕"이란 표현을 굳이 선택한 것으로 보아, 이는 아마도 마지막 적그리스도가 벌이는 무도함의 정도와 규모가 가히 상상을 초월할 것임을 예고해주는 듯하다. 모르긴

몰라도 전무후무한 역대 최강의 무도함을 유감없이 표출해주리라 자못 기대(?)가 된다.

그리고 네 번째 행에 **"마르스[22])가 권력의 행운을 거머쥔다."**는 문장에서 주어 마르스? 전쟁의 신, 그것은 두말할 것도 없이 바로 블라디미르 푸틴을 말한다. 지난 1999년 8월에 이 지구라는 행성에서 그를 제외하고, 그렇게 거대한 권력을 갑자기 거머쥐는 엄청난 행운을 누렸던 자가 또 있었던가? 이 질문의 답은 너무나 분명하다. 당연히 아무도 없었다. 그런 일이 어디 흔한 일이겠는가? 따라서 블라디미르 푸틴, 그 자야말로 공포의 대왕, 바로 그 당사자가 틀림이 없는 것이다. 그 당시 예언연구자들이 정곡을 찌르지 못했던 주요 원인은 이 일이 너무나 갑작스럽게 벌어졌던 상황인지라, 미리 감지해낼 수가 없는 상태에서, 제4행을 애매모호하게 풀이할 수밖에 없었을 것이다. **"그 전후 마르스가 행복의 이름으로 지배할 것이다."**라고 풀이하고 말았는데, 이런 식의 모호한 해석이면 죽도 밥도 안 되는 게 오히려 당연했다고 말해야겠다. 잊지 말자. 정곡을 찔러야 비로소 그 뜻이 드러나도록 설계되어 있다.

Nostradamus prophecy: Quatrain 3, 34

When the eclipse of the Sun will then be,
The monster will be seen in full day:
Quite otherwise will one interpret it,

---

22) 마르스, 즉 화성은 전쟁과 군신(軍神)을 의미하는 별이다.

High price unguarded: none will have foreseen it.

태양이 사라져 버릴 때
괴물이 하루 종일 보일 것이다.
사람들은 그것을 완전히 달리 해석하리라.
아무도 예견치 못한, 고삐가 풀린 상종가

앞선 4행시와 달리 그리 주목을 받지 못했다는 것이 오히려 이상할 정도인데, 여기서 태양이 사라져버린다는 것은 일식을 의미한다. 하늘이 애써 보여준 징조를 하나의 우주 쇼로만 인식하는 대책이 안서는 엉뚱한 세태는 결국 선명한 흉조와 함께 세계사의 무대와 국제 정치계의 무대에 인상적으로 등장하는 거대한 괴물조차 알아보지 못할 것임을 분명하게 예견하고 있다. "사람들은 그것을 완전히 달리 해석하리라." 이미 2천 년 전부터 종말을 예고해주고 있던 「계시록」의 본론을 드디어 열어 제치게 될 거대한 악마가 상종가를 치면서 벌건 대낮에 버젓이 출현하는데도 불구하고, 대비는커녕 오히려 친절한 경고를 향해 갖은 비방을 일삼을 것까지 모두 미리 내다보고 있었던 것 같다. 뭐 그러거나 말거나, 그럼에도 속 넓은 우리의 예언자는 결정적인 힌트 하나를 더 제시해주는데, 바로 지금 서신에서 등장한 마스틴이란 용어이다.

"그 후 가장 커다란 마스틴은 앞으로 나아가 모든 것을 파괴할 것이고, 똑같은 범죄가 또 다시 저질러질 것입니다."

지난 제2차 세계대전에서 히틀러에 의해 자행된 것과 똑같은 범죄들이 종말의 시기에 다시 반복될 것과 더불어 더욱 악독한 범죄 수천가지

124

를 추가할 것이며, 지구상의 모든 것을 파괴할 자의 이름을 하필이면 사냥개를 의미하는 마스틴이라 지목해주고 있다. 사자나 호랑이 같은 최상위 포식자 야수가 아니라, 군이 거대한 사냥개란 단어를 뽑아든 것 자체가 이미 여러 가지 의미를 내포하고 있는 듯한데, 그 중에서도 단연 으뜸가는 의미는 바로 이것일 것이다. 마스(Mars)라고 하는 퍼즐이 과연 어떤 퍼즐 조각과 결합되어야 하는지를 넌지시 알려주고 있었던 것이다.

Mars(화성) + Putin(푸틴) ⇒ Mars-tin ⇒ Mastin

바로 이렇게 말이다. 러시아 대통령 푸틴, 그의 정식 이름은 "블라디미르 블라디미로비치 푸틴이고, 우리는 줄여서 통상 "블라디미르 푸틴"이라 부르고 있다. Владимир(Vladimir)는 슬라브 계통의 이름으로 "통치한다"는 뜻의 владь(블라디)와 "세계"를 뜻하는 миръ(미러)가 결합된 것으로 "세계를 통치한다."는 뜻이 된다. 옛날 러시아에선 Владимѣръ라고 표기했고, 우크라이나에선 볼로디미르(Володимир), 벨라루스에선 울라지미르(Уладзіміp), 폴란드에선 브워지미에시(Włodzimierz). 독일, 북유럽 등 게르만에선 발데마르(Waldemar 또는 Valdemar)라고 표기한다. 따라서 Mir가 곧 Mar이기도 한 것이고, 이것이 노스트라다무스가 군이 전쟁의 신을 의미하는 "Mars"란 단어를 떠올리게 된 결정적 이유 중 하나일 것이다.

Vladimir Putin ⇒ Vlademar Putin ⇒ Mars-tin ⇒ Mastin

바로 이렇다는 말이다. 따라서 우리는 "세계를 지배하는 통치자 푸틴"이란 의미와 더불어 Mars(화성)와 Mastin(사냥개 마스틴)이란 단어가 쉽게 도출되는 것을 알 수 있게 된다. 이와 같은 필자의 새로운 해석에 조금이라도 의심이 간다면, 노스트라다무스가 아예 작정을 하고 21세기를 향해 특급 배달로 직송해준 신선한 4행시 하나를 참고해보도록 한다.

Nostradamus prophecy: 추가 발견[23]

두 번째 맞는 천년 기, 왕자가 세기말
번개를 타고 만인 앞에 그 모습을 드러낸다.
노여움, 전쟁과 질병, 범죄
물고기들은 잠자는 동안 힘을 축적한다.

확실히 세기말에 대해 심각한 경고를 던져주고 있음을 여실히 느껴볼 수 있는 4행시이다. 아주 예외적인 경우에 해당했던바, 공포의 4행시에서 1999년이라고 콕 집어 준 것도 모자라, 지금 4행시 제1행에서 묘사된 "**두 번째 맞는 천년 기**"는 서기 2000년을 맞이하는 상황을 표현한 것이다. 세기말은 20세기 말을 뜻하고 더욱 구체적인 연도로는 1999년을 지목할 수 있을 것 같다. 그리고 세기말의 왕자라는 용어에서 혹시 "백마 탄 멋진 왕자"와 같은 이미지를 떠올린다면 큰 코 다치게 되는데, 노스트라다무스는 국왕에게 보낸 편지에서 "**구약성경과 신약성경은 버려**

---

23) 추가 발견이라고 표시된 4행시들은 모두 아더 크로켓이 쓰고 출판시대에서 번역 출간된 『노스트라다무스와 파티마 예언』에서 발췌한 것이다.

져 불에 태워질 것입니다. 그런 다음 적그리스도가 지옥의 왕자가 될 것입니다."라고 적어놓고 있다. 따라서 종말의 시기에 『성경』을 모두 태워버리게 될 마지막 적그리스도가 곧 상기 4행시에서 "세기말에 나타나는(지옥의) 왕자"와 완전히 동일 인물이란 것을 명심할 필요가 있다. 제2행에서 (지옥의) 왕자가 만인들 앞에 모습을 나타나는데 범상치 않게 번개를 탄다고 한다. 언뜻 이 문구만 놓고 보면 마치 고대 천둥 번개의 신 "토르"와 비견할 수 있을 정도로 정말 "난 놈은 난 놈인가 보구나."하고 생각할 지도 모르겠으나, 여기서 의미하는 실제 뜻은 결코 평범한 승진이 아닌, **상상을 초월할 정도의 번개 같은 승진을 의미한다.** 번개 같은 낙하산이니 낙하산도 이런 낙하산이 없는 셈이다. 제3행은 장차 그가 벌이게 될 일들을 알려주는데, 공포의 4행시에서 등장한 마르스와 연결해서 보면 이해가 훨씬 쉬워진다. 마르스는 군신이고 전쟁의 신인데, 그가 장차 노여움을 드러낼 것이고, 전쟁을 벌일 것이며, 질병을 퍼뜨릴 것이고, (수 천, 수 만 가지) 범죄를 저지를 것이라고 한다. 이어진 제4행의 물고기들은 장차 지옥의 왕자를 숙명적으로 상대하게 될 그리스도의 위대한 대리자들을 의미하는 것 같다. 지옥의 왕자는 만인 앞에 모습을 드러내지만, (하늘이 내려주신) 그의 천적만큼은 결코 모습을 드러내지 않고, 잠자듯이 조용히 힘을 축적하고 있다고 한다. 어쩌면 이는 고삐 풀린 지옥의 왕자에게 던지는 엄중한 경고일지도 모르겠다. "너, 그러다가 크게 다친다!" 아마 이 정도의 경고 말이다. 최근에 크세르크세스라는 이름을 담은 4행시 하나가 상기 4행시와 함께 특급배달로 약 500년의 시공을 가로질러 직송되어왔다. 잠시 미루어두었던 크세르크세스를 다루어보기로 한다.

Nostradamus prophecy: 추가 발견

20 더하기 7년 동안 커다란 제국이 통치한다.
기아, 질병, 유혈, 눈물, 전쟁
적그리스도는 기뻐하고 군중은 크세르크세스를 외치며 울부짖는다.
혼란한 세상에서 만인이 압제 당한다.

제1행에서의 "20 더하기 7년"은 결국 27년을 의미한다. 앞서 히틀러가 27년간 이른바 "나의 투쟁"이란 것을 지속했던 것과 마찬가지로 여기에 등장하는 적그리스도 또한 27이란 숫자와 기묘한 인연을 맺는다. 적그리스도는 커다란 제국과 관련된다. 그런데 이 정도로 언급될 만한 커다란 제국은 현실적으로 미국 아니면 러시아 밖에 없다. 그리고 미국에서 27년 동안 제국을 통치할 적그리스도는 물리적으로 불가능해보이므로, 남는 것은 러시아 밖에 없다. 우리의 예언자가 그냥 단순하게 27년이라고 못 박지 않고, 군이 20년과 7년을 구분해놓은 것에 모종의 의미가 함축되어있는 것 같고, 관찰의 집중도를 최대로 끌어올리기 위해서 가장 의심스러운 인물 푸틴을 기준으로 잠시 가능성을 집중 조명해보기로 하자. 그가 처음 등장했던 때가 바로 1999년이었고, 그때를 기점으로 20년을 더하면 2019년, 다시 7년을 더하면 2026년이 된다. 2012년 5월부터 대통령 자리를 다시 꿰찬 그에게 보장된 임기는 2018년이지만, 당연히 또 다시 대선에 나올 것이고, 2024년까지는 충분히 가능할 것으로 예상되는 바이다. 그러나 이는 어디까지나 헌법에 명시된 기간이 그렇다는 것이고, 그 뒤에도 그는 결코 물러나지 않을 것 같다. 그리고 추정해보건대, 2019년까지는 푸틴도 대세를 관망하면서 화려한 크렘린궁 생활에 만족하고 있을 것 같다. 그러나 2020년부터는 크렘린궁에 만족하지 않고, 크세르크세스처럼 전쟁을 즐기며 정복하는 기쁨에 한창 들떠 있을 것 같다. 그리고 러시아 사람들도 기꺼이 그에게 크세르크세스를 연호해줄 것이다. 하지만 제4행은 만인을 압제하는 적그리스도 본연의 임무에 충실하게 되리라는 것을 우리에게 알려준다. 그리고 그 유효기간은 2026년까지일 것이다. 민중들이 연호하는 그 이름, 크세르크세스가 대체 누구일까? 그는 바로 드넓은 영토를 자랑하던 페르시아의 왕이었다. 기원전 490년 페르시아 대군은 그리스를 침공하여 퀴클라데스 제도를 점령하고 에레트리아를 포위한 끝에 함락하여 파괴해버렸다. 그러나 마라톤 전투에서 아테네에게 결정적인 패배를 당한 다리우스 왕은 기원전 486년 그리스 정복의 꿈을 끝내 이루지 못하고 세상을 떠난다. 그의 아들 크세르크세스(기원전 486~기원전 465)는 기원전 480년 거대한 군대를 이끌고 몸소 원정길에 올라 그리스를 침공해 들어갔다. 페르시아는 테르모필레 전투에서 스파르타 300명의 정예군에게 막혀 한때 고전했으나, 결국 우회로를 통해 스파르타와

아테네의 그리스 연합군을 무찔러 그리스 대부분의 지역을 장악했다. 그러나 그는 살라미스 해전에서 대패하였고, 이듬해 그리스 연합군에 반격당하면서 플라타이아이 전투에서 페르시아군은 격퇴된다. 우리의 예언자가 수많은 정복자들을 놔두고 굳이 그 이름을 선택한 이유는 아마도 푸틴의 운명도 그와 다르지 않을 것임을 암시해주는 듯하다. 크세르크세스

는 이후 뚜렷한 승전 없이 고전하다가 25년이 지난 기원전 465년 측근 아르타바노스에게 암살되었다. 그리고 크세르크세스란 인물은 본의 아니게 우리 인류에게 42.195㎞를 달리는 "마라톤 경주"라는 선물을 안겨주었고, "300(인의 스파르타)"라는 멋진 영화까지 21세기 사람들에게 선사해주기도 했다. 그도 그에 못지않게 많은 것을 선사해주리라 기대가 된다.

And being close to another desolation, when she will be at her most high and sublime dignity will rise from potentates and military hands, and will take away from her the two swords, and remaining to her only the ensigns, from which by mean of the curvature that attracts them, the people making it to go lawfully, and not willing to submit itself to them by the opposite extreme of the piercing hand touching the earth, they will want to instigate until there will be one born from a branch long barren, who will deliver the world people from a meek and voluntary slavery, placing himself under the protection of Mars, stripping Jupiter of all his honors and dignities, for the free city, established and seated in another tiny Mesopotamia. And the chief and governor will be cast out from the middle, and put in the high place of the air, ignoring the conspiracy of the plotters, with the second Thrasibulus (representing the middle and lower class people), who for a long time will have directed all this: then the impurities, the abominations will be by great shame brought to light and publicized in the gloom of the cover up of truth, will cease toward the end of

130 •

the change (term) of his reign, and the leaders of the Church will be backward in their love of God, and several of them will apostatize from the true faith, and of the three sects, the one in the middle, because of its own partisan worshipers, will be somewhat thrown in decadence. The first one totally by all of Europe, most part of Africa cast out from the third, by means of the poor in spirit, who aroused by madmen, elevated through the incontinent luxury will adulterate.

....

그녀가 가장 높고 숭고한 존엄성의 꼭대기에 올랐을 때가 또 다른 황폐화의 직전일 것입니다. 몇몇 유력자들과 군벌들이 그녀와 대면하게 될 것이고 그녀의 두 검을 빼앗을 것입니다. 그리고 만곡이 그들을 끌어당기는 휘장만을 남겨둘 것입니다. 사람들은 그를 오른쪽으로 데려갈 것이고, 극단적인 위치에 있는 사람들에게 자신을 복종 시키려하지 않을 것이며, 손을 뾰족한 자세로 잡고, 땅에 닿고, 박차를 가할 것입니다. 그리고 여기에는 자발적으로 제출된 이 자비로운 노예로부터 세상 사람들을 인도할 오랜 불모의 땅이 태어났습니다. 그는 자신을 목성의 모든 명예와 존엄성을 박탈하고 화성의 보호 아래 놓을 것이며, 다른 자유로운 도시 메소포타미아에 자신을 설립할 것입니다. 총재와 총독은 중도에서 쫓겨나고, 두 번째 중산층과 하층민 대표와 함께 공모자 중 하나의 음모에 대해 무지하며 오랫동안 이 모든 것을 감독할 것입니다. 그러면 더럽고 가증한 것들의 커다란 치부가 조명되고, 통치의 변화가 끝날 무렵에 멈출 것입니다. 교회의 수장들은 하나님을 덜 사랑하게 될 것이며, 그들 중 몇몇은 참된 신앙에서 이탈하여 배교하기에 이를 것입니다. 세 분파 중 중간에 있는 분파는 종파 숭배로 인해 일부 타락하게 될 것입니다. 첫 번째 것은 모든 유럽과 대부분의 아프리카에서 세 번째로 멸종될 것이고, 광신자가 숭고하고 사치스러운 태도로 인도하는 정신을 가진 가난한 사람들을 이용하게 될 것입니다.

지금 읽어내기가 쉽지 않은 문장들이 길게 이어지고 있는데, 대략적인 요점을 추려보면 「계시록」에서 나타나는 음녀의 심판과 비교해서 보면 가장 이해가 빠를 듯하다. 나중에 살펴 볼 「계시록」 17장에선 붉은 짐승에 의해 음녀가 심판을 당하는 장면이 나오지만, 이 서신에선 지금 마스틴에 의해 그녀가 제압당한다고 표현하고 있는 것 같다. 그리고 여기서 말하는 그녀는 바로 현재 지구 문명을 선도하고 있는 서구인들로 보인다. 그녀를 제압하는 마스틴은 겉으론 포식자의 이미지가 전혀 아니고, 주변에서 함께 생활하며 인간들과 함께 살아가는 친근한 애완견의 이미지이지만, 사실은 살벌한 야수의 본성을 가진 "거대한 사냥개"로써 인류 최후의, 그리고 인류 최악의 마지막 적그리스도를 지칭하는 별칭으로 낙찰된 것이다. 이는 훗날 사람들이 믿고 맡기는 사냥개에 의해 나중에는 거꾸로 짓밟히게 될 운명에 처하게 됨을 넌지시 알려주려는 의도가 그 밑에 깔려 있는 것으로 분석된다.

Nostradamus prophecy: Quatrain 5, 62

One will see blood to rain on the rocks,
Sun in the East, Saturn in the West:
Near Orgon war, at Rome great evil to be seen,
Ships sunk to the bottom, and the Tridental taken.

사람들은 바위 위로 피가 비처럼 내리는 것을 보게 될 것이다.

> *태양은 동쪽에, 토성은 서쪽에*
> *오르곤 근처의 전쟁, 로마에서 거대한 악마를 볼 수 있다.*
> *배들은 바닥에 가라앉고, 트라이던트를 탈취 당한다.*

제2행 "태양은 동쪽, 토성은 서쪽"······ 이것만으로는 몇 년도인지를 알아낼 수가 없다. 다만 2018년 이후 2028년까지는 매년 9월 10일에서 9월 20일 사이에 그러한 배치가 성립된다. 상기 제4행에서 "트라이던

트"란 것이 과연 무엇을 의미하는지, 그리고 그것을 빼앗긴다는 것의 의미가 뭔지를 알게 되면 실로 경악스러워지게 될 것이다. 트라이던트는 우리말로는 삼지창으로 번역된다. 그리스 신화에서 바다의 신 포세이돈이 가지고 노는 무기가 바로 이 삼지창이다. 그러나 여기서의 "트라이던트"는 미국의 군수업체 록히드 마틴에서 개발한 잠수함 발사

탄도 미사일(SLBM)을 말하는데, 이는 미국 핵전략의 중요한 한 축을 담당하는 대륙간 탄도탄이자 영국이 보유하고 있는 유일한 핵무기이기도 하다. 미국 해군의 오하이오급 잠수함 14척과 영국 해군의 뱅가드급 잠수함 4척에 탑재되어 있다. 이 미사일은 너무나 중요한 전력이라서 미국도 프랑스나 이스라엘 같은 곳에서 팔라고 해도 팔지 않았고, 오직 절친 영국에게만 주었던 그런 핵심 전력 중의 핵심 전력이다. 따라서 제4행의 의미는 영국 해군이나 미국 해군이 박살이 난다는 것을 의미하는 것이 되고, 그 결과 잠수함에 실려야 할 특급 핵미사일까지 적군

에게 빼앗길 정도로 기습을
당한다는 것을 의미한다. 한
편 제3행에서 말하는 오르곤
이 대체 어디일까? 프랑스의
예언연구가 쟝 샤를은 오로
곤이 이탈리아 토스카나 해
에 있는 고르고나 섬의 옛날

이름이라고 주장하고 있지만, 필자의 의견은 다르다. 이탈리아는 트라
이던트를 보유하고 있지 않다. 제3행에 로마가 등장하는데 이탈리아의
로마를 말하는 것일까? 쟝 샤를은 이탈리아 로마라고 주장한다. 하지만
필자는 그 로마가 아니라 현대에 재현된 거대한 로마제국 미국을 말한
다고 본다. 미국이 어떻게 현대의 로마제국으로 볼 수 있는지에 대해선
제3편에서 자세히 다루기로 한다. 그리고 오르곤은 미국 서부에 있는
오리건 주를 지칭하는 것으로 보인다. 자, 여기에서, 미국과 일합을 겨
뤄 미국의 태평양 사령부를 괴멸시키고 삼지창을 빼앗아낼 수 있을 정
도의 위력을 발휘할 수 있는 적군이 과연 어디일지를 잠시 상상해보기
로 한다. 러시아? 중국? 아랍? 북한? 이란? 두 말할 것도 없이 러시아이
다. 북한, 이란, 아랍, 중국을 러시아와 견준다는 것은 어불성설이다.
러시아의 푸틴도 굉장히 불쾌해할 것이다. 러시아 말고는 도저히 불가
능하다. 게다가 노스트라다무스가 악마라고 칭하는 대상은 거의 대부
분 "러시아"라고 보면 된다. 특히 거대한 악마는 100% "러시아"이다.
그 이유? 그는 러시아의 처음과 끝을 모두 보았던 사람이다. 그를 믿어 봐도
좋을 것이다. 그 악마에게 처절하게 당하는 쪽은 불쌍하게도 현대의 로
마제국 미국이다. 그나저나 그 막강한 미국이 어쩌다가 이런 지경에까

지 이르게 되는 것일까?

    The supporting mob will rise up and chase out the adherents of the legislators, and will seem that the realms weakened by the Easterners that God the Creator has loosed Satan from the prisons of hell, to give birth to the great Dog and Dogam, who will make such a great and abominable breach in the Churches that neither the reds nor the whites without eyes nor without hands (powers) will any longer give judgment over them. And their powers will be taken away from them, then will be made more persecution to the Churches, as never before seen, and in the meantime there will appear so vast a plague that of three parts of the world more than the two will decay. So many that no one will know or be able to determine the true owners of fields and houses, and the weeds in the city streets will come up higher than the knees.

....

성난 시민들이 일어나 정치인들을 좇아낼 것입니다. 그리고 그 결과 나라가 동쪽에서 온 사람들에 의해 약해질 것이므로 이는 마치 창조주 하나님이 지옥에서 사탄을 풀어 교회에 대하여 그러한 가증스러운 범죄들을 저지를 큰 개와 사냥개[24]들을 낳은 것처럼 보일 것입니다. <u>눈도 없고 손(권력)도 없는 붉은 사람들이나 하얀 사람들은</u> 더 이상 정치인들에게 아무 것도 기대하지 않을 것이고, 그들을 좇아낼

_____

24) Dog & Dogam은 「에스겔서」에서 마지막 시기에 북쪽으로부터 예루살렘을 치러 내려온다는 GOG(곡)이나 MAGOG(마곡)을 지칭하는 용어로써 노스트라다무스가 이런 식으로 표현해놓았던 것이 아닌가 싶다.

것입니다. 그때 교회는 일찍이 보지 못한 가혹한 박해를 당하게 될 것입니다. 그동안에 무시무시한 역병이 시작되어 인류의 3분의 2가 죽고 말 것입니다. 땅 주인이나 집 주인을 찾을 수가 없을 것이며, 도시의 거리에는 풀들이 무릎 위까지 자라날 것입니다.

2017년 현재 전 세계의 상황을 둘러보면 종말의 극악한 처지를 도저히 이해할 수가 없는 그런 환경에 놓여있다고 해도 전혀 과언이 아니다. 왜냐하면 절대적인 힘의 우위가 아직도 분명 서방세계 쪽에 있기 때문이다. 전 세계 군사력은 2위에서부터 9위까지를 모두 합쳐보아도 미국의 군사력을 넘어서지 못할 정도로 압도적인 1위를 고수하고 있는 미국이다. 게다가 미국은 서유럽을 비롯해 캐나다, 호주, 일본 등의 우방들을 강력한 후원세력으로 두고 있기도 하다. 따라서 감히 러시아나 다른 중동세력이 도저히 어떻게 해볼 엄두를 못내는 그런 상황이다. 그러나 하늘의 힘은 인간의 영역을 크게 초월해 있다는 것을 사람들이 잘 깨우치지 못하고 있는 듯하다. 상상을 초월한 정도의 거대한 천재지변 앞에서 첨단 과학이나 최첨단 무기들 따위는 단지 개미와 같은 일개 미물에 불과해질 뿐이다.

상기 서신에서 "성난 시민들이 일어나 정치인들을 쫓아낼 것입니다."라고 표현된 대목은 아들에게 보낸 편지에서 등장했던 "세계적인 대화재가 있기 전에 수많은 유혈사태와 엄청난 홍수를 겪게 될 것이다."라고 언급되는 바로 그 무렵과 연관되는 일로 보인다. 그때 성난 시민들이 일어나고 유혈사태로 치달으면서 통치의 공백상태를 초래하게 되는 것이 결국 나라를 취약하게 만드는 것으로 연결되고, 그 결과 동쪽의 아랍제국들로부터 서유럽이 침공을 받게 될 것으로 보이고, 이후 엄청난 홍수의 재앙까지 겹치는 것으로 보인다. 그 결과 서유럽이 러시아에 도움의 손길을 요청하는 것으로 연결될 것이다. 이처럼 애당초 처음에는 러시아와 서구인들이 서로 적군이 아니라, 연합군이었던 것이다.

Nostradamus prophecy: Quatrain 10, 86

Like a griffin will come the King of Europe,
Accompanied by those of "Aquilon":
He will lead a great troop of red ones and white ones,
And they will go against the King of Babylon.

유럽의 왕이 그리폰25)처럼 오리라.
북국인들과 더불어,
그는 붉은 자들과 하얀 자들로 이루어진 대군을 이끌 것이다.
그리고 그들은 바빌론의 왕을 대적하러 갈 것이다.

이 4행시에 등장하는 북국은 러시아가 분명하다. 러시아가 유럽과 연합할 일이 생기는 것을 짐작할 수 있는데, 바로 바벨론의 왕을 대적

---

25) 그리핀(griffin, 그리스어:$\gamma\rho\upsilon\psi$)은 사자의 몸통에 독수리의 머리와 날개와 앞발을 가진 전설의 동물이다. 그리폰, 그리펜 등으로 불리기도 한다. 그리핀의 눈은 몇 천리 밖에 있는 것을 감지할 수 있고 부리는 다이아몬드보다 단단하고 예리하며 깃털로 만든 부채를 휘두르면 큰 폭풍이 일어나며 수컷의 발톱은 독을 만들어내고 암컷의 발톱은 독을 없앤다고 한다. 14세기의 영국 여행가인 존 맨더빌이 팔레스타인, 인도 등을 포함한 동방의 여러 지역의 기이한 모습에 대해서 서술한 『동방여행기』에는 '그리핀은 앞쪽은 독수리, 뒤쪽은 사자를 닮았다. 사자를 8마리 합쳐놓은 것보다 더 크고, 독수리를 100마리 합쳐놓은 것보다 더 힘이 세다'라고 적혀 있다.

하는 일이다. 여기서 말하는 바빌론은 리비아나 이란 같은 아랍 계통의 나라를 말한다. 그리고 붉은 군대와 하얀 군대가 등장하는데, 여기서의 붉은 군대는 러시아군으로 추정되고, 하얀 군대는 유럽군으로 추정된다. 따라서 우리는 상기의 서신에 등장하는 "**붉은 사람과 하얀 사람**"도 마찬가지 방식으로 추정해볼 수 있을 것이다. 붉은 사람들은 러시아와 같은 사회주의나 공산주의 체제하의 사람들이고, 하얀 사람들은 자유 민주주의 체제하의 사람을 말하는 것으로 추정된다. 따라서 폭도들이 일어나는 국가는 체제에 상관없이 모두 해당된다고 볼 수 있겠다. 그러나 추정컨대 적어도 아랍권에서만큼은 그런 일이 불가능할 것으로 보인다. 그 이유는 "동쪽에서 오는 사람들"이 바로 아랍을 지칭할 것이기 때문이다.

그리고 서신에서 "이는 마치 창조주 하나님이… 큰 개와 사냥개들을 낳은 것처럼 보일 것입니다."라는 대목을 읽어보면 사람들이 이 극악한 상황에 처하게 된 주요 원인을 사람의 힘이 아니라, 거대한 하나님의 힘에 의한 것으로 밖에 이해할 수 없는 그러한 상황이 전개될 것임을 알려주고 있다. 이는 마지막 상황을 이해하게 해주는 중요한 단서가 되는 부분인데, 이 내용과 완전히 일맥상통하는 4행시 하나가 『모든 세기』에서도 발견된다.

Nostradamus prophecy: Quatrain 1, 91

The gods will make it appear to mankind
that they are the authors of a great war.

Before the sky was seen to be free of weapons and rockets:
the greatest damage will be inflicted on the left.

신들은 인류에게 자신들이 대전쟁의
연출자인 것처럼 보이게 만들 것이다.
하늘에서 무기와 불화살이 없어지기 전에
왼쪽에도 최대의 피해가 발생할 것이다.

오랜 세기에 걸쳐 공들여 쌓아놓은 힘의 우위가 마침내 훼손되면서, 그동안 애써 감춰두었던 흉악한 이빨과 날카로운 발톱을 드러내며 서유럽을 유린하기 시작한다. 오래전부터 예고된 제3차 세계대전이 벌어지는데, 그 과정에서 가장 먼저 예상되는 상황은 바로 치열한 공중전일 것이다. 미사일들이 날라 다니고, 전폭기들이 폭격을 하고, 전투기들이 공중전을 벌이고, 그들이 보유하고 있는 모든 것들을 퍼부을 때까지 그 일이 계속될 것인데, "**왼쪽에도 최대의 피해가 발생**"한다는 구절에서 왼쪽이 의미하는 바는 바로 아메리카 대륙, 즉 미국을 말한다. 세계 지도를 펴놓고 보면, 유럽의 왼쪽에 아메리카 대륙이 위치하고 있음을 알 수 있다. 다음은 무시무시한 역병을 말해야 할 차례이다.

Nostradamus prophecy: Quatrain 2, 62

"Mabus" then will soon die, there will come
Of people and beasts a horrible rout:
Then suddenly one will see vengeance,
Hundred, hand, thirst, hunger when the comet will run.

그때 마부스는 곧 죽을 것이다. 그러나 다시 올 것이다.
사람들과 짐승들의 끔찍한 패배
그때 갑자기 사람들은 복수를 보게 될 것이다.
혜성이 지나갈 때, 100, 손, 갈증, 굶주림

이 4행시도 제법 널리 알려져 있는 것 같다. 마부스가 세 번째 적그리스도의 이름일 것이란 주장과 함께… 그러나 잘못 짚은 것이다. 적그리스도는 짐승들 죽이는 것에는 그다지 관심이 없을 것이다. 아마도 그의 주된 관심사는 사람일 것이다. 이 예언에선 분명 사람들과 더불어 엄청난 짐승들이 함께 죽어가는 장면이 포착되어 있으니, 적그리스도의 소행으로 보기에는 약간 초점을 벗어난 느낌이 든다. 그가 경제적 개념이 없다면 모를까 비싼 미사일들을 짐승 죽이는 데에 쓰려고 하지는 않을 것이다. 더군다나 죽었다가 다시 살아난다니, 적그리스도가 예수처럼 부활이라도 한단 말인가? 누가 제일 처음 이런 식으로 해석했는지 모르겠으나 설정 자체가 무리가 있고, 스스로 적중률을 아주 많이 깎아 먹어버리는 어리석은 자충수에 불과하다. 바보가 아니라면 절대 이런 식으로 무리하게 주장하지는 않을 것이다. 하지만 적어도 한 가지는 엇비슷하게 맞춘 것 같다. **마지막 시기에 벌어질 엄청난 희생과 아주 밀접하게 연관되어 있다는 점…** 21세기에 접어들면서 우리 인류는 때 아니게 바이러스들과의 전쟁으로 한바탕 크게 홍역을 치루고 있는 중이다. 미개했던 제2차 대전의 시기도 아니고, 고도로 발달한 과학과 의학을 자랑하고 있는 21세기 대명천지에 바이러스라니…

하지만 솔직히 말해서 우리 인류는 아직 바이러스조차 이길 수 없는 아주 나약한 존재들에 불과하다. 이제 곧 하늘이 그것을 증명해보이실 것이다. 우리 인류에게 겸손이 뭔지를 가르쳐주시려고 작정하신 것 같으니… 21세기 벽두부터, 그러니까 2003년 홍콩에서부터 "사스(SARS)"라는 것이 한때 중화권 지역을 중심으로 유행한 바가 있었고, 2009년 3월부터는 "신종 플루"가 멕시코, 미국, 유럽, 아시아로 퍼지면서 "타미플루"라는 약이 동이 날 정도로 온 세상이 몸살을 앓았었고, 2015년에는 "사스(SARS)"보다 살상력이 3배가 높다는 "메르스(MERS)"로 인해 한바탕 난리가 났었고, 2004년부터 2017년 현재까지도 거의 해마다 "조류독감(BIRD FLU)"이나 "구제역"의 악몽에서 벗어나지 못하고 있는 형편이다. 닭장에 닭들이 조류독감에 걸리면 이른 바 "살~처분"이란 것 외에는 다른 대책이 없는 우리의 현재 수준이 딱 이 수준이다. 인정할 건 인정하기로 하자. 그리고 노스트라다무스는 우리에게 말해주고 있다. 비록 바이러스와의 전쟁 초기에는 그들을 이긴 듯 보이겠지만, 곧 반격을 당하게 될 것이고, 그리고 처참하게 참패하게 될 것이라고… 약 70억 명 중에서 무려 47억 명에 달하는 사람들이 바로 바이러스에게 희생당하게 될 거라고 예언해놓고 있다. 제1차 세계대전 때 이른바 "스페인 독감"으로 죽어나간 사람이 8천만 명 정도였다고 하니, 인류의 의학 수준이 발전하는 속도보다 바이러스의 독성 진화 속도가 더 빠르다는 얘기 아닌가! 문제의 단어… 마부스… 이 단어가 어떻게 만들어진 것인지 추론을 해보도록 하자.

MERS VIRUS ········· 메르스 코로나바이러스 (SARS 코로나바이러스도 포함)
A-TYPE INFLUENZA VIRUS ································· 신종 플루 바이러스
BIRD FLU VIRUS ··· 조류 독감 바이러스

이렇게 "MAB"와 "US"가 결합되어 나오는 이름이 바로 "MABUS"로 추정된다. 그리고 지금 여기서 거론되는 "마부스"는 나중에 등장하는 피에 절은 남자 "ALUS(알루스)" 또는 "LAUS(라우스)"와 더불어, "BAAL(바알)"이란 단어를 만들어내는 듯하다. 이른바 "마부스"와 "알루스"에 공통적으로 들어가는 "접미어 -us"는 라틴어에서 흔히 복수형을 만들 때 사용된다. 노스트라다무스는 마지막 시기에 가장 많은 인명을 앗아가는 원인으로써, 정체모를 "괴질", 그리고 "피에 절은 남자", 이렇게 두 가지를 지목하는 듯이 보이고, 그 두 가지를 지칭하는 용어로써 악마의 신 "Baal"을 활용해 작명을 한번 해본 것이 아닐까 추정된다. 괴질은 "마부스", 그리고 피에 절은 남자는 "알루스", 이런 식으로 말이다.

아무튼 근자에 때 아니게 유행하는 바이러스들도 알고 보면 오묘한 하늘의 섭리와 깊이 연관된 듯하다. 예언된바 그대로, 죽었지만 좀 더 강력한 독성으로 진화되어 다시 돌아오고, 그리고 사람들과 짐승들을 가리지 않고 닥치는 대로 공격할 것이고, 그로인해 인류의 3분의 2가 유명(幽明)을 달리하게 된다고 한다. 그리하여 두 번째 행의 "사람들과 짐승들의 끔찍한 패배"라는 구절이 의미하는바 그대로 한 치의 유감도 없이 끔찍하게 실현될 것으로 보인다. 아들에게 보내는 편지에서, "훨씬 더 무서운 전염병과 전쟁과 기아를 대동하고 죽음의 칼이 우리에게 다가오고 있다."라고 했던 바와 같이, 무서운 전염병은 혼자 오는 것이 아니라, 제3차 세계대전과 굶주림을 대동하고 오게 되므로 그 위력이 한층 더 배가될 것이다. 굶주리고 있는 상태에서 치명적인 역병이 엄습하면, 면역력이 극도로 취약해진 상태에서 일방적으로 당하게 될 것이므로 사망률이 급격히 올라갈 것은 너무나 자명한 일이라 하겠다. 또한 상기의 예언에서 우리는 굶주림뿐만 아니라 갈증의 상황까지, 즉 물조차 쉽게 구할 수 없는 극심한 가뭄의 상황까지 겹치게 되는 것을 알 수 있으니 참으로 딱한 처지가 아닐 수 없다고 하겠다.

그런데 예언의 4번째 행에 등장하는 100, 그리고 손, 이 두 개의 단어가 의미하는 바가 대체 뭘까? 두 단어를 합치면 "100개의 손"이란 뜻이 되는 거 같은데,… 아… 도대체 무슨 뜻일까? 고민을 거듭하다가 문득 떠오르게 된 생각 하나가 있었으니, 바로 상기에 밑줄 쳐놓은 구절, "눈도 없고 손(권력)도 없는 붉은 사람들이나 하얀 사람들"이란 대목과 "100개의 손"이 서로 일맥상통하는 것이 아닐까? 즉 다시 말해서 "박탈된 권력", "힘없는 사람들", "힘없는 백성들"의 의미 말이다. 혹 그게 아니라면 정반대로, "개나 소나 전부 권력을 주장하는 카오스 상황"일지도 모르겠다. 하나의 명령 체계가 작동하지 않는 혼돈의 상황 말이다. 그리고 이 대목을 읽어 내려가면서 MABUS 관련 예언시를 떠올릴 수 있도록 우리에게 모종의 힌트로써 "손"이란 단어를 제시해 주었던 것은 아닐까? 그리하여 예언의 정확한 의미를 알아챌 수 있도록… 이런 생각까지도 문득 해본다.

그리고 또 하나의 힌트, 그 시기가 혜성이 지나갈 때라고 한다. 요즘은 해마다 새해 벽두가 되면, 소위 "올해의 천문 현상"이라고 하면서 하나의 무슨 커다란 이벤트라도 되는 양, 요란을 떨면서 방송을 해주고 있으니, 우리는 그 방송들을 보면서 혜성이 온다고 하면, 그때부터 긴장 모드로 들어가기로 하자. 적어도 이 책을 읽은 사람들은 말이다. 마부스가 바이러스라고 보는 이유 중의 하나로써 다른 증거물 하나를 더 제시하자면, 바로 이 예언이다.

Nostradamus prophecy: Quatrain 9, 55

The horrible war which is being prepared in the West,
The following year will come the pestilence
So very horrible that young, old, nor beast,
Blood, fire, Mercury, Mars, Jupiter in France.

서방에서 준비되고 있는 무서운 전쟁
이듬해 전염병이 따라오게 될 것이다.
젊은이나 늙은이나 짐승들까지도 너무 무서워
피, 불, 수성, 화성, 목성은 프랑스에

앞선 4행시 제2행에서 "사람들과 짐승들의 끔찍한 패배"가 언급되었지만, 지금 여기선 제3행에서 "젊은이나 늙은이나 짐승들까지도 너무 무서워"라고 언급된다. 젊은이나 늙은이는 바로 사람들을 말하는 것이고, 따라서 "사람들이나 짐승들까지도 너무 무서워"라고 바꿀 수 있게 되는데, 이렇게 해놓고 보면 영락없이 2개의 4행시가 서로 긴밀하게 연결되어 있다는 게 한눈에 들어오게 된다. 그에 더하여 "전쟁과 동반하는 전염병"이란 문구가 등장하고 있으니, 필자는 마부스야 말로 100% 바이러스를 지칭하는 대명사라고 확신을 갖게 되는 것이다.

And to the clergy there shall be total desolation, and the warlords will usurp what will be returned from the City of the Sun from Malta and from the Stechades Isles, and will be opened the great chain of the port that takes its name from the marine ox (Marseilles), and a new incursion will be made through the maritime shores, wanting the assault to deliver Sierra Morena from the first Muslim resumption. And their assaults will not at all be in vain, and the place which was once the abode of Abraham, will be assaulted by persons who will hold the Jovialist in veneration. And this city of Achem (Jerusalem) will be surrounded and assaulted on all sides by a powerful force of warriors. Their maritime forces will be weakened by the Westerners, and great desolation will fall upon this realm, and the greatest cities will be depopulated, and those who will enter within, will be included under the vengeance of the wrath of God. And will remain the sepulcher of such great veneration for the space of a long time under the open weather exposed to the universal vision of heaven, the Sun and of the Moon, and the holy place will be converted into a stable of herd small and large, and fitted with profane substances.

....

그리고 성직자들은 완전히 황폐화 될 것입니다. 군대는 몰타 섬과 하이드레스 제도에서 태양의 도시로 되돌아오는 모든 것을 빼앗아 갈 것입니다. 바다 황소(Marseilles)에서 그 이름을 깨우는 항구의 위대한 사슬이 열릴 것입니다. 그리고 첫 번째 무슬림 재탈환으로부터 시에라 모레나(Sierra Morena)를 해방시키기 위해 해안으로부터 새로운 상륙작전이 이루어질 것입니다. 공격은 헛되지 않을 것입니다. 한때 아브라함이 거처였던 곳(팔레스타인)은 조커의 숭배자들로부터 공격을 받을 것입니다. 그리고 예루살렘은 무력으로 모든 면에서 포위되고 공격을 당할 것입니다. 그들의 해상 세력은 서구인들에 의해 약해질 것이고, 이 영역이 크게 황폐하게 될 것입니다. 가장 큰 도시는 인구가 줄어들 것이며, 안으로 들어가는 사람들은 하나님께서 내리시는 진노를 받을 것입니다. 하늘과 태양과 달의 우주적인 (성서의) 비전으로, 기후의 특성이 널리 알려진 채

로, 아주 오랜 기간 동안 위대한 존경의 무덤으로 남을 것이며, 거룩한 곳은 안
정된 크고 작은 짐승의 소굴로 바뀔 것이고, 부정한 것들과 더불어 안성맞춤
이 될 것입니다.

상기에 등장하는 "첫 번째 무슬림의 재탈환"이란 용어를 이해하기 위해
서는 먼저 유럽인들과 아랍인들 간에 누적되어 있는 오랜 원한 관계를
숙지할 필요가 있다. 사실 둘 사이의 원한 관계는 하루, 이틀 사이에
만들어진 게 아니고, 그야말로 유구한 세월에 걸쳐 오랫동안 누적되어
있던 것이다. 거대한 이 두 세계는 기독교와 이슬람교라는 종교적 갈등
까지 겹치면서 더욱 격렬해지게 되었다.

역사적으로 무슬림이 처음 서진을 개시한 것은 서기 636년 당시 기
독교 국가였던 시리아를 정복한 때를 기점으로 보는 것이 정설이다.
그리고 서기 711년에는 유럽 지역까지 진출한다. 그 해 아랍의 장군
타리크 이븐 지야드는 지브롤터 해협을 건너 이베리아 반도를 침공했
고 732년에는 프랑스 파리 교외 푸아티에까지 진격했다. 당시 풍전등
화의 위기에 놓인 유럽을 구한 것은 프랑크 군주 카를 마르텔이었다.
그는 연합군을 결성하여 치열한 전투 끝에 이슬람의 북상을 저지했다.
그렇지만 이베리아 반도 대부분은 1492년 이사벨라 여왕이 되찾을 때
까지 거의 800년간 이슬람의 영토였다. 그리고 프랑스 남부와 이탈리
아의 시칠리아를 포함하여 지중해는 거의 200년 이상 이슬람의 바다였
다. 10세기 시칠리아의 중심 도시 팔레르모에 300개 이상의 모스크가
세워지고 150개 이상의 이슬람식 정육점이 있었다. 14세기 아랍의 역
사학자 이븐 할둔이 지중해는 유럽인들이 배 한 척 띄울 수 없는 이슬
람의 바다가 됐다고 할 정도였다. 이 시기 이슬람이 지배한 이베리아

반도는 중세 시대 당시 세계 최고 수준의 문명의 절정기를 누렸으며, 톨레도의 번역 아카데미를 중심으로 과학, 예술, 문화 관련 저술들을 라틴어로 번역해 유럽에 전해 줌으로써 유럽 르네상스가 일어나는 지식의 원동력이 됐다. 특히 10세기경 코르도바는 이베리아 반도의 이슬람 제국 수도로서 인구 50만 명의 대도시였는데 1,600개의 모스크, 8만여 개의 상점이 있는 국제교역의 중심지였다. 바그다드와 코르도바에서 동시에 꽃핀 중세 이슬람의 번성에 제동이 걸리게 된 것은 돌연 칭기즈칸이라는 새로운 정복자가 등장해 1258년 이슬람 제국의 중심지인 바그다드가 초토화됨으로써 이슬람이 큰 타격을 받는다. 그러나 몽골 제국은 반세기만에 사라지고, 다음에는 투르크인들의 오스만 제국이 이슬람 세계를 천하 통일한다. 북아프리카 모로코까지 장악한 오스만 제국은 파죽지세로 유럽 영토로 진격해서 1453년 콘스탄티노플을 정복하고 비잔틴제국을 멸망시켰다. 이로써 발칸반도의 이슬람화가 급속히 이루어지면서 1683년경에는 당시 유럽 최강국이었던 합스부르크가의 심장부인 비엔나가 세 차례나 공격을 받았다. 오스만 군대가 난공불락의 비엔나 점령에 실패함으로써 유럽은 간신히 살아남았지만, 지브롤터가 이슬람 세력권에 넘어간 711년부터 비엔나가 공격당하는 1683년까지 거의 1,000년 동안이나 유럽은 이슬람을 이기지 못했다. 이렇게 유럽이 무슬림으로부터 1,000년 동안이나 지배당하고 공포에 떨었다는 사실은 쉽게 떨쳐버리기 어려운 앙금으로 지금도 남아있다. 그것이 오늘날 유럽이 이슬람 세계에 대해 갖고 있는 "이슬람 혐오증"의 역사적 배경이다.

　반면 정반대로 무슬림들도 유럽인들에 대해 커다란 앙금을 갖고 있다. 그 첫 번째는 서기 1099년 1차 십자군 전쟁이었다. 이슬람 왕조가 지배하고 있던 예루살렘이 기독교 십자군에 점령당하면서 성 안에 있던 모든 무슬림들과 유대인들은 잔혹하게 몰살당했다. 무슬림의 입장에서는 '이슬람은 항상 이긴다.'는 절대 신념에 처음 금이 가버린 사건이었다. 이슬람 세계가 맛본 최초의 패배였던 만큼 그 충격도 컸다. 그러나 십자군의 트라우마는 오래가지 않았다. 이어진 7차례의 십자군 전쟁은 이슬람과는 상관없는 약탈전쟁으로 돌변했고 심지어 기독교도들끼리 다투는 양상으로 전락했기 때문이다. 무엇보다 1187년 아랍 장군 살라딘이 다시 예루살렘을 정복하여 관용정책을 펼침으로써 유럽에 대한 이슬람의 우위를 다시 한 번 확실히 보여주기도 했다. 그러나 1571년 레판토 해전에서 오스만 함대가 유럽 함대에게 몰살당하자 두려움이 확산되기 시작했고, 1683년 믿었던 비엔나 공성 전투에서 끝내 오스만 제국이 합스부르크가를 꺾지 못하자 희망이 좌절로 바뀌기 시작했다. 비엔나 전투는 유럽을 향한 이슬람의 팽창이 정점을 찍고 내리막길로 돌아서는 역사적 전환점이 됐다. 그 후 100년은 힘의 균형이 이슬람에서 유럽으로 넘어가버리는 시기였다. 드디어 1798년 보나파르트 나폴레옹이 이집트를 침공하면서 전세는 완전히 뒤바뀌는데, 이번에는 이슬람이 서구의 지배를 받기 시작한다. 이는 동남아도 예외가 아니어서 세계 최대 이슬람 국가인 인도네시아가 1602년 네덜란드의 지배를 받게 되었고, 이슬람 왕국인 인도 무굴제국이나 말레이시아 등도 18세기 후반 영국의 식민지가 되었다. 이로써 제2차 세계대전이 끝나는 20세기 중반까지 200여 년 동안 모든 이슬람 국가들이 단 하나의 예외도 없이 유럽의 지배를 받았다. 무슬림들 입장에선 1,000년간 가르치고 깔보았던 야만스런 유럽인들에게 도리어 지배를 당해야 했던 것이고, 이는 지난 1,000년간의 '갑질'에 대한 혹독한 대가이기도 했다. 그나마 이슬람 세계의 상징적 구심체였던 오스만 제국마저 제1차 세계대전 당시 동맹국에 가담해 패전국이 되면서 이슬람의 자존심은 산산조각이 났다. 그리고 제2차 세계대전이 끝난 후에야 비로소 무슬림 세계는 57개의 개별국가로 독립할 수 있었다. 하지만 지난 수백 년간 온갖 수모와 모멸을 당하면서 종교적 문화적 열등감에 시달려 왔던 기억이 아직도 뇌리 속에 생생하게 각인돼있다.

물론 2017년 현재까진 대부분 약자의 현실을 수긍하고 서구와 협력하면서 공존의 방법을 모색하고 있지만, 유럽이 약해지는 순간 상황은 돌변하게 될 것이다. 오랫동안 속으로 이를 갈고 있던 그들이 어느 순간 때를 만나게 된다면, 그들은 반드시 행동에 나서게 될 것이고, 우리는 이제 세계적인 명장의 하나로 이름을 떨쳤던 고대 한니발 장군의 재등장과 더불어 무슬림에 의한 유럽의 재탈환을 다시 목도하게 될 것이다. 『모든 세기』를 살펴보면 온통 아랍과의 전쟁 이야기들이다. 아마도 이는 「계시록」을 뒤져보아도 이 대목에 대해서만큼은 그다지 언급이 되어 있지 않음을 발견한 그 자신이 유럽의 일원이었기 때문에 자신에게 부여된 사명이라 여겼을지 모르겠다. 팔은 안으로 굽듯이 자연스럽게 큰 관심이 가기도 했을 것이고, 더불어 이 전쟁으로 인해 이후 더 큰 파국으로 연결될 것이므로 더더욱 중요한 것이기도 했을 것이다.

Nostradamus prophecy: Quatrain 2, 30

One who the infernal gods of Hannibal

Will cause to be reborn, terror of mankind

Never more horror nor worse of days

In the past than will come to the Romans through Babel.

지옥의 신들 중의 한 사람 한니발

그는 다시금 소생하리라. 인류의 공포가

이런 공포는 전례가 없으며, 일찍이 기록된 일도 없다.

그것으로 로마인들 위에 바벨이 찾아오는 것이다.

역사적으로 유럽을 공포에 떨게 했던 유력인사 중 하나로 한니발을 빼놓을 수 없다. 그는 제2차 포에니 전쟁에서 이베리아 반도에서 피레네산맥과 알프스산맥을 넘어 로마로 쳐들어갔다. 이탈리아에서의 처음 몇 년 그는 트레비아 전투, 트라시메누스 호수 전투, 칸나에 전투에서 극적인 승리를 거두었다. 그는 아군과 적군의 강약을 정확히 파악해 로마의 동맹 도시들을 하나하나 격파해나갔고, 15년 동안 이탈리아 반도 대부분을 점령하기에 이르렀다. 그러나 로마가 북아프리카를 역공하자 한니발은 본토 방어를 위해 귀환할 수밖에 없었다. 한니발은 역사상 가장 위대한 군사 전략가 중 한 사람으로 평가받는다. 플루타르코스의 기록에 따르면, 스키피오가 한니발에게 가장 위대한 장군이 누구냐고 물었을 때, 한니발은 알렉산더 대왕과 피로스 대왕을 들면서 그들을 이어 자신이 세 번째라고 답했다고 한다. 댁은 자신에게 지지 않았냐는 스키피오의 반문에 대해 한니발은 자신이 스키피오 당신마저 이겼다면 앞서 말한 두 대왕마저 뛰어넘어 넘버원이 되었을 것이라 답했다고 한다. 당시 알프스 산맥을 넘어 거꾸로 로마를 기습 공격해 들어간 한니발로 인해 로마의 공포는 극에 달했었고, 당시 그를 이기는 유일한 방법은 한니발의 전술과 전략을 연구하는 길 뿐이었다. 로마는 한니발의 유일한 약점이었던 국력의 차이를 이용해 가까스로 카르타르로 돌아가게 만들 수 있었다. 그런 한니발이 다시 소생한다는 것은 로마의 입장에서는 엄청난 지옥을 맛보게 되는 것을 의미한다. 이미 앞에서 아랍인들과 유럽인들 간에 쌓인 오랜 앙금에 대한 역사적 배경을 살펴보았지만, 인간관계와 마찬가지로 국가 간의 관계에서도 큰일이 벌어지기 전에 반드시 작은 원한이 도화선으로 작용되기 마련이므로, 아무래도 그 일의 발단은 이 예언과 관련이 되어 있을 듯하다.

Nostradamus prophecy: Quatrain 1, 9

From the Orient will come the African heart
to trouble Hadrie and the heirs of Romulus.
Accompanied by the Libyan fleet
the temples of Malta and nearby islands shall be deserted.

동방에서 원한이 나오리라.
아드리아해와 로믈리드의 상속인들이 원한을 품으리니
리비아를 같은 편으로 삼고
몰타의 사원들과 근처 섬들을 텅 비게 하리라.

『모든 세기』에서의 동방은 주로 아랍을 의미한다. "로믈리드의 상속인"은 로물루스의 후예, 즉 이탈리아인들을 의미한다. 이탈리아 아래쪽에 위치한 그림에 빨간색으로 표시된 곳이 몰타 섬이고, 아드리아 해는 이탈리아와 알바니아 사이의 바다를 말한다. 리비아는 한니발의 고국인 카르타고의 영토였던 곳이다. 북아프리카의 이슬람 국가 모로코, 알제리, 튀니지, 이집트 중의 한 나라와 이탈리아가 서로 원한을 품게 되고, 그로 인해 전운이 감돌고, 그 나라와 리비아가 연합해 이탈리아를 공격하면서 한니발이 재등장하게 되는 듯하다.

Nostradamus prophecy: Quatrain 3, 27

Libyan Prince powerful in the West
Will come to inflame very much French with Arabian.
Learned in letters condescending he will
Translate the Arabian language into French.

리비아의 왕자가 서쪽에서 강성해지리라.
아랍인들을 부추겨 프랑스에 적대하게 하리라.
문자를 탐구하는 것에는 관대하여
아랍어를 프랑스어로 번역하리라.

그리고 이 예언은 그 전쟁이 일어나기 전, 리비아가 이미 충분히 강성해져 있다는 것을 알려줌으로써, 아랍권의 그 나라가 어찌하여 리비아를 이 싸움에 끌어들이게 되는지를 짐작할 수 있도록 해준다. 어차피 긴 역사적 배경으로 보아 리비아도 이탈리아가 그리 탐탁치가 않을 것이고, 더욱이 군사력까지 강성해져 있으므로 연합군 파트너로는 제격일 것이고 리비아도 결국 제안을 받아들일 것이다.

Nostradamus prophecy: Quatrain 2, 4

From Monaco to near Sicily
The entire coast will remain desolated:
There will remain there no suburb, city or town
Not pillaged and robbed by the Barbarians.

모나코에서 시칠리아 근처까지
모든 해안은 황폐해지리라.
교외도, 도시도, 마을도 없으리라.
바르바르인에게 약탈당하리니.

노스트라다무스는 아랍인을 일컬어 바르바르인이라고 표기하곤 하였다. 따라서 이 4행시는 이탈리아 해안이 아랍연합국의 침공에 의해

황폐해지는 상황을 묘사
해놓은 것으로 보인다.
모나코는 프랑스 남부와
이탈리아의 접경 지역 해
안가를 말하고, 상기의
지도에서 보이는 바와 같
이 시칠리아는 장화모양
의 끝 부분에 있는 큰 섬

이므로 지중해를 둘러싼 그 해안가의 길이가 상당하다. 그곳이 모두
황폐해진다고 한다.

Nostradamus prophecy: Quatrain 1, 93

The Italian lands near the mountains will tremble.
The Cock and the Lion not strongly united.
In place of fear they will help each other.
Freedom alone moderates the French.

산들 가까이에 있는 이탈리아 땅이 진동하리라.
수탉과 사자는 강하게 연합하지 못하리라.
두려움 때문에 그들은 서로 도우리라.
카졸라와 켈트족은 중립을 지키리라.

이어지는 상황은 이탈리아 지역 전체가 집중적으로 공격당하고 있는
것으로 보이고, 이웃나라인 수탉(프랑스), 사자(영국)은 이탈리아를 강

하게 도와주지 않거나 또는 도와주지 못하는 상황인 것으로 보인다. 심지어 카졸라(스페인)와 켈트족(독일)은 중립을 지키는 상황이므로, 이탈리아가 매우 위태로운 상황에 처해지는 듯하다.

이어지는 상황은 이탈리아 지역 전체가 집중적으로 공격당하고 있는 것으로 보이고, 이웃나라인 수탉(프랑스), 사자(영국)은 이탈리아를 강하게 도와주지 않거나 또는 도와주지 못하는 상황인 것으로 보인다. 심지어 카졸라(스페인)와 켈트족(독일)은 중립을 지키는 상황이므로, 이탈리아가 매우 위태로운 상황에 처해지는 듯하다.

Nostradamus prophecy: Quatrain 5, 20

The great army will pass beyond the Alps,
Shortly before will be born a monster scoundrel:
Prodigious and sudden he will turn
The great Tuscan to his nearest place.

큰 군대가 알프스를 넘어 지나가리라.
괴물과 같은 불한당이 태어나기 바로 전에
비범하게 그리고 갑자기 그는 커다란 토스카나를
그의 가장 가까운 곳으로 만들리라.

알프스를 넘어가는 큰 군대, 바로 한니발 아닐까? 노스트라다무스가 굳이 고대의 한니발의 이름을 다시 거론하게 된 결정적인 이유는 바로, 한니발처럼 북아프리카 출신의 국가이며, 알프스의 험준한 산맥을 넘어가는 군대이기 때문에 그렇게 호칭하지 않았을까? 그리고 한니발의 숙원이었던 이탈리아 정복, 그것을 마침내 이루고 감격을 누리는 한니발 2세… 그는 거기서 멈추지 않을 것이고, 알프스를 넘게 될 것이다.

Nostradamus prophecy: Quatrain 2, 64

The people of Geneva drying up with hunger, with thirst,
Hope at hand will come to fail:
On the point of trembling will be the law of him of the Cevennes,
Fleet at the great port cannot be received.

제네바 사람들은 기아와 갈증으로 죽어 가리라.
손 안의 희망은 실패로 끝나리라.
아랍의 법이 공포의 원인이리라.
큰 함대는 항구에 들어가지 못하리라.

또한 한니발은 알프스를 넘어가면서 반드시 스위스 제네바에 고통을 주게 될 것 같다. 그들에게 영세중립국 같은 것은 그다지 큰 의미가 없을 것이 뻔하고, 스위스가 내세우는 입장 같은 것들도 그리 중요하지 않을 것이다.

Nostradamus prophecy: Quatrain 3, 93

In Avignon the chief of the whole empire
Will make a stop on the way to desolated Paris:
"Tricast" will hold the anger of Hannibal:

Lyons will be poorly consoled for the change.

아비뇽이 제국의 으뜸이 되리라.
파리가 황폐해지리니
트리카스탱은 분노한 한니발의 손에 잡히리라.
리용은 이러한 변화에 상심하리라.

우리는 이 4행시를 통해 한니발이 드디어 프랑스까지 그 모습을 드러내게 된다는 것을 알 수 있게 되는데, 전후 문맥상, 프랑스는 그들의 수도 파리가 황폐해질 정도로 전혀 대비를 하지 못하거나, 안하고 있거나, 혹은 대비는 하고 있었는데 워낙 번개와 같은 기습이 이뤄지면서 방어선 구축이 제대로 안됐을 수도 있겠다.

Nostradamus prophecy: Quatrain 3, 99

In the grassy fields of Alleins and Verngues
Of the Lubron range near the Durance,
The conflict will be very sharp for both armies,
Mesopotamia will fail in France.

프랑스 뒤랑스 근처의 알랭, 베르네그, 뤼베롱의
무성한 들판에서
양쪽 진영 간에 격렬한 전쟁이 벌어지리라.
메소포타미아는 프랑스에서 패배하리라.

이 4행시에서 한니발과 프랑스, 양 진영 간의 격렬한 전투가 벌어지는 것을 알 수 있는데, 이 전투에서 결국 프랑스가 승리할 것이다.

Nostradamus prophecy: Quatrain 3, 100

The last one honored amongst the Gauls,
Over the enemy man will he be victorious:
Force and land in a moment explored,
When the envious one will die from an arrow shot.

프랑스에서 명예로운 마지막 사람
적들을 물리치고 그는 승리를 하리라.
질투심이 강한 사람이
한대의 화살로 죽을 때 순식간에 힘과 땅은 탐험되리라.

분명히 적들을 물리치고 승리한다는데도 불구하고, 이 4행시를 읽으면서 느껴지는 감정은 승리의 기쁨보다 오히려 우울함이 더 커지게 되는데, 그 이유는 마지막 명예로운 사람이란 메시지 때문일 것이다. 따라서 이 전투 이후 이제 더 이상 프랑스는 승리를 기대할 수 없는 것이니, 그들의 미래에는 이제 어두운 그림자만 짙게 드리워지게 될 것이다.

Nostradamus prophecy: Quatrain 10, 58

In the time of mourning the feline monarch
Will make war upon the young Macedonian:
Gaul to shake, the bark to be in jeopardy,

Marseilles to be tried in the West a talk.

달의 군주가 죽음을 맞을 때
젊은 에마티아인(이란인)이 전쟁을 시작하리라.
갈리아는 뒤흔들리고, 배는 위태로워지리니
포세아(마르세유)는 공격당하고 서방 여러 나라는 저항하리라.

이후의 양상은 확전 쪽으로 가닥이 잡혀질 것이다. 이란이 아랍연합
군으로 가세하게 될 것이고, 프랑스는 위태로워지고, 유럽의 여러 나라
들이 연합해서 아랍에 맞서게 될 것이다.

Nostradamus prophecy: Quatrain 2, 78

The great Neptune of the deep of the sea
With Punic race and Gallic blood mixed.
The Isles bled, because of the tardy rowing:
More harm will it do him than the ill-concealed secret.

넵튠은 바다 깊숙이에서 보리라.
카르타고 인들과 갈리아 인들의 피가 뒤섞이는 것을
섬들은 피로 뒤덮이고 늦게야 노를 저으리니
드러난 사실보다 피해가 더욱 심각하리라.

양 진영이 치열하게 전투를 벌이고 있는 장면을 넵튠, 즉 영국은 잠
수함을 통해서 바다 깊은 곳에서 숨을 죽여 가며 지켜보고 있을 것이
다. 그 의미는 이렇게 비교적 단순하지만, 우리는 노스트라다무스를

한 번 더 떠올려 보게 된다. 상기의 시점에 살고 있을 당사자들도 깊은 바다 속 잠수함의 상황까진 파악하기가 쉽지 않을 텐데, 그는 그런 것까지도 모조리 파악하고 있다는 것, 그저 경악스러울 따름이다. 유럽연합군의 피해 상황이 드러난 사실보다 훨씬 크다는 것을 알 수 있다. 이후에도 치열한 전투 양상을 말해주는 수많은 4행시들이 수록되어 있으나, 그 모든 것들을 모두 열거할 수는 없고, 결국 유럽은 러시아에 도움의 손길을 요청하게 될 것이다. 그리하여 러시아가 위대한 조커로서 세계사의 무대에 화려하게 등장하는 순간이 도래한다. (이미 우리가 앞에서 살펴보았던 제10권 48편의 4행시가 바로 그 상황을 말해주는 것이다.) 그러나 그 조커는 딴 생각을 품게 된다. 아랍을 물리치는 데 성공을 한 그는 얌전하게 본국으로 그냥 돌아갈 생각이 전혀 없다. 그 결과 유럽 세계에 엄청난 수난이 벌어지고, 조커는 세계를 지배하는 왕으로 등극할 것이다. 유럽의 아픔이 바로 여기에 있는 것이니, 늑대를 물리치기 위해 북극곰을 불러들이고, 그렇게 해서 늑대는 물리치지만 북극곰에게 송두리째 잡아먹히게 되는 꼴이다. 그리고 거의 마지막 미션(Mission)으로서, 조커는 눈의 가시와 같은 예루살렘을 삼키려고 들 것이다. "한때 아브라함이 자리 잡았던 곳(팔레스타인)은 조커를 숭배하는 자들로부터 공격을 받을 것입니다. 그리고 예루살렘은 무력으로 모든 면에서 포위되고 공격을 당할 것입니다." 이 장면은 바로 특히 「에스겔」에서 잘 묘사되어 있는 바와 같이, 예루살렘을 공격하는 "곡"이란 인물을 연상해보게 된다.

Nostradamus prophecy: Quatrain 10, 73

The present time together with the past
Will be judged by the great Jovialist:
The world too late will be tired of him,
And through the clergy oath-taker disloyal.

과거의 시대와 더불어 지금의 시대는
위대한 조커에 의해 심판을 받으리라.
세계는 그에 의해 지치게 되리라. 너무 늦게.
그리고 불충한 성직자와 선서자를 통해서도.

상기의 구절에서 등장하는 이 부분, "오랜 기간 동안 위대한 존경의 무덤으로 남을 것이며"라는 부분은 바로 「에스겔」 39:11~15를 염두에 두고 말하는 것이다.

"그 날에 내가 곡을 위하여 이스라엘 땅 곧 바다 동편 사람의 통행하는 골짜기를 매장지로 주리니 통행하던 것이 막힐 것이라 사람이 거기서 곡과 그 모든 무리를 장사하고 그 이름을 하몬곡의 골짜기라 일컬으리라. 이스라엘 족속이 일곱 달 동안에 그들을 장사하여 그 땅을 정결케 할 것이라. 그 땅 모든 백성이 그들을 장사하고 그로 말미암아 이름을 얻으리니 이는 나의 영광이 나타나는 날이니라. 나 주 여호와의 말이니라. 그들이 사람을 택하여 그 땅에 늘 순행하며 장사할 사람으로 더불어 지면에 남아 있는 시체를 장사하여 그 땅을 정결케 할 것이라 일곱 달 후에 그들이 살펴보되, 순행하는 자가 그 땅으로 통행하다가 사람의 뼈를 보면 그 곁에 표를 세워 장사하는 자로 와서 하몬곡 골짜기에 장사하게 할 것이요."

　상기와 같은 「에스겔」의 내용과 서신을 비교해보면, 이른 바 "존경의 무덤"이란 것은 바로 "하몬곡"을 지칭하는 것으로 보인다. 따라서 거기에는 곡을 따르는 모든 무리들이 묻힐 것이고, 그 수가 너무 많아서 이스라엘 족속이 무려 일곱 달에 걸쳐 그들을 장사지내게 된다고 한다. 서신에 등장하는 문제의 그 "Iouialiste", 즉 "위대한 조커"는 다음 아닌, 바로 "곡"이라고 꼭 집어서 말할 수 있게 된다. 그리고 그를 추종하는 무리들이 곡과 함께 예루살렘을 공격하다가 하나님의 진노로 말미암아 골짜기에 묻히는 신세가 되는 것이다. 그리고 이어지는 구절, "거룩한 곳은 안정된 크고 작은 짐승의 소굴로 바뀔 것이고, 부정한 물질로 안성맞춤이 될 것입니다."라고 했는데 이는 「에스겔」 39:16~17을 떠올리게 한다.

　"성의 이름도 하모나라 하리라 그들이 이와 같이 그 땅을 정결케 하리라. 너 인자야 나 주 여호와가 말하노라 너는 각종 새와 들의 각종 짐승에게 이르기를 너희는 모여 오라 내가 너희를 위한 잔치 곧 이스라엘 산 위에 예비한 큰 잔치로 너희는 사방에서 모여서 고기를 먹으며 피를 마실지어다."

　골짜기에 쌓이고 쌓인 시체들로 말미암아 한바탕 각종 짐승들의 잔치가 벌어지게 되는 것이다. "하늘과 태양과 달의 우주적인 (성경의) 비전으로, 기후의 특성이 널리 알려진 채로, 아주 오랜 기간 동안 위대한 존경의 무덤으로 남을 것이며, 거룩한 곳은 안정된 크고 작은 짐승의 소굴로 바뀔 것이고, 부정한 물질로 안성맞춤이 될 것입니다." 이 대목은 「스가랴」 14:16~19에서 나오는 다음과 같은 내용을 염두에 두고 쓴 것이 분명하다.

"예루살렘을 치러 왔던 이방 나라들 중에 남은 자가 해마다 올라와서 그 왕 만군의 <u>여호와께 경배하며 초막절을 지킬 것이라. 땅에 있는 족속들 중에 그 왕 만군의 여호와께 경배하러 예루살렘에 올라오지 아니하는 자들에게는 비를 내리지 아니하실 것인즉,</u> 만일 애굽 족속이 올라오지 아니할 때에는 비 내림이 있지 아니하리니 여호와께서 초막절을 지키러 올라오지 아니하는 이방 나라들의 사람을 치시는 재앙을 그에게 내리실 것이라. 애굽 사람이나 이방 나라 사람이나 초막절을 지키러 올라오지 아니하는 자가 받을 벌이 그러하니라."

바로 여기서 밑줄 친 내용과 같이, 초막절에 여호와를 경배하러 오지 않는 이민족들에게는 비를 내려주지 않을 것이라는 「스가랴서」의 약속이 세세손손 칼같이 준수되면서, 세상 사람들이 여호와의 말씀을 두려워하며 존경하게 될 거라고 노스트라다무스도 한 번 더 확인해주는 것 같다.

Oh what a calamitous affliction will then befall pregnant women, and will be then from the principal Eastern chief most of them stirred up by the Northerners and Westerners vanquished, and put to death, overwhelmed, and the remaining running away, and his children of many women imprisoned, and by then the prophecy of the Royal Prophet will be accomplished: let him hear the groaning of the captives, that he might deliver the children of those doomed to die, what a great oppression that then will be made upon the princes and governors of kingdoms, same on the maritime and eastern ones, and their language intermixed to great fellowship, the language of the Latins and of the Arabs by the North African common interchange, and all these eastern Kings will be driven away, overwhelmed and exterminated, not altogether by means of the forces from the Kings of the North, and by the proximity of our century, by means of the three united secretly seeking death, and opportunity through ambushes, one against the other, and the renewal of the Triumvirate shall last for seven years, that the fame of such a sect will spread through the world and will be upheld the sacrifice of the holy and immaculate host, and then will the lords, two in number of the North, be victorious over the Easterners, and in these deeds will be made such rumble and warlike tumult, that all this East will tremble with fear of those brothers yet not brothers of the North.

그때 임신한 여성들에게 불행한 재앙이 있을 것입니다. 여기서 동쪽의 우두머리는 북방인들과 서방인들에 의해 정복당할 것이고, 대부분의 그의 백성들은 살해되고, 압도당하고, 나머지는 도망갈 것입니다. 그리고 많은 여성들과 아이들이 투옥될 것입니다. 그때 "포로들의 신음 소리를 듣고, 죽을 운명의 자녀들을 구출할 수 있도록 해주소서."라고 했던 성서의 말씀이 성취될 것입니다. 왕국의 통치자들에게 가해지는 큰 억압, 해안과 동부해안도 마찬가지일 것이고, 커다란 동맹에 의해 그들의 언어가 뒤섞이는데, 라틴어와 아랍어가 북아프리카 언어와 뒤섞입니다. 그리고 이 모든 동방의 왕들은 우리 시대가 다가오면서 죽음의 모험을 무릅쓰면서 3가지 비밀 연합을 하고 서로를 함정에 빠뜨리고 있었기에, 북방 왕들의 세력에 쫓겨나고 전복되고 멸종될 것입니다. 그리하여 새롭게 그 자리를 차지하는 3인방(Triumvirate)에 의해 7년 동안 지속될 것이며, 이 종파의 명성은 전 세계로 퍼져나갈 것입니다. 신성하고 더럽혀지지 않은 주인의 희생이 지속됩니다. 그때 북방의 두 왕이 동방제국에 승리

할 것이고, 그래서 소동과 호전적인 소란은 결국 모든 동방이 북국의 형제 아닌 형제들로 인해 두려움에 떨게 될 것입니다.

눈에 띄면서도 쉽사리 이해가 잘 안 되는 구절이 하나 등장하는데, "그때 북방의 두 군주가 동방제국에 승리할 것"이라고 한다. 여기서 승리하는 북방의 두 나라, 또 그들에게 패하는 동방제국은 대체 어디를 지칭하는 것일까? 서구의 예언연구가들은 대체로 북방의 두 나라는 필시 러시아와 북유럽의 연합일 것이고 동방은 중국을 의미할 것이라고 주장하는 경향인데, 과연 그럴까? 참으로 가소롭기 그지없는 주장이다. 그들의 그러한 주장을 뒷받침해줄 만한 어떤 뚜렷한 근거는 있는 것일까? 통상적으로 익히 예상되는 바이듯이, 불행히도 특별한 근거 같은 것은 찾아볼 수 없고, 단지 현재의 시대상황에 비추어 가장 확률이 높아 보이는 가설을 주장하는 것에 불과하다. 필자도 그들의 한계상황과 별반 다르지 않은 환경에 처해 있는 건 분명하지만, 그래도 필자가 보기에 최소한 이 상황을 이해하기 위한 무언가 보다 상세한 다른 보충설명 같은 것이 필요해 보인다는 것이고, 이러한 상황 속에서 늘 그렇듯이 필자는 『모든 세기』를 천천히 들춰보게 되는데, 2개의 서신에서 열거된 내용을 뒷받침해주는 보다 자세한 예언이 반드시 그 속에 들어 있을 것이고, 우리는 거기서 어떤 실마리를 찾아낼 수 있을 것이라고 믿고 있기 때문이다. 아무리 적어도 최소 한두 가지 정도의 예언은 반드시 남겨놓았을 거라는 어떤 맹목적인 믿음 같은 것을 갖고 있는데, 왜냐하면 그것이 바로 노스트라다무스가 주요 메시지를 남겨두는 비밀 아닌 비밀 수단이었다고 믿고 있기 때문이다. 이러한 믿음을 토대로 필자가 『모든 세기』를 두루 탐색해본 결과 가장 연관성이 깊어 보이는 예언을 하나 찾아낼 수 있었는데, 필자의 촉이 전혀 터무니없는 게 아니라면, 우리는 이 예언을 통해 보다 명확한 그림을 그려보는 게 가능해질 것 같다.

Nostradamus prophecy: Quatrain 8, 17

Those at ease will suddenly be cast down,
the world put into trouble by three brothers;
their enemies will seize the marine city,
hunger, fire, blood, plague, all evils doubled.

편안하게 지내던 사람들이 갑자기 내던져지리라.
세 형제에 의해 세상은 혼란 속에 빠지리니
그들의 적들이 해안 도시를 점령하고
기근, 화재, 피, 전염병, 이 모든 악들이 배가되리라.

상기 서신에서 3가지 비밀 연합을 하는 당사자들이 지금 이 4행시 제2행에 등장하는 세 형제일 것으로 추정된다. 그들 서구유럽인들은 오랜 평화를 구가하던 호시절과 이별을 하고, 익숙하지 않은 것들과 더불어 어쩔 수 없이 익숙해져야 하는 환경에 노출된다.

Nostradamus prophecy: Quatrain 6, 21

When those of the arctic pole are united together,
Great terror and fear in the East:

Newly elected, the great trembling supported,
Rhodes, Byzantium stained with Barbarian blood.

북극의 사람들이 연합할 때
동쪽에는 극도의 두려움과 불안이 닥치리라.
대혼란 중에 새로운 이가 나와 지지를 얻으리니
로도스 섬과 비잔틴은 바르바르의 피로 뒤덮이리라.

상기의 지도를 보면 "연합한다는 북극의 두 나라"가 어디일지를 그리 어렵지 않게 짐작해볼 수 있다. 먼저 연합하는 북극의 한쪽은 필시 러시아일 것이고, 그리고 연합하는 다른 쪽을 찾아내면 상황은 종료되는 것 같은데, 연합이 가능해 보이는 후보들은 대략 미국(알래스카), 캐나다, 노르웨이, 덴마크(그린란드) 정도로 압축된다. 이들 중에서 고르면 되는데, 가능성이 커 보이는 나라는 단연 미국이다. 미국을 제외한 다른 후보들은 왠지 러시아와 짝이 맞는 것 같지가 않다. 연합이라는 용어를 사용하려면 얼추 엇비슷한 정도의 군사력이 필수적이지 않을까? 이렇게 한 가지를 확정짓게 되면, 그와 더불어 자동적으로 그들 두 나

이 있을 수 없으니 무시

라에게 처절하게 패배하게 되는 동방제국도 이 예언을 통해 더욱 명확해진다. 바로 바르바르인들, 아랍인들이 그들이 되는 것이다. 즉 아랍의 여러 동맹국들이 두 나라의 연합으로 인해 극도로 두려움을 느끼게 될 것이고, 결국 처절하게 패배당하는 당사자들이 될 것이다.

그리고 Bonus(보너스)가 하나 더 주어진다. 이어서 등장하는 "북국의 **형제 아닌 형제들**"을 이해할 수 있게 되는 것이다. 이에 대한 의미를 알려면 시계바늘을 1847년으로 되돌려보아야 한다. 당시 프롤레타리아에게 역사적 사명과 해방의 앞길을 밝혀주고 국제 공산주의 운동의 지도적 지침을 확립한다는 목적 아래 카를 마르크스와 프리드리히 엥겔스가 함께 초안을 작성하였고, 1848년 2월 21일 그들의 최초 강령을 담은 이른바 『공산당 선언』이란 것을 첫 출판하게 되는데, 거기에서 등장하는 '만국의 노동자여 단결하라!' 라는 구호가 바로 형제 아닌 형제의 의미를 알게 해주는 열쇠가 된다. 당시 그들이 주장했던 바는 "만국이여 단결하라!"고 하는 이 하나의 간결한 구호를 외치며 "사회주의 국가들은 모두 하나의 형제"라는 강력한 연대의식을 가질 수 있어야만 그때에야 비로소 공산주의 혁명을 완수할 수 있다는 것이 그들의 요지였다. 그리고 정말로 소련을 위시한 동유럽, 중국, 쿠바, 북한, 베트남 등 사회주의 체제를 채택한 나라들이 전 세계 3분의 1에 이를 정도로 위세를 떨쳤던 그런 한때가 있었다. 그러나 1991년 소비에트 연방이 해체된 후 공산주의의 망령이 지구상에서 사라진 것처럼 보이고 있지만 그들은 결국 다시 부활하고야 말 것이다. 그리고 러시아는 이른바 "우리는 하나의 형제"라는 이름을 내걸고 또 다시 다른 나라들을 괴롭히게 될 것인데, 그러한 괴롭힘을 당하는 나라들은 아랍제국일 가능성이 크다.

겉으론 형제라고 말은 하는데, 사실은 다리가 후들후들 거리게 될 정도로 무시무시한 형님이 되는 우스우면서도 웃을 수가 없는 그런 상황이 연출되는 것이다. 결국 아랍의 여러 제국들은 러시아에 의해 강제적으로 형제들이 될 것이다.

이러한 이해들을 통해서 우리는 그 앞에 먼저 등장했던 이 구절도 이제 그리 어렵지 않게 이해가 가능해진다. "3인방(Triumvirate)에 의한 삼두정치의 갱신은 7년 동안 지속되며, 그 명성은 전 세계로 퍼져나갈 것"이라고 한 구절과 같이 7년 동안이나 번영을 구가하는 그가 과연 누구일까? 일찍이 뉴턴은 이에 대해, 자신의 비밀문서에다가 한 마리의 용과 두 마리의 짐승이 인류를 파멸로 이끈다고 적어놓고 있다. 한 마리의 용은 사탄을 말한다. 거기에 사탄을 옹위하는 두 짐승이 곧 적그리스도의 삼위일체인 셈이다. 한편 "7년 동안" 지속한다는 것에 대한 의문점을 해소할 수 있는 다른 방법은 없는지를 찾아보고 싶은데, 『모든 세기』를 통틀어 "7년"이란 키워드로 가장 어울리는 4행시는 바로 이것인 듯하다.

Nostradamus prophecy: Quatrain 9, 89

For seven years fortune will favor Philipp,
He will beat down again the exertions of the Arabs:
Then at his noon perplexing contrary affair,
Young Ogmios will destroy his stronghold.

7년 동안 행운은 필립에게 있으리라.
그는 아랍의 총공세를 다시 한 번 분쇄하리라.
그때 정오에 반대의 사건에 당황하리라.
연배가 낮은 오그미옹이 그의 본거지를 약화시키리라.

제1행에서 풍기는 뉘앙스가 벌써 서신의 내용을 강력하게 뒷받침한다는 느낌을 강하게 전달해주고 있다. 이어진 제2행에서 아랍의 총공세를 한 번 더 분쇄한다는 것으로 보아, 행운의 주인공은 분명 유럽을 도와주는 세력일 것이고, 서신에서 말하는 위대한 조커일 가능성이 농후해 보이는데, 그 주인공의 이름이 필립이라고 한다. 필립이라… 대단한 행운의 소유자, 그리고 연배가 낮은 오그미옹에 의해 갑자기 당황할 일이 생기는 자… 여러 의문점들이 저절로 떠오르는 상황이기는 한데, 일단 조금 뒤에 자세히 다루기로 하고, 마지막 시대에 러시아가 어떻게 무대의 주인공으로 화려하게 등장하게 되는 건지를 이해하기 위해 무엇보다도 미국과의 연합관계 상황을 살펴볼 필요가 있겠다.

Nostradamus prophecy: Quatrain 4, 95

The realm left to two they will hold it very briefly,
Three years and seven months passed by they will make war:
The two Vestals will rebel in opposition,
Victor the younger in the land of Brittany.

둘에게 넘어간 통치권은 매우 짧게 유지되리라.
3년 7개월이 지나고 그들은 서로 전쟁을 하리라.

두 신하들은 반역을 하리라.
아르메니크 지역에 있는 더 젊은 승리자.

제1행에서의 "둘"은 미국과 러시아로 보인다. 그리고 제4행에서 언급된 "아르메니크"는 아무래도 현재의 아르메니아 공화국을 위시하여 터키의 동쪽 지역 전체를 아울렀던 옛 아르메니아 제국을 지칭하는 것으로 보이고, 이 지역을 점령하고 주둔하는 쪽이 승리한다는 것으로 보아, 미국과 러시아의 전쟁은 결국 러시아의 승리로 귀결될 것임을 짐작해볼 수 있다. 결정적으로 두 개의 작은 나라가 미국을 배반하고 러시아 쪽을 편들면서 전세가 기우는 것으로 짐작된다. 이때의 상황이 기록되어 있는 또 다른 사료로는 「다니엘서」 11:40을 들 수 있다. "마지막 때에 남방 왕이 그를 찌르리니 북방 왕이 병거와 마병과 많은 배로 회리바람처럼 그에게로 마주 와서 그 여러 나라에 들어가며 물이 넘침같이 지나갈 것이요" 여기서 남방 왕은 미국을 말하고, 북방 왕은 러시아를 말하는 것으로 보이고, 결국 러시아가 승리한다는 내용을 담고 있다. 이 4행시를 통해 미국과 러시아가 본래 연합하는 관계였다는 것, 그러나 결국은 서로 사이가 틀어져서 다투게 된다는 것, 러시아가 승리한다는 것을 알 수 있게 된다. 반대로 미국은 몰락하게 된다. 그리고 이 구절, 즉 "그때 임신한 여성에게 불행한 재앙이 있을 것이고,"라고 한 대목은 「마태복음」 24:19를 자연

스럽게 연상하게 만든다.

[15] 그러므로 너희가 선지자 다니엘이 말한 바 멸망의 가증한 것이 거룩한 곳에 선 것을 보거든(읽는 자는 깨달을진저)

[16] 그 때에 유대에 있는 자들은 산으로 도망할지어다

[17] 지붕 위에 있는 자는 집 안에 있는 물건을 가지러 내려가지 말며

[18] 밭에 있는 자는 겉옷을 가지러 뒤로 돌이키지 말지어다

[19] **그 날에는 아이 밴 자들과 젖 먹이는 자들에게 화가 있으리로다**

[20] 너희가 도망하는 일이 겨울에나 안식일에 되지 않도록 기도하라

[21] 이는 그 때에 큰 환난이 있겠음이라 창세로부터 지금까지 이런 환난이 없었고 후에도 없으리라

자, 상기의 구절과 같이 겨울에 생기는 일이 아니기를 기도하도록 하자. 그리고 앞에서 잠시 해석을 미루어두었던 필립… 노스트라다무스가 "Philipp"이라고 표기했던 그 이름, 결국은 푸틴(Putin)의 별칭으로 보인다. 당초 그 4행시를 적어 내려가면서 노스트라다무스는 원래 Putin의 대문자 "P"라는 알파벳으로 표기해놨다가, 나중에 그것을 Philipp으로 수정한 것이 아닐까 싶다. "Philipp"이란 단어에 무려 P가 3개나 들어 있으니, 아마 이 보다 "P"를 잘 대변해줄 수 있는 단어를 찾기도 어려웠을 것 같다. 이러한 방법은 현대 무선 통신에서도 사용된다. 즉 통신사들이 흔히 알파벳 "T"를 전달하면서 "Tango", "B"를 전달하면서 "Bravo"라고 말한다. 따라서 필자는 마르스, 마스틴, 조커, 필립이 모두 푸틴을 지칭하는 별칭이란 결론에 도달하게 된다. 필자가 지금 7년간 특별한 행운과 함께한다는 필립을 굳이 러시아의 푸틴이라고 주

목하게 된 이유는 만인이 고통을 당하는 종말의 시기에 행운과 함께하
는 자가 그리 많지 않을 것이란 점, 그리고 그와 더불어 앞서 소개했던,
적그리스도 크세르크세스가 20년, 그리고 7년 동안 활약하게 된다는
점, 여기서 특히 후자의 7년이란 숫자가 서로 밀접하게 연관되는 것으
로 보이기 때문이다. 아무튼 이렇게 많은 별칭이 필요했던 이유가 뭘
까? 아마도 너무나 중요한 인물이기 때문이 아닐까 싶다. 종말의 시기
활약상이 특히 두드러질 수밖에 없는 주요 인물이므로, 당연히 수많은
4행시에 등장하게 될 수밖에 없었을 것이고, 똑같은 명칭으로 적어놓으
면 너무 쉽게 정체가 드러나게 된다는 것이 문제였을 것이다.

And therefore, Sire, through this discourse I present these predictions
almost in confusion, and as to when this can be and will take place,
for the enumeration of time which follows, conforms very little, if at
all to the upper, which as well as by astronomical means, than by
other, even of the Holy Scriptures, that cannot err at all, that if I had
wanted to give each quatrain the enumeration of time, I could have
done so, but it would not have been agreeable to all, least of all to
interpret them, Sire, until your Majesty granted me sufficient power to
do so, in order not to give reason to the calumniators to carp at me.

....

그러므로 폐하, 지금 제가 바치는 이 예언들에 묘사된 바와 같이 세상은 대혼
란에 다가가고 있습니다. 물론 제 예언들은 시간의 흐름 전체를 다 담아내지
는 못합니다. 그 후로도 시간은 오랫동안 흐를 것입니다. 모든 예언은 천체학
과 성서에 근거하여 계산되었고, 따라서 잘못될 가능성이 없습니다. 만약 제

가 마음만 먹었다면 저는 이런저런 사건들에 대해 각 4행시마다 좀 더 분명하게 연도까지 언급[26]할 수도 있었습니다. 하지만 (저마다 이런저런 이유로 생각이 다를 것이기 때문에) 모두가 동의할 수는 없을 것이고, 검열 때 문제의 빌미를 주지 않도록, 폐하께서 승인해주실 수 있는 범위 이내로, 고요한 밤중에 기록을 다시 정리하지 않을 수 없었습니다.

────────────────────────

예언이 끝난 이후에도 오랫동안 시간이 흐를 것이라고 천명한 부분에서, 예언의 주된 목적이 대혼란에 대한 정보를 미리 알려주고자 함에 있었던 것임을 알 수 있다. 그 후에도 분명 세상은 돌아가겠지만, 그때는 지극히 평화롭고 조화로운 세상이라 걱정스러울 것이 없으므로 굳이 언급할 필요 자체가 없겠다고 생각한 것이 분명하다. 그리고 아들 세자르에게 보낸 편지에서도 언급했던 바와 같이 의도적으로 해석이 쉽지 않도록 구성해놓은 것임을 한 번 더 확인할 수 있다. 프랑스어는 물론이고, 이탈리아어, 그리스어, 라틴어까지 동원된다. 심지어 영어, 독일어, 러시아어에 대해서도 상당한 지식이 있었던 것으로 추정된다. 이로 인해 후세 사람들은 그의 난해하고 애매한 문체 때문에 상당히 애를 먹을 수밖에 없었던 것이다. 당시 16세기의 교회는 절대적인 권력으로 자리 잡고 있었고, 만약 교회로부터 고발이라도 당하게 된다면, 지독한 고문을 받아야 했을 것이다. 당시의 고발은 오늘날과는 판이하게 달라서 단지 고발됐다는 이유만으로 유죄 취급을 받고, 지독한 고문

────────────────────────

26) 실제로 노스트라다무스는 자신의 능력을 실증하기 위해 앙리2세에게 보내는 서신에서 1792년의 프랑스 혁명의 상황을 예언해놓았고, 4행시에서 1609년 바이에른 공작(듀크)의 악인이 선거에 의해 당선되는 것을 보여주었고, 1999년 7월의 상황도 예언해놓았다.

이 수반되면서 강제로 고백을 강요받게 되고, 교수형으로 직결되는 게 일련의 수순이었다. 따라서 교회의 검열을 크게 의식하지 않을 수 없었을 것이다. 당초 시작은 이렇게 된 것이지만, 이것이 오히려 이후 그의 천재적 재능이 유감없이 펼쳐지는 하나의 장으로 작용하면서 그의 지적인 유희는 극치를 달리게 된다. 비유적인 표현을 새로 지어내거나 수수께끼 같은 단어들을 툭툭 던지면서 언어적 유희를 향유함에 있어 천재성을 유감없이 과시하는데, 가령 "넵튠"이나 "제도"라는 단어로 영국을 대신하는가 하면, 물고기를 낚는 "낚시 배"로 로마교회를 표현하기도 하고, 베네치아로 이탈리아, 제네바로 스위스, 드니에프르를 가지고 러시아, 이런 식으로 하나의 도시로 나라 전체를 지칭하기도 하고, 또 주요 등장인물들에게는 어김없이 별칭을 부여해준다. 가령 히틀러에게는 그의 히스테릭한 성격을 반영해서 "히스터(Hisetr)"를, 나폴레옹에게는 황제에 대한 욕심을 빗대어 "로이(Roy)"를 부여한다. 또한 그는 분명하게 말한다. 자신이 마음만 먹었다면 각각의 4행시마다 정확한 년도까지 명확하게 언급할 수 있었노라고… 그리고 자신의 이 말이 결코 허언이 아니라는 것을 증명하겠다는 듯 『모든 세기』에 이것을 남겨놓았다.

Nostradamus prophecy: Quatrain 8, 71

The number of astrologers will grow so great,
that they will be driven out, banned and their books censored.
In the year 1607 by sacred assemblies
so that none will be safe from the holy ones.

> *천문학자의 숫자가 크게 증가하리라.*
> *쫓기고, 추방되고, 그들의 책은 검열을 받으리라.*
> *1607년 성스러운 집회에 의해*
> *아무도 거룩한 사람들로부터 안전하지 못하리라.*

그가 얼마나 치밀하게 세상을 관찰하고 있었는지를 보여준다. 천문학이 태동하던 당시 말도 안 되는 잣대를 들이대며 세상을 제단하고 있던 자들은 바로 가톨릭교회였다. 우물 안 못난 개구리들이 자신들의 조그만 하늘이 전부라고 생고집을 피우던 그런 시절이었다. 1600년 천문학자 조르다노 브루노가 화형을 당했고, **1607년 교회는 마닌느에서 개최된 회의에서 천문학에 대해 강력하게 규탄하게 된다.** 1607년 요하네스 케플러는 유명한 3가지 법칙을 공식화하는데, 그것을 발표함으로써 그는 엄청난 박해를 받게 된다. 그의 친척이 마녀로 몰려 화형당하는 것을 두고 볼 수밖에 없었고, 그의 늙고 쇠약한 어머니는 쇠사슬에 묶인 채 죽어갔다. 그리고 1609년 망원경을 제작한 갈릴레이도 이후 큰 수모를 당한다. 또한 1616년 교회는 코페르니쿠스의 지동설을 금서목록에 올리고 탄압을 가하기도 했다.

[Second Chronology, 두 번째 연대기]]

Anyway, counting the years from the creation of the world up to the birth of Noah as being one thousand five hundred and six years, and from the birth of Noah up to the complete construction of the Arch, nearing the Great Flood, passed six hundred years, let the given be unique, or lunar, or a mixture of the ten, I hold that the sacred scriptures held that they were Solar. And at the end of these six hundred years, Noah entered inside the Ark, to be saved from the deluge, and this universal deluge over the Earth lasted one year and two months. And from the end of the deluge up to the birth of Abraham, two hundred ninety five years elapsed. And from the birth of Abraham up to the birth of Isaac, one hundred years elapsed. And from Isaac to Jacob sixty years: from the time he entered into Egypt up to when he left, one hundred thirty years passed. And from the entry of Jacob into Egypt up to the Exodus four hundred thirty years passed. And from the exodus out of Egypt up to the building of the Temple by Salomon in the fourth year of his reign, there elapsed four hundred eighty years. And from the building of the Temple up to Jesus Christ, according to the calculations of the Hierographs, there passed four hundred ninety years. And so by this calculation that I have made, derived from the sacred writings, there are around four thousand one hundred seventy three years and eight month, more or less.

어쨌든 천지 창조로부터 노아의 탄생까지를 1506년으로 계산하고, 노아의 탄생부터 대홍수에 가까워지는 방주의 완성까지 600년이 지났습니다. 연도들이 태양력에 기반을 두었다는 것을 알지만, 저는 여기서 **10개월을 1년으로 하는 독특한 태음력을 채택**해보기로 합니다. 600년이 끝나고, 노아가 방주로 인해 홍수의 재앙에서 벗어날 수 있었습니다. 지구상의 이 홍수는 1년 2개월 동안 지속되었습니다. 홍수가 끝나고 아브라함이 탄생할 때까지 295년이 경과되었습니다. 아브라함의 탄생부터 이삭이 탄생하기까지는 다시 100년이 지났습니다. 그리고 이삭에서 야곱까지 60년, 그가 이집트에 들어갔을 때부터 그가 떠날 때까지 130년이 지났습니다. 야곱이 애굽에 들어가고 나서 출애굽까지 430년이 지났습니다. 출애굽에서부터 솔로몬 성전이 건축되기까지, 480년을 보냈습니다. 그리고 성전 건축에서부터 예수까지, Hierographs의 계산에 따르면, 490년을 보냈습니다. 그리고 이렇게 신성한 글에서 파생된 계산에 의하면, **약 4173년 8개월 전후**입니다.

앞에서 첫 번째 연대기를 언급했었는데, 그와는 별도로 지금 두 번째 연대기를 다시 언급해주고 있다. 이는 아마도 연대기를 바라보는데 있어서, 반드시 꼭 이러해야 한다는 고정된 시각이 아니라, 이렇게도 볼 수 있고 저렇게도 볼 수 있다는, 자신의 유연한 관점을 알려주려는 의도로 해석되고 있다.

1807 (+301) ···· 천지창조에서 노아까지 (1506) ················· (−252) 1254

720 (+120) ······ 노아에서 방주 완성까지 (600) ····················· (−100) 500

1.4 (+0.2) ········ 홍수 (1.2) ·· (−0.2) 1.0

354 (+59) ········ 홍수에서 아브라함 탄생까지 (295) ··············· (−46) 246

120 (+20) ……… 아브라함 탄생에서 이삭 탄생 (100) ……………… (−17) 83

72 (+12) ………… 이삭에서 야곱까지 (60) ……………………………… (−10) 50

156 (+26) ……… 이집트에 들어가서 떠날 때까지 (130) ………… (−22) 108

516 (+86) ……… 야곱의 애굽에서 출애굽까지 (430) …………… (−72) 358

576 (+96) ……… 출애굽에서 솔로몬 성전 건축까지 (480) ……… (−80) 400

588 (+98) ……… 솔로몬성전에서 예수까지 (490) ………………… (−82) 408

4910.4 ………… 총합 (4092.2) ……………………………………… 3408

5008.4 ………… 총합 (4173.7) ……………………………………… 3478

위에서 열거된 연도들을 모두 합하면 4092년 2개월이 되어야 한다. 그런데 그는 서신에서 총합을 4173년 8개월이라고 표기해놓고 있고, 따라서 계산한 값과 약 81년의 차이가 나고 있다. 이러한 차이가 의도적인 것인지 아니면 단순한 계산 착오인지에 대해 제법 많은 연구들이 수행되었지만, 뚜렷한 결론은 나지 않은 상태이다. 한편 상기에 가운데에 적어놓은 연도들의 좌우로 계산된 두 가지 다른 숫자들을 병행해놓은 것은 10개월을 1년으로 보는 독특한 태음력을 채택해본다는 서신의 진술대로 계산을 한번 시도해본 것이다. 어떤 연구가는 그 의미를 오른쪽 숫자들로 보겠다는 의도로 해석했다. 하지만 필자는 왼쪽의 숫자들로 보겠다는 의도로 보는 것이 더 타당하다고 보는 입장이다. 즉 성서에 표기된 연도들은 본래 태양력 기준이란 것을 잘 알고 있지만, 10개월을 1년으로 하는 태음력으로 계산을 한번 시도해보겠다는 뜻으로 해석하는 게 앞뒤가 더 잘 들어맞는 것으로 보인다. 그렇게 해서, 그의 주장대로 양력으로 총합이 4173년 8개월이었던 것을 음력으로 환산해보면, 그때에 도달하는 숫자가 5008.4년이 된다. 사실 이 대목은 가장 난해한 단락이라고 말할 수 있다. 그동안 사람들이 서신 2통에 대한 해설을 망설이게 만들었던 가장 큰 걸림돌이 아니었을까? 도대체 4092년은 뭐고, 4173년은 또 무엇이란 말인가? 서구인들의 논리적이고 이성적인 사고방식이 오히려 이 단락을 이해하는데 큰 지장을 초래했던 것 같다. 필자의 생각으론 상기 81년의 차이를 만들어놓은 것은 아마도 고의적으로 그렇게 해놓았던 것으로 보인다.

 이 단락을 이해하기 위해선 노스트라다무스의 마음을 들여다보는 것이 유일한 해결책으로 여겨진다. 지금 노스트라다무스가 우리에게 말하고자 하는 바가 대체 뭘까? 바로 7,000년에 대한 자신의 시각을 알려주고자 했던 것 같다. 앞선 첫 번째 연대기에서 7,000년이 완전히 채워지는 연도는 서기 2242년이라고 결론을 낸 바가 있었다. 그런데 정작 그의 생각은 그렇게 확정지을 수 있으면 좋겠는데, 그것이 상당히 애매하다고 보았던 것 같다. 그러니 그는 분명 상기의 81년 차이 정도는 사실 오차도 아니라고 보았을 것이다. 7,000년이 완전히 채워지는 연도를 서기 2242년이라고 꼭 못 박지 말라는 메시지를 그런 식으로 던져놓은 듯하다. 그 이유는 서기 1년부터 서기 1558년까지, 더 나아가 2017년 현재에 이르기까지 우리 인류는 해마다 차곡차곡 연수를 정확하게 헤아리고 있었기 때문에, 여기에는 의심의 여지가 전혀 없지만, 주로 기원전 약 5000년간의 일들이 그다지 썩 믿을만한 것이 아니라는 것이 문제였던 것이다. 그럼에도 불구하고 어느 정도까지는 추산을 해야 할 필요성을 느꼈고, 그렇게 해서 첫 번째 연대기가 추산되었다. 그리고 지금 두 번째 연대기를 통해서 기원전의 약 5000년간을 추산하는 데 있어서, 이성적으로 용납이 가능한 최대치를 제시함으로써 7,000년의 허용 범위를 제시하고자 했었던 것 같다. 그것이 바로 상기 음력으로 추산해보는 방법이었던 같고, 그렇게 제시된 숫자가 5008.4년이란 것이다. 이렇게 해서 나온 두 번째 연대기에 의하면 7,000년이 완전히 채워지는 연도는 서기 1991년이 된다. 따라서 자신은 7,000년의 범주를 대략 서기 1991년에서 서기 2242년 사이로 본다는 것을 이런 식으로 표현해놓았던 것이 아닐까 싶다. 아무튼 이렇게 도출된 숫자를 가지고 『모든 세기』에서 가장 난해한 4행시 하나를 해석해볼 수 있게 된다.

Nostradamus prophecy: Quatrain 10, 74

The year of the great seventh number accomplished,
It will appear at the time of the games of slaughter:
Not far from the great millennial age,
When the buried will go out from their tombs.

성취된 위대한 일곱 번째 숫자의 연도
학살 게임의 시대가 모습을 드러낼 것이다.
위대한 천년의 시대로부터 그리 멀지 않다.
그때 죽었던 자들이 그들의 무덤에서 나오리라.

만약 "두 번째 연대기"란 것이 언급되지 않았더라면, 이 4행시도 결코 이해될 수가 없었을 것이다. 제1행에서 위대한 일곱 번째 숫자란 것은 곧 7,000년이 모두 채워지는 것을 의미하는데, 앞선 첫 번째 연대기에서 그 연도는 2242년이라고 결론을 지은 바 있다. 그러나 그렇게 되면 상기의 4행시는 끝내 해석이 불가능해진다. 하지만 지금 언급된 두 번째 연대기란 것을 기준으로 생각해보면 7,000년이 완성되는 연도는 1991년[27]이 된다. 그리고 그렇게 해석하게 되면 앞뒤가 안 맞던 것들이 갑자기 말이 되기 시작한다. 제2행의 프랑스 원문에 "Hecatombe"이란 단어가 눈에 띈다. 대체 헤카툼이란 것이 무엇일까? 이는 거대한 학살을 의미한다. 고대의 그리스와 로마에서는 100마리의 소를 도살하여 거창한 번제물을 바치는 풍습이 있었다. 대大예언가가 굳이 이 단어를 뽑아든 이유가 무엇일까? 뭔가를 본 것이 분명하다. 1998년 6월 16일 오전 9시 6분. 황소 8마리를 실은 트럭 1대가 맨 먼저 판문점 군사 분계선에 잠시 멈춰선 뒤 북으로 넘어가면서 소 500마리가 트럭 50대에 실려 차례로 군사 분계선을 지나갔고, 오전 10시쯤 정주영 현대그룹 명예회장이 분단의 상징인 판문점 공동경비구역 내 군사분계선을 걸어서 통과했다. 1998년 6월과 10월, 이렇게 2차례에 걸쳐 소떼 1,001마리가 북한으로 넘어갔다. 바로 이 장면을 포착했던 것이 분명하다. 이 장면을 중요시 여긴 또 다른 예언으로써 『증산도전』 5편의 7:4에 이런 구절이 있다.

"만국재판소를 조선에 두노니 씨름판에 소가 나가면 판을 걷게 되리라."

우리의 대표적 민속놀이의 하나인 씨름이 시작하기 전에 먼저 씨름판에 상금으로 걸린 소를 한 바퀴 돌리면서, 씨름판에 나선 선수들의 전의를 북돋아주게 된다. 이렇게 분위기를 후끈 달아오르게 해놓고 본격적으로 대대적인 씨름 겨루기를 진행한다. 강증산은 제3차 세계대전

---

27) 서기 1년 이후부터는 현대 역법을 기준으로 한다고 가정한다. 왜냐하면 이 숫자들은 100% 믿을 수 있었기 때문이다.

182 •

을 일컬어 상씨름이라고 명명하였고, 제3차 세계대전의 서막이 예고된
다는 것을 이렇게 씨름판에 나가는 "소"로써 표현해놓았던 것이다. 그
러면 제1차 세계대전과 제2차 세계대전은 뭐라고 불렀을까? 애기 씨름
과 총각 씨름이 그것이다. 마지막 제3차 세계대전이야 말로 진정한 강
자들의 겨루기라고 보았던 것이다. 그리고 노스트라다무스는 이것을
일컬어 "헤카툼"이라고 명명해놓았다. 따라서 1998년부터 드디어 제3
차 세계대전이 본격적으로 예고된 것이다. 이어지는 제3행은 1991년에
이어서 1998년이란 해가 위대한 새로운 세기, 즉 21세기에서 그리 멀지
가 않다는 뜻이 다. 그리고 서기 2000년 직전에 무덤에서 나온다는 그
존재는 곧 다른 말로 "지옥의 왕자"가 세상에 모습을 드러낸다는 뜻이
니, 상씨름 판을 크게 주름잡을 주인공이 등장한다. 서기 2000년에 러
시아의 푸틴이 대통령에 당선되었으니, 그 자가 바로 그 주인공이다.

   한편 『송하비결』을 남긴 송하노인도 말세의 시작 연도를 임신년
1992년으로 잡아놓고 있다. 1991년과 1992년 그 무렵에 대체 무슨 일이
있었던 것일까? 1991년 12월 25일 소비에트연방이 해체되었다. 이는
냉전이 끝난 것이니 잘된 일 아닌가? 사람들이 대부분 이렇게 생각하므
로 순진하다는 것이다. 사탄이 바라볼 때, 그들은 너무도 순진무구하
다. 그래서 가지고 놀기에 너무도 쉬운 상대들이다. 금방이라도 뭔가가
크게 한방 터져 버릴 것 같이 팽팽하던 냉전 시기, 그때의 살얼음판
같았던 긴장감, 그러한 팽팽함 속에서 변화를 일으킨다는 것이 사실
그리 쉬운 것이 아니었다. 본시 사막의 모래 구덩이에 차가 빠져버렸을
땐, 무턱대고 엑셀을 마구 밟아대기만 해서는 쉽사리 빠져나올 수가
없는 법이다. 그럴 때는 타이어의 팽팽한 공기를 일부러 약간 빼주어야

한다. 그렇게 해주면 오히려 그리 어렵지 않게 빠져나올 수 있게 된다. 1992년 이후에 무슨 변화가 있었던가? 갑작스럽게 동서 양 진영 간의 해빙무드가 조성되었고, 긴장완화와 더불어 세계적인 핵무기 감축이 대대적으로 이루어졌다. 이제 곧 온 세상에 영원한 평화라도 정착될 것 같은 분위기들이 연출되기 시작했다. 사람들도 긴장의 끈을 풀어놓고, 전 세계로 장거리 여행들을 다니는 여행 붐이 크게 일기 시작했다. 그러는 사이에 푸틴은 1999년 번개같이 크렘린궁으로 입성할 수 있었고, 그 뒤로 그 자는 남모르게 꾸준히 러시아군의 전력증강에 힘쓰고 있는 중이다. 그 자는 지금 거대한 학살을 준비 중이고, 그 자가 바로 지옥에서 올라온 왕자이다. 상기의 제4행 "그때 죽었던 자들이 그들의 무덤에서 나오리라."가 성취되었다는 말이다.

Now, of Jesus Christ in that, by the diversity of sects, I leave it, and having reckoned and calculated the present prophecies, all according to the order of the chain which contains it's cycle, all by astronomical doctrine, and according to my natural instinct, and after a while and within this comprising from the time when Saturn will turn to enter on seven of the month of April till 25 August, Jupiter on 14 June till 7 October, Mars from 17 April till 22 June, Venus from 9 April, till 22 May, Mercury from 3 February till the 24th(Some Benoit Rigaud editions have here the number 27 instead of 24). After that from first June till the 24th, and from 25 September till 16 October, Saturn in Capricorn, Jupiter in Aquarius, Mars in Scorpio, Venus in Pisces, Mercury about a month in Capricorn, Aquarius and Pisces, the Moon in Aquarius, the head of the Dragon in Libra: its tail in its opposite sign following a conjunction of Jupiter to Mercury with a quadrain aspect of Mars to Mercury, and the head of the Dragon will be a conjunction of the Sun with Jupiter: the year will be peaceful without and eclipse, but not everywhere, and will be the commencement including of what will long endure, and beginning that year will be made a greater persecution of the Christian Church than it has ever been experienced in Africa, and this will last from here till the year one thousand seven hundred ninety two, which they will believe to mark a new Age : after the Roman people will begin to re-establish themselves, and to chase away some obscure shadows, recovering a bit of their ancient splendor, not without great division and continued changes.

저는 현재 혁명을 하나의 기점으로 삼아, 연결된 사슬의 순서에 따라 예언하고 있으며, 자연적 본능으로 모두 수정하였고, 천체학 교리에 의거해 계산하였습니다. 잠시 후, 토성이 4월 7일부터 8월 25일까지, 목성은 6월 14일에서 10월 7일까지, 화성은 4월 17일에서 6월 22일까지, 금성은 4월 9일에서 5월 22일까지, 수성은 2월 3일에서 2월 24일까지, 그 후 6월 1일부터 6월 24일까지, 그리고 9월 25일부터 10월 16일까지, 염소자리의 토성, 물병자리의 목성, 전갈의 화성, 물고기자리의 금성, 염소자리, 물병자리 및 물고기자리의 한 달 동안의 수성, 물병자리의 달, 천칭자리에 있는 용의 머리: 화성과 수성의 구적법으로 목성과 수성의 결합에 거꾸로 따르는 그것의 꼬리, 태양과 목성의 결합과 일치하는 용의 머리. 그 해는 일식 없이 평화로울 것입니다. 오랜 시간 견뎌야 하는 것의 시작이 될 것입니다. 이 연도를 기점으로 가톨릭은 극심한 핍박을 받게 됩니다. 핍박은 프랑스 국민들이 이 연도를 "새로운 시대의 이정표라고 믿을 1792년"

까지 지속될 것입니다. 로마의 가톨릭교회는 스스로를 다시 세우고, 어두운 그
림자를 쫓아내고, 고대의 영광을 약간 회복합니다.

....

　서신에서 "그 해는 일식 없이.… 새로운 시대의 이정표라고 믿을 1792년"이
라고 언급되는데, 서신을 통틀어 연도가 명확히 기술된 흔치 않은 사례
인데, 역사적 사실과도 정확히 부합한다. 여기서 말하는 "혁명의 그 해"
는 1789년을 말하는 것이 분명하다. 그때 발발한 프랑스 대혁명으로
부르봉 왕조가 막을 내리고, **1792년 프랑스에 제1공화국이 세워지면서, 신**
처럼 행세하던 1,300년 동안의 절대왕정 시대가 끝장난다. 프랑스 대혁명은
이후 유럽을 비롯하여 전 세계적으로 왕족과 귀족의 정치권력이 자본
가 계급으로 옮겨지는 하나의 커다란 계기가 되었고, 역사적으로 완전
히 새로운 시기를 열어 놓았다고 평가받고 있을 만큼 뚜렷이 구분되는
"**시대의 전환점**"으로 기록되고 있다. 흔히들 노스트라다무스의 예언은
모호해서 코에 걸면 코걸이, 귀에 걸면 귀걸이라고 비평들을 많이 하고
있지만, 여기를 보면 그런 비평들이 완전히 무색해지고도 남는다. 토를
달 수 없을 정도이다.

　한편 가톨릭의 입장에선 그 대혁명 기간에 대부분의 토지와 재산을
잃었으니 서신의 내용대로 바티칸은 '극심한 핍박'을 받은 셈인데, 1798
년에는 교황이 체포되어 수옥 되기에 이른다. 그 해에 나폴레옹 혁명정
부의 베르티어 장군이 바티칸으로 들어가 가톨릭의 상징인 교황 피우
스6세를 잡아 말에 태워 프랑스로 데려다가 투옥해버렸고, 교황은 3개
월이 지난 그 이듬해 옥사해버렸다. 그때 많은 사람들이 교황의 압제에
서 드디어 해방되었다고 환호성을 질러댔다. 노스트라다무스가 살던

시대엔 교황이 절대적 신권을 자랑하던 시기였으므로 아마도 교황이 무장 군대에 의해 압송되는 미래의 장면이 꽤나 큰 충격으로 다가왔을지도 모르겠다. 『모든 세기』에서 나폴레옹을 적그리스도로 지목한 주요 이유였을 것으로 보인다. 한편 "로마의 가톨릭교회는 스스로를 다시 세우고, 어두운 그림자를 쫓아내고, 고대의 영광을 약간 회복합니다."라고 기술되어 있는데, 이 구절을 비롯하여 지금 이 단락의 모든 내용들은 「계시록」 13장에서 등장하는 바다에서 나오는 짐승에 대한 언급에선 아예 찾아볼 수가 없는 그런 내용이 되겠다. 따라서 상기의 내용들은 바티칸과 관련된 상황을 이해하는데 있어 아주 중요하면서도 상세한 보충 설명이 되는 대목이다. 1814년부터 바티칸이 나름 절취부심하면서 부활의 날개 짓을 시도해보지만 별다른 큰 성과를 거두지 못하다가, 1929년 2월 11일 라테란 조약을 통해 실마리를 찾게 되고, 2017년 현재까지 고대의 영광을 약간은 회복해놓고 있는 처지라고 할 수 있겠다.

Venice afterward in great force and power will raise its wings so very high, not distancing much to the might of ancient Rome, and at that time great Byzantine sails associated with the Ligurian (Northwest Italy), and through the support and power of the North will give some impediment so that (to) the two Cretes (Maybe a reference to the two Sicily) the Trust will not be held. The arks built by the ancient Warriors, will accompany themselves to the waves of Neptune, in the Adriatic there will be made great discord, that which was united will be split apart, to a house will be reduced that which formerly was, and is a great city including the Pempotam (the United Kingdom) the mesopotamia of Europe (France) at 45 and other of 41, 42 and 37, and at that time and in those countries the infernal power will employ against the Church of Jesus Christ, the power of the adversaries of her law, which will be the second Antichrist, who will persecute that Church and its true Vicar by means of the power of temporal Kings, who in their ignorance will be seduced by tongues which will cut more than any sword in the hands of the madman: the said reign of the Antichrist will last only to the very end of that who was born near the age, and of the other one at the city of Plancus (Lyon) accompanied of the elected of Modone Fulcy (Modena, Italy) through Ferrara, maintained by the Adriatic Ligurians and of the proximity of the great Trinacrie (Sicily).

그때에 리구리안[28]들과 동맹을 맺고 북국의 지지와 힘을 동원한 비잔티움의 위대한 돛들은 크레타 인들이 그들의 신앙을 유지할 수 없도록 크게 방해할 것입니다. 고대의 전사들에 의해 지어진 방주는 해왕성의 파동에 동행할 것입니다. 아드리아 해에서는 커다란 불화가 일어나고, 단합은 와해될 것입니다. 영역은 예전의 상태로 축소될 것입니다. 유럽의 "팜포타미아"와 "메소포타미아"를 비롯하여 45, 41, 42, 37도의 큰 도시였던 곳이 줄어들 것입니다. 이때에 이 나라들에서 지옥의 힘이 예수 그리스도의 교회에 대적하는 힘의 원동력이 될 것입니다. 이것이 가톨릭교회와 교황을 박해할 두 번째 적그리스도가 될 것입니다. 세 명의 현세 왕의 권세로 그들의 무지는 미치광이가 쥔 칼보다 매서운 혀로 부추김을 당할 것입니다. 적그리스도의 통치는 시대의 전환기에 태

---

28) 리구리안(Ligurian) 이탈리아 북서부

어났던 것, 그리고 리옹시의 또 다른 것29), 모데나와 페라라에서 선출된 자와 연합하고, 리구리아 해와 아드리아 해, 시칠리아 인근에 의해 지탱되던 것이 종말을 맞을 때까지 존속할 것입니다.

여기서 가장 눈길을 끄는 것은 '두 번째 적그리스도'라는 구절인데, 그동안 대부분의 예언연구가들에 의해 주장되었고, 그들을 통해 우리가 무의식적으로 세뇌되었던 바에 의하면 세 명의 적그리스도가 예언되었다는 것이다. 첫 번째는 나폴레옹, 두 번째는 히틀러, 아직 닥치지 않은 종말의 시기에 세 번째가 등장한다는 것이다. 만약 이 주장이 사실이라면 지금 두 번째 적그리스도를 언급하는 상기의 앞뒤 문구에 반드시 히틀러와 부합되는 얘기들이 적혀있어야 마땅할 텐데, 역사적으로 히틀러는 교황을 박해한 바가 전혀 없었다. 히틀러가 살아있을 때 그가 직접 내뱉었

---

29) 사보이 왕가를 말한다. 리옹 시는 사보이 공국이 있던 론알프주의 중심도시였다. 사보이 가문이 세운 사르데냐 왕국이 이탈리아 통일의 주도 세력이었으며, 모데나와 페라라 등이 결성한 '중부 이탈리아 연합'이 사르데냐와 합병하고, 시칠리아와 베네치아(아드리아 해의 도시)가 점령됨으로써 통일이 마무리 됐다. 사보이 왕가가 중심이 된 이 체제는 무솔리니에 의해 유명무실해졌으며, 제2차 세계대전 이후엔 왕정 자체가 폐지되고 만다. 실제로 가톨릭 역사에서 가장 참담했던 시기가 바로 이 무렵이었다. 프랑스 혁명 기간에도 가톨릭이 박해를 받았지만 그때와는 비교도 안 되는 시기였다. 이전까지 로마 교황은 이탈리아 중부에 광활한 영지까지 거느릴 정도로 단지 종교적인 상징적 제왕이 아니라 실제 나라를 지배하는 실질적이며 세속적 군주였다. 그러나 이탈리아에서 민족통일주의 운동이 벌어지면서 영토를 점점 상실해 종국엔 로마가 함락되고 교황은 담으로 둘러싸인 조그만 바티칸 구역에 유폐되고 만다. 이 무렵 교황은 교황청을 독일로 옮기려고까지 했다. 당시 이탈리아의 통일을 염원하는 민족주의자들과 일반 국민들은 교황청을 통일의 가장 큰 방해 세력으로 간주하고 있었으며, 그로 인해 매우 적대적이었다. 이탈리아 반도가 마침내 통일된 뒤에 교황청과 이탈리아 왕국은 앙숙처럼 지내다가 무솔리니가 권력을 잡고 서로의 존재를 인정해주는 라테란 조약을 맺게 된다.

던 말을 참고해보자.

"나는 예수회로부터 많은 것을 배웠다. 지금까지 세상에서 가톨릭교회의 성직자 제도보다 더 위대한 것을 보지 못했다. 나는 이 조직을 대대적으로 수용하고자 한다. 비밀리에 사람들을 유도해나갈 기관을 설립할 것이며, 그 기관을 이용해 젊은이들을 선동하며 세계를 진동시킬 것이다."

이러한 그의 진술을 토대로 히틀러와 바티칸의 관계가 얼마나 돈독했는지를 여실히 짐작해볼 수 있는데, 이는 나폴레옹이 예수회에 대해 언급했던 다음의 진술과 서로 비교해보면 더욱 극명해진다.

"매우 위험한 자들! 그들은 절대로 제국에서 용납되지 않을 것이다."

이렇게 예수회를 철저하게 증오했던 나폴레옹과 달리 히틀러는 오히려 제2차 세계대전 당시 바티칸의 열렬한 지지를 받으며 교황과 예수회와 한통속이 되어 세계를 정복하려고 했던 그런 자였다. 따라서 여기서 말하는 두 번째 적그리스도는 분명 히틀러와는 전혀 관련이 없는 내용이다. 뭔가가 잘못되어도 한참 잘못된 것 같다. 종래 예언연구가들의 주장은 "2통의 서신"조차도 제대로 살펴보지 않은 채 별다른 근거도 없이 그냥 자기 멋대로 내뱉어 본 헛된 낭설에 불과하다. 그렇다면 지금 언급되고 있는 "두 번째 적그리스도"는 대체 누구란 말인가? 상기 "시대의 전환기에 태어났던 것"에서라는 문구가 하나의 단서가 될 듯한데, 아마도 여기서 말하는 시대의 전환기란 곧 프랑스 대혁명을 말하는 것으로 보인다. 그런데 그 시기에 탄생하여 "세속적 권력을 이용해 교회를 박해했던 극악무도한 힘"의 실체가 과연 무엇이었을까?

18세기말로 다시 거슬러 올라가보자. 비오6세가 옥사한 뒤에도 바티칸의 수난은 끝나지 않고 계속되었다. 영국과 러시아를 제외하고 유럽을 모두 점령한 나폴레옹은 교황청을 힘으로 장악하고 교황에게는 단지 연 200만 프랑만 지급했다. 비오7세가 이에 항의하자 나폴레옹은 1809년 7월 그를 납치하여 사보나와 퐁텐블로에 감금해버렸다. 하지만 때를 기다리던 비오7세는 1814년 나폴레옹이 실각하자 로마에 재입성하여 드높았던 악명으로 인해 폐지되어있던 예수회를 다시 복구하였고, 교황령은 그 이듬해 빈 회의에서 콘살비 추기경에 의해 회복되었다. 뒤를 이은 레오12세는 당시 충천하는 자유주의를 억누르고 옛 통치시대의 부활을 꿈꾸었지만 단지 몽상에 그치고 말았고, 그 뒤를 비오8세가 잇는데, 1808년 나폴레옹 보나파르트에게 선서를 거부하여 투옥된 바 있었던 그는 당시 교황 비오7세가 좋게 보아 프라스카티의 교구장으로 임명되었고 후에 교황이 되었다. 그는 전임 교황들의 보수주의를 탈피하려고 노력하였고, 칙서를 통해 교황의 권위를 강조하고 종교적인 무관심주의와 투쟁하며 혼인법을 준수하고 가톨릭 교육을 증진시켰다. 교황령에 대해서는 전임보다 더 온건한 정책으로써 경제적, 사회적인 개선 정책을 펴 나갔다. 프랑스에서는 반反가톨릭적인 법령이 서서히 철회되기 시작하고 교황과 다시 정상적인 관계를 맺게 되었고, 바티칸은 독립을 유지할 수 있었다.

하지만 비오9세가 교황으로 있던 1848년, 서유럽 전체에 민족주의와 자유주의 혁명의 광풍이 곳곳에 휘몰아치기 시작하였다. 이탈리아 역시 여러 군소 국가들이 해방을 위해 오스트리아를 상대로 전쟁을 계획했으나, 당시 비오9세는 교황은 단순한 이탈리아 내의 군주가 아니라

보편 교회의 수장으로서 국가 관계를 초월하는 위치에 있다고 주장하면서 그 전쟁을 거부하였다. 이는 당시 민족주의적 사고방식이 팽배해 있었던 이탈리아에서 대세를 완전히 거스르는 행동이었고, 이탈리아 민족주의자들은 교황이 이탈리아를 배반했다고 외쳐댔다. 그리하여 급진주의적 성향의 주세페 마치니와 그의 추종자들은 교황 정치를 전복하기 위한 음모를 치밀하게 꾸몄으며, 1848년 11월 15일 계획을 실행에 옮겨 교황령의 초대 총리 로시를 암살하고, 다음날 스위스 근위대로부터 무기를 빼앗아 무장을 해제시키고, 교황을 바티칸 궁전에 감금해버렸다. 처음에는 비오9세도 자유주의자들을 신뢰하고 그들을 호의적으로 대했지만, 이 사건을 겪은 이후 그들에게 완전히 등을 돌리게 되었다. 그는 이탈리아에서 민족주의와 자유주의가 득세하면 전통적인 사회와 도덕적 질서, 종교적인 질서가 무너질 것이라고 생각했다. 비오9세는 바티칸에서 과거 로마 황제들이 거주했던 로마 시내의 퀴리날레 궁전으로 거처를 옮겼다. 비오9세는 1850년 교황령의 통치 구조와 재정체제를 개혁하였으며, 자유주의에 대한 지지를 공개적으로 철회했다. 한편 이탈리아 재상 카보우르는 이탈리아 내의 자유로운 정책 실현과 오스트리아로부터의 독립, 피에몬테 정부의 패권 장악과 이탈리아 전 영토에 대한 국가 통일을 쟁취하고자 우선적으로 민주적 통합론자와 영국 등 교황청 반대세력과 밀착하여 교황령을 이탈리아 왕국에 합병하려는 정책을 실시하면서 교황청과 맞서기 시작하였다. 그리하여 그는 로마의 병합을 위해 정교 분리 이론을 주장하였다. 이탈리아 국왕 비토리오 에마누엘레2세는 1860년 9월 18일 카스텔피다르도 전투와 같은 해 9월 30일 안코나에서 치른 전투에서 교황군을 격퇴한 후 로마와 라티움을 제외한 모든 교황의 영토를 점령하였고, 1866년 교황 보장법을 승인하였다. 교황 보장법은 교황청이 세속적 지배권을 이탈리아 왕국에 양도하는 대신, 이탈리아 왕국 영토 내의 독립적 존재로서 종교적 사명에 대한 자유로운 활동을 교황청에 보장해주고 이탈리아 왕국은 교황청에 연금을 제공한다는 것을 주요골자로 하고 있었다. 또한 수도원 제도의 병폐를 비판하면서 교회 행정에 계속해서 관여하였고, 1866년 7월에는 수도원 해산에 관한 법률, 종교단체 재산의 국유화, 성직자들의 재산 몰수와 매각 등에 관해 교황청과 교섭하고자 하였다. 비토리오 에마누엘레의 제안에 비오9세는 1871년 5월 15일 이탈리아 왕국에게 정복한 교황령 영토를 다시 반환할 것을 요구한 회칙을 반포하면서 맞섰다. 프랑스의 나폴레옹3세는 오스트리아와 빌라프랑카 휴전협정을 조인하자마자, 이탈리아 통일파와 맞서서 로마와 그 주위 영토를 수호하는 데 뛰어들었다. 그러나 프랑스는 1870년 9월 2일 스당 전투에서 참패하고 말았고, 그 틈을 타서 비토리오 에마누엘레2세가 1870년 9월 20일에 로마를 점령했다. 그리고 통일 이탈리아 왕국은 로마를 새로운 수도로 정하고 교황의 세속권을 모두 몰수해버렸다. 교황은 이탈리아의 모든 화해 시도를 거부했고, 스스로 "바티칸의 포로"를 자처했다. 이로써 유구한 세월동안 존속하였던 교황령은 채 한 세기도 안 되는 기간 동안, 1799년, 1809년, 1849년, 1870년, 이렇게 네 차례나 주고받다가 결국은 완전히 사라져버렸다. 이전까지 교황은 이탈리아 중부에 광활한 영지까지 거느릴 정도로 단지 종교적인 상징적 제왕이 아니라 실제로 관할 영토를 가지고 나라를 지배하는 실질적이며 세속적 군주였으나, 결국은 담으로 둘러싸인 조그만 바티칸 구역에 유폐되고 만다. 당시 교황은 교황청을 독일로 옮기려했으나 무산되었다. 이 당시 이탈리아의 통일을 염원하는 민족주의자들과 일반 이탈리아 국민들에게 교황청은 통일의 가장 큰 방해 세력으로 간주되고 있었으며, 따라서 그로 인해 매우 적대적인 대접을 받을 수밖에 없었다.

이러한 역사적 사실 관계에 비추어볼 때, 노스트라다무스가 지목한 "두 번째 적그리스도"는 바로 이탈리아의 국왕 비토리오 에마누엘레2세를 중심으로 한 세력임이 분명하다. 그는 카보우르를 재상으로 등용하고, 선정을 베풀어 국력을 높이는 한편, 교묘한 외교로 프랑스, 영국 등과 협상을 맺어 통일을 방해하는 오스트리아와 싸워 이김으로써 당시 이탈리아의 국민적 여망이었던 통일의 꿈을 달성시키고 국민들로부터는 '조국의 아버지'라고 불리며 존경을 받았지만, 노스트라다무스가 보기엔 세속적 권력을 이용해 교회를 핍박하는 적그리스도에 불과했던 셈이니 이탈리아 국민들로선 다소 유감스러울 수도 있겠다. 단지 노스트라다무스의 개인적 견해로 치부하고 넘어가야 할 것 같다. 그런데 어쩌면 종교재판을 크게 의식할 수밖에 없었던 그의 안전장치였는지도 모른다. 그의 주된 목적은 최후의 심판 때까지 자신의 예언을 무사히 배달하는데 있었고, 그 사이에 벌어지는 그다지 중요하지 않은 대목에다가 군데군데 교황청을 기쁘게 하는 표현들로 현혹해놓을 필요성이 분명히 있었을 것이다. 아무튼 그가 제시하고 있는 다른 조건들을 살펴봐도 모두 부합하고 있다. 당시 서유럽에 휘몰아 친 자유주의 운동의 뿌리는 두말할 것도 없이 프랑스 대혁명이 분명하므로, "시대의 전환기에 태어난 것"이라는 구절에 부합하고, "리옹시의 또 다른 것"은 사보이 왕가라고 보게 되면 부합한다. 리옹은 사보이 공국이 있던 론알프 주의 주도였고, 사보이 가문이 세운 사르데냐 왕국이 이탈리아 통일의 주도 세력이었으며, 모데나와 페라라 등이 결성한 '중부 이탈리아 연합'이 사르데냐와 합병하고, 시칠리아와 베네치아가 점령됨으로써 통일이 마무리 되었다. 하지만 바티칸의 입장에서만 보면 역사상 가장 참담했던 시기가 바로 이 무렵이었다. 앞에서 프랑스 혁명기에 가톨릭이 박해를 받았다고 했지만, 그때와는 비교도 안 될 정도로 극심한 핍박을 받던 시기였다. 따라서 18세기 말부터 시작된 핍박은 이탈리아 반도가 통일된 뒤 바티칸과 이탈리아 왕국이 앙숙처럼 으르렁거리며 지속되었다.

그리고 20세기 초 유럽의 강대국들은 교황청의 영향력을 벗어나 서로 연합하기에 이르렀다. 영국, 프랑스, 러시아(정교회) 등이 연합하였고, 교황청의 영향력 아래에 있었던 곳은 오스트리아, 헝가리, 스페인 정도에 불과했다. 동로마제국에서 발현한 그리스 정교는 발칸반도에서 번성하였고, 슬라브 민족을 기반으로 한 정교회를 믿는 세르비아는 교황청과 오스트리아의 적으로 간주되었다. 정교회는 러시아 쨔르의 후원을 얻고 있었기 때문에 세르비아를 응징하기 위해서 스페인의 부르봉 왕가와 오스트리아와 헝가리의 합스부르크 왕가는 연합하였다. 그러던 중 1914년 6월 28일 오스트리아 합스부르크 왕가의 황태자 프랑소아 패르디난트가 사라예보에서 마케도니아의 학생에 의해 암살당했다. 이 일은 세르비아 정부와 아무 관련이 없었으나 오스트리아의 황제 프랑소와 조셉에게 충분한 전쟁 명분을 제공했다.

예수회 회원인 오스트리아 각료들과 교황청은 조셉 황제에게 전쟁의 불가피성을 강조했다. 바티칸은 이 기회를 놓치지 않고 독일을 이용하여 유럽을 정복함으로써 유럽에서의 옛 권력을 회복하려 하였다. 교황청은 우선 프랑스를 멸망시키기 위해 독일 연합 군대를 동원했다. 그러나 제1차 세계대전은 수많은 사상자를 낸 채 독일이 패배했고, 이로 인해 교황청의 위신은 크게 추락하였다. 따라서 1919년 6월 연합국이 베르사유 조약을 조인할 때 제1차 세계대전을 주도적으로 조장했던 바티칸은 협상 테이블에서 완전히 배제되었다. 제1차 세계대전의 실패로 교황청은 큰 손실을 입었는데 친 로마적 합스부르크 왕가가 무너졌고, 유고의 정교인들은 로마의 속박에서 벗어났고, 러시아는 공산화되어 유물론과 무신론이 창궐하게 되었고, 믿었던 독일은 완전히 파멸했다. 이에 바티칸은 행동대 예수회를 동원해 판세를 회복하기 위해 각국에서 활동을 재개하였는데 오스트리아와 헝가리에서는 샤를 황제를 지지하였고, 이탈리아에서는 무솔리니를 후원하여 정권을 잡게 하였다. 무솔리니는 전체주의자로 제1차 세계대전에서 제대한 군인들을 모아 파시스트당을 창립하였고, 1922년 10월 로마진군이라는 쿠데타로 정권을 잡고 정치, 문화, 경제를 개혁해 독재정부를 수립했다. 타키 벤추리 신부는 예수회 회원으로 당시 무솔리니의 고해신부였다. **무솔리니가 권력을 잡고서 교황은 서로의 존재를 인정해주는 라테란 조약을 1929년에 맺게 됨으로써, 바티칸의 입장에선 그간 137년에 걸친 오랜 인고에 마침표를 찍을 수 있었다.** 당시 교황청은 7억 5천만 리라를 무솔리니에게 주고 바티칸에 대한 정치적 지배권을 확보할 수 있었다. 히틀러는 무솔리니로부터 자극을 받았고 나치즘은 파시즘의 전체주의에 영향을 받았다.

 히틀러가 전체주의적 나치즘으로 강력한 군사력을 회복하자, 바티칸은 또 다시 독일에 깊은 관심을 기울이게 되었다. 나치즘은 반反민주주의, 우생학적 인종 우월주의, 독일민족 지상주의, 전체주의, 군국주의, 반공주의 등을 바탕으로 한 독재적 정치이념이었다. 제1차 세계대전

이후 예수회 총재가 된 할케 폰레도코브스키는 오스트리아, 체코, 보헤미아, 폴란드, 헝가리, 크로아티아, 바이에른(독일 남부) 등을 포함하는 중부와 동부 유럽의 가톨릭 국가 연맹을 건설하는 것을 목표로 하였다. 이 새로운 중앙 제국은 두 개의 전선을 형성하는데 동부는 공산주의로 무장한 소련이고, 서부로는 개신교 국가인 영국과 혁명사상으로 뭉친 공화국 프랑스였다. 바이에른(독일 남부)은 가톨릭 국가이고 히틀러는 가톨릭 신자였기 때문에 교황청은 나치에 지원을 아끼지 않았고, 히틀러는 중대 사안에 대해 교황청과 상의하거나 인가를 받았다. 1924년 교황청과 바이에른은 협정을 맺었고, 베를린 주재 교황 대사인 파셀리는 1932년 7월 20일 반정부 시위를 주동하고 군의 개입을 막음으로써 바이마르 공화국(당시 독일의 중심)을 붕괴시켰다. 예수회는 주로 오스트리아에서 활동하였고, 1933년 풀다 회합에서 독일 주교들은 히틀러가 발표한 선언(독일 사회주의 운동은 신성한 가톨릭 교리에 의거하고, 교회의 사명과 권리를 보장)을 받아들였다. 이탈리아에서는 가톨릭 정당을 이끄는 스투르조가 무솔리니에게 권력을 이양하였고, 독일에서는 가톨릭 중앙당의 대표인 폰 파펜의 지원으로 히틀러는 1933년 1월 30일 정권을 장악했다. 교황청의 외무대신 파셀리 추기경은 히틀러에게 반反가톨릭 종파를 척결하도록 건의했다. 히틀러는 1933년에 유대인과 자유주의자 4만 명을 45개 수용소에 분산 수감하였다. 한편 교황청은 무솔리니의 이디오피아 침공을 비난하지 않았고 오히려 전쟁 지지 발언을 하였다. 파시스트는 1939년 알바니아도 침공했는데 이는 가톨릭 세력을 넓히려는 교황청의 계획에 부합하는 일이었다. 한편 스페인에는 공화국이 들어서면서 교황에게 반기를 들었다. 히틀러와 무솔리니는 스페인의 혁명군에게 군자금, 전쟁물자, 항공기 등을 지원하였다.

교황은 스페인 공화국의 수반을 파문하고, 교황청과 마드리드 간의 영적 전쟁을 선포하였다. 바티칸은 내란이 끝나기 20개월 전인 1937년 8월 3일 혁명군 프랑코 정부를 인정하였다. 1930년대의 경제 공황과 자본주의 열강의 경제 블록화는 식민지가 부족한 독일을 곤경에 빠뜨렸다. 1937년 독일과 이탈리아와 일본은 3국 동맹을 맺고 영국, 프랑스, 소련에 대항하였다. 1937년 독일은 오스트리아와 체코를 병합함으로써 중부 유럽의 세를 넓혔다. 히틀러는 산업을 발전시켜 전후 보상금 등으로 피폐한 독일경제를 일으켰고 군사력을 대폭 증강하였다. 1939년 독일은 소련과 불가침 조약을 맺음으로써 서부전선에 집중할 수 있었다. 독일은 폴란드와의 영토 협상이 결렬되자 1939년 9월 1일 폴란드를 침공하였고, 영국과 프랑스는 독일에 선전포고를 함으로써 제2차 세계대전이 발발하였다. 히틀러, 괴벨스, 히믈러 등은 가톨릭 신자였고, 중대사를 결정할 때는 항상 교황청과 협의했다. 제2차 세계대전은 나치와 교황청이 힘을 모아 유럽을 정복하려 했던 전쟁이었다. 교황청은 제2차 세계대전을 전후해서 독일의 무력을 이용해 반 가톨릭세력을 제거하고 세력을 넓힐 수 있었다. 독일과 오스트리아의 병합 때 비엔나의 대주교인 이니찌는

"히틀러 총통은 하나님의 섭리를 따르고 있으므로 가톨릭 신도들은 독일 제국을 받아들여야 한다."

는 선언문을 발표하면서 독일군을 환영했다. 독일과 병합된 체코의원 중 일부는 가톨릭 사제였고, 그들은 교황청의 허가로 공직을 겸할 수 있었으며, 그들 중 한명은 국가 원수로 임명이 되었고, 최고 영예인

철십자 훈장을 받았다. 1941년 히틀러와 무솔리니는 유고슬라비아를
침공하여 '크로아티아 독립국'이란 위성국을 만들었고 루이 바소라는
테러리스트를 수상으로 앉혔으며, 크로아티아는 이에 대한 보답으로
그리스 정교인들을 학살하였다. 이 결과 30만 명의 세르비아인과 유대
인이 추방되었고, 50만 명이 학살되었으며, 24만 명의 정교회 신자가
고문과 협박으로 개종되었다. 이를 주도한 경찰총장 등 공직은 가톨릭
사제들이 차지했으며, 가장 끔찍한 수용소인 자세노바크의 소장인 미
로슬라프 필리포비치 또한 사제 출신이었다. 슬로바키아 공화국의 수
상이 된 예수회 회원 티소 경은 "가톨릭 정신과 나치주의는 많은 공통
점을 가지고 있다. 그래서 그들은 함께 세계를 개조하는데 힘을 모았
다."고 선언했다. 1940년 6월 바티칸은 라디오로 티소의 선언문이 교황
의 승인을 얻었다고 발표하였고, 티소 정권은 국민의 20%에 해당하는
개신교도에 대해 탄압을 가했고, 정교회 신자들을 가톨릭으로 개종시
켰다. 프랑스에서는 가톨릭국민연합회가 조직되어 드 카스텔노 장군이
선임되었고, 3백만 명의 지지자가 참여하였다. 78세의 이 군 장성은
파시스트적인 교회 선전 전략의 기수가 되었다. 가톨릭국민연합회는
가톨릭의 행동대원으로 예수회 신부들이 창설에 일조하였다. 예수회는
'예수 성심회'를 통하여 가톨릭국민연합회를 결성, 조직하였다. 교황 피
오11세는 "가톨릭 행동대는 신념에 찬 사도들이다."라고 하며 지지하였
다. 또한 프랑스 파리의 가톨릭 회장 보드릴라르 추기경은

"히틀러의 전쟁은 유럽 문화를 수호하고자 착수한 숭고한 사업이다."

라고 했다. 히틀러는 교황청과 반反가톨릭주의자들을 섬멸하기로 조약

을 체결하고, 자유주의자와 유대인을 가둘 수용소를 건립했다. 그 곳에 수용된 사람들은 죽을 때까지 강제 노동에 시달리거나 학살당했다. 독일 친위대는 예수회의 영성훈련과 규칙을 본받아 히믈러가 조직하였다. 친위대의 조직은 가톨릭교회의 성직제와 거의 유사하며, 베벨스보르크라는 친위대의 본부는 '친위대 수도원'이라고 불렸다. 독일에서 활동한 교황의 밀사 폰 파펜은 다음과 같이 말하였다.

"제3제국은 교황의 숭고한 정신을 알고 있을 뿐 아니라 이를 실천으로 옮긴 첫 번째 세계적 권력이다."

여기서 실천으로 옮긴다는 말의 의미는 반가톨릭 교인을 척결한 것을 의미하며 유엔의 공식 집계로 무려 2천 5백만 명이 수용소에서 희생되었다. 폰 파펜은 나치와 교황청의 연결고리 역할을 했으며, 교황이 제시한 안을 나치 수뇌부가 받아드리도록 설득하는 역할을 하였다. 나치 정권의 열렬한 선전 장관이었던 조셉 괴벨스는 예수회 대학에서 신학을 교육을 받았고, 로욜라가 주장한 도덕적 상대주의를 주장하였다. 유대인 학살의 주범이자 나치 독일의 2인자인 히믈러 역시 예수회 출신이었다. 히틀러는

"나는 히믈러가 이그나티우스 로욜라로 보인다네!"

라고 말한 적이 있다. 이는 친위대와 게슈타포와 독일 경찰의 사령관인 히믈러가 가장 성직자다운 면모를 갖추었기 때문이었다. 히믈러의 부친은 가톨릭 학교 교장이었고, 형은 수도사이었으며, 삼촌은 예수회 회원이었다. 예수회의 총재 폰 레도코브스키 백작은 예수회와 독일 사

이에 작전을 수행할 첩보기관을 기획한다. 그 결과 친위대의 중앙 안전부 안에 한 기관이 창설되었는데 대부분의 요직은 검은 제복을 입은 성직자들이 차지했고, 최고 요원 중 한 사람은 예수회 신부 히믈러였다. 그는 전쟁이 끝난 후 도망 다니다가 1960년 이스라엘 경찰에 의해 체포되어 교수형 당했다. 따라서 지금까지 살펴본 바와 같이 적어도 노스트라다무스는 히틀러를 두 번째 적그리스도로 지목한 적이 없다. 그렇다면 히틀러를 아예 적그리스도로 보지도 않았단 말인가? 그에 대한 해답은 바로 여기에 있다. 제10권까지의 『모든 세기』를 통틀어 적그리스도란 말이 딱 두 차례 나오고, 이 4행시가 그 중의 하나이다.

Nostradamus prophecy: Quatrain 8, 77

The antichrist very soon annihilates the three,
twenty-seven years his war will last.
The unbelievers are dead, captive, exiled;
with blood, human bodies, water and red hail covering the earth.

세 번째 적그리스도는 곧 힘을 잃으리라.
27년 동안, 그의 투쟁은 피로 지속된다.
믿지 않는 자들은 죽거나 잡히거나 추방당하리라.
피로 적신 시체들, 붉은 물이 대지를 덮는다.

제1행에서 '세 번째 적그리스도'는 히틀러를 말한다. 그리고 이어지는 "27년 동안, 그의 투쟁은 피로 지속된다."는 문장은 『나의 투쟁』이란 히틀러의 자서전을 떠올리게 한다. 노스트라다무스는 히틀러의 저서를 빗대어 "히틀러의 투쟁 기간"이 27년이라고 단정해준다. 그 기간이 차자마자 그는 곧 힘을 잃게 될 것이라고 묘사한다. 실제로 히틀러는 1919년 독일 노동자당에 입당하였으므로, 1945년 패전하기까지 정확히 27년간 '피의 투쟁'을 지속했던 셈이다. 종래의 예언연구가들은 두 번째 적그리스도로서 히틀러로 잘못 지목하는 오류를 저지른데 이어, 정작 히틀러를 지목한 4행시는 간파해내지도 못했다. 자동적으로 종말에 오게 될 마지막 적그리스도는 세 번째가 아니라 네 번째 인물이 되는 셈이다. 한편 노스트라다무스는 히틀러를 세 번째 적그리스도로 지목하면서, 교황과 끈끈한 연대관계를 맺고 있는 것을 보고, 굉장히 충격을 받았을지 모르겠다. 그의 전통적 시각에 의하면 교황은 절대 선에 가까운 신성한 존재였을 것 같고, 따라서 나폴레옹이나 에마누엘레2세가 교황을 핍박하는 것에 주목하여 적그리스도로 지목했었던 것인데, 히틀러의 경우는 사정이 전혀 달랐다. 교황과 좋은 관계를 유지한 정도가 아니라 절대적인 지지를 받았던 그였지만, 그가 저지르는 행실은 모조리 반 기독교적이었으며 미치광이 행태뿐이었고 사상 최악의 홀로코스트까지 자행했으니, 적그리스도의 정의에 대해 한 번쯤 재고가 된 계기가 되었을 것으로 짐작된다. 적어도 그는 현실 권력을 이용해 교회를 핍박했던 자는 분명 아니었으나, 그럼에도 불구하고 한 치의 빈틈도 없이 적그리스도 그 자체라고 볼 수밖에 없었던 이유는 반인륜적 범죄들을 끊임없이 저질렀기 때문이다. 그런 인물인데도 교황의 절대적인 지지를 등에 업는 것을 보게 된 이후 노스트라다무스는 아마도 바티칸이란 것도 입으로 내뱉는 신성한 어조들과는 달리 절대적 존재나 혹은 신성한 존재와는 거리가 멀고 단지 현실적 이익이나 이해관계에 따라 합종연횡을 일삼는 일개 종교적 세력에 불과하다는 것을 뼈저리게 느겼을 것이다. 그리고 16세기 당시의 가톨릭을 다시 돌아보는 계기가 되었을 것이고, 종교라는 이름으로 신성을 앞세우지만, 정작 그들이 저지르는 수많은 사회적 해악들이 더욱 선명하게 눈에 들어오게 되었을 것이다. 똥이 무서워서 피하는 것이 아니라 더러워서 피하듯이, 자신의 4행시들을 공개하는데 있어 교회의 표적에서 벗어나는 것만이 최선의 길이라고 생각하게 되었을 것이다.

Then will cross the mount Iuos (St Bernard). The Gallic ogmium (leader), accompanied by such a great number that from far away the Empire of his great law will be presented and by then and some time thereafter the blood of the innocents will be spilled profusely by the guilty few elevated, then through great floods, the memory of things contained from such instruments will suffer incalculable loss, even the letters: which will be toward the Northern people by the Divine will, and in between Satan bound. And there will be established universal peace among humans: and the Church of Jesus Christ will be delivered from all tribulation, although that by the Azoarains (Philistines) would want to mix in the honey of bile, and their pestilent seduction, and this will be near the seventh millenary, when the sanctuary of Jesus Christ will no longer be oppressed by the Infidels who will come from the North, the world approaching of some great conflagration, although that by my calculations in my Prophecies, the course of time runs much further. In the Epistle that some years ago I dedicated to my son Caesar Nostradamus, I declared some points openly enough, without presage.

그때 위대한 성 버나드(Bernard)가 지나갈 것입니다. 지도자 갈릭 오그미옹 (Gallic Ogmium)은 많은 수의 사람들의 동반자가 되어 그의 위대한 법의 제국 이 훨씬 확장될 것입니다. 그 후 얼마 되지 않아 무고한 사람들의 피가 최근 유죄가 인정된 사람들에 의해 뿌리 뽑히게 될 것입니다. 그런 다음, 큰 홍수로 인해 이 계기에 들어있는 것들에 대한 기억은 헤아릴 수 없는 손실을 입을 것입 니다. 이것은 하나님의 뜻에 따라 북국인 들에게 일어날 것입니다. 다시 한 번 사탄이 묶일 것이고, 보편적 평화가 사람들 사이에 확립될 것이며, 블레셋 사 람들이 악의 꿀과 그들의 매혹적인 유혹에 섞일지라도 예수 그리스도 교회 는 모든 환란에서 구출될 것입니다. 이것은 일곱 번째 천년 기 근처에 있을 것 입니다. 저의 예언 속에 들어 있는 바와 같이, 저의 추산에 의하면 이후 시간이 계속 진행되더라도, 이제 예수 그리스도의 성소는 북국에서 온 이교도들에 의 해 더 이상 휩쓸리지 않을 것입니다. 몇 년 전 제 아들 세자르에게 보낸 서신에 서 저는 공개적으로 몇 가지 사항들을 충분히 선언해놓은 바 있습니다.

여기서 갈릭 오그미옹(Gallic Ogmium)이라고 명시된 대단히 중요한 한 인물이 등장하는데, 영어권에서는 이를 "Ogmios(또는 Ogmius)"로 번역하고 있다. 오그미오스  (Ogmios)는 2세기 풍자 작가 루시칸(Lucican)에 의해 기록 된 바 있는데, 거기서 그리스 의 영웅 헤라클레스의 다른 버 전처럼 묘사되고 있다. 헤라 클레스처럼 그도 사자 가죽을 착용하고 활과 클럽을 손에 들고 다니는데, 차이가 있다면 "Ogmios"의 경우 그의 혀를 관통하면서 그를 추종하는 자들의 귀로 연결되는 긴 사슬이 그려져 있다는 점이 특이하다. 호박색과 금색으로 칠해진 사슬은 그가 웅변으로 다른 사람들을 설득하는 남다른 능력을 부각시키기 위한 도구이다. 일단 그에게 설득당한 사람들은 쾌활한 얼굴로 기꺼이 그를 따르고 그들이 할 수 있는 한 최대한 도우려고 노력한다. 사람들의 마음을 변화시키고 영향을 미쳐 사람들로 하여금 세상 끝까지라도 그를 따라나서도록 만들 정도로 감화시키는 능력이 탁월하기 때문에 그를 따르는 사람들은 기꺼이 구속을 즐기고, 오히려 구속에서 풀려나는 것에 대해 무척 화를 낸다고 한다.

　기원전 51년경 로마제국은 갈리아를 정복하였다. 그렇게 갈리아가 사라지자 이 흥미로운 "Ogmios"라는 캐릭터도 함께 사라졌다고 한다.[30] 하지만 오랜 시간이 흐른 후, 로마의 풍자 작가가 켈트족의 신념에 관한 풍자적 이야기를 쓰면서 그 속에 "Ogmios"라는 이름이 작품에 녹아들었고 그 결과 살아남을 수 있었다. 켈트족은 웅변이야말로 궁극적인 힘이라고 믿었는데, 왜냐하면 웅변은 인간을 매혹시킬 수 있고, 힘으로 할 수 있는 것보다 훨씬 더 많은 영향력을 발휘할 수 있다고 보았기 때문이라고 한다. 이러한 주변 정황에 비추어 보면, 우리는 노스트라다무스가 왜 이 단어를 뽑아들었는지를 짐작해볼 수 있게 된다. 위대한 "그리스도의 대리자"로 오시게 될 그 분을 지칭하는 별칭으로 사용된 듯한데, 그 분은 결코 힘으로 굴복시키는 것이 아니라, 웅변으로 감화시

---

30) 아일랜드 신화에서는 오그마(Ogma)라는 이름으로 변형되어 여전히 남아있다.

키는 분이라는 것을 알려주고 싶었던 것 같다.

Nostradamus prophecy: Quatrain 5, 80

Logmion grande Bisance approchera.
Chassee sera la barbarique Ligue:
Des deux loix l'vne l'estinique laschera,
Barbare &franche en perpetuelle brigue.

오그미옹은 비잔틴으로 접근하리라.
바르바리안 연합은 격퇴되리라.
두 개의 법들 중에 이교도의 법이 무너지리라.
바르바리안과 프랑스는 영원히 싸우리라.

상기 4행시 제1행에선 "Logmion"이라고 표기되고 있는데, 서신에서의 "Ogmium"과 같은 뜻으로 사용된 듯하다. 여기서 표기된 철자 "L-O-G-M-I-O-N"을 Anagram(철자순서 바꾸기)에 의해 손쉽게 "M-O-N-G-O-L-I"라는 단어로 변형해볼 수 있는데, 이는 Mongolian(몽골리안), 즉 몽고인이나 몽골족 계통을 떠올리도록 만든다. 또한 Gallic Ogmium에서 Gallic(갈릭)은 갈리아인, 즉 골족 계통의 사람들, 프랑스인, 독일인, 북유럽인, 일부의 영국인을 지칭하는데, 이들은 유럽의 주류를 이뤘던 고대 민족을 일컫는 것으로써, 오늘날의 프랑스나 독일을 중심으로 한 서구 백인들을 지칭하는 대명사이고, 따라서 우리는 "Gallic Ogmium"을 "갈리아처럼 된 몽골계통 사람", 다시 말해서, "서구화된 몽골계통의 사람"이라고 번역할 수 있게 된다. 시선을 잠시 동아시아 쪽으로 돌려보자. 오늘날 몽골계통의 주요 나라들을 꼽아보면 몽골, 중국, 한국, 일본, 베트남 등을 떠올릴 수가 있겠는데, 이들 중에서 "서구화된 몽골"이란 의미에 적합해 보이는 나라는 몽골보다는 아무래도 일본이나 한국 쪽이 아닌가 싶다.

한편 제1행에서 오그미옹이 비잔틴으로 접근한다고 한다. 이 4행시는 앞서 아들에게 보낸 서신에서 설명되었던 4행시 『모든 세기』 제5권 54편에서 프랑스를 보러왔던 한 왕이 비잔틴에 피 묻은 막대기를 남긴다는 그 내용과 긴밀하게 연결되는 것이 아닌가 싶다. 또한 두 개의 4행시를 연결하면, 그 왕이 바로 오그미옹이 되는 셈이다. 따라서 그 4행시에서 피를 흘리는 대상자들은 바르바르안 연합세력, 즉 아랍연합군이 되는 것이다.

But here, Sire, are included several great and marvelous events, which those who will come after will see, and during this astrological computation conferred with the sacred letters, the persecution of the Ecclesiastical people will take its origin by the power of the Northern Kings, united with the Easterners, and this persecution will last eleven years somewhat less, for then the principal King of the North will fail. These years accomplished, his southern ally will arise, who will persecute even greater the people of the Church for the space of three years through apostatizing seduction by one who will hold absolute power in the militant Church, and the holy people of God, keepers of his law, and all religious order will be greatly persecuted and afflicted, in such a measure that the blood of the true Ecclesiastes will flow everywhere, and one of the horrible temporal Kings will be so highly praised by his adherents for having shed more human blood of innocent Ecclesiastes than anyone else could have of wine, and this King will commit incredible crimes against the Church, human blood will flow through the public streets and temples, like water after driving rain, reddening with blood the nearby rivers, and through another naval war he will cause the ocean to reddened, such that one King will say to another: Naval battles have caused the sea to blush.

그러나 폐하, 여기에는 크고 놀라운 여러 사건들이 들어 있습니다. 미래의 사람들이 그 사건들을 목도하게 될 것입니다. 이 신성한 사건들에 대해 천체학적으로 추산을 해보면, 북방왕의 권력에 의해 교회가 박해를 받을 것입니다, 아랍인들과 연동된 이 박해는 11년간이 채 안될 것입니다. 왜냐하면 북방왕은 결국 실패할 것이기 때문입니다. 그러면 남쪽에서도 똑같은 일이 일어나게 될 것인데, 3년 동안 교회에 무력으로 절대적인 힘을 행사할 사람의 배교한 유혹을 통해 교인들이 더욱 극심하게 박해를 받을 것입니다. 하나님의 홀을 받드는 사람들, 하나님의 율법을 지키는 사람은 지독한 박해를 받을 것이고, 진정한 교회의 피가 도처에 흘러드는 것은 참으로 큰 고통일 것입니다. 끔찍한 현세의 왕들 중 한 명이 훨씬 더 많은 피를 흘릴 것이기 때문에 높이 평가받을 것입니다. 북방왕은 교회를 상대로 엄청난 범죄를 저지를 것입니다. 격렬한 빗물처럼 인간의 피가 공공거리와 사원에서 흘러 나와 인근 강을 붉게 물들입니다. 또 다른 해전으로 인해 바닷물까지 붉게 물들게 될 것입니다.

여기서 말하는 북방왕은 러시아의 푸틴을 말하는 것이고, 그에 의한 극심한 종교적 박해는 바로 「계시록」 13:18에서 명시된 땅에서 나온

짐승에 의한 박해, 즉 666에 의한 박해를 의미한다. 그때 붉은 짐승과 바다에서 나온 짐승은 거짓선지자를 전면에 내세울 것이다. 푸틴이 내세운 거짓선지자는 하늘에서 불이 내려오게 하는 등의 이적을 연출할 것이고, 우상에게 생기를 주어 말하는 우상을 만들 것이고, 모든 사람들로 하여금 그 우상을 숭배하도록 강요하게 될 것이다. 우상 숭배를 거부하는 자들은 모두 수용소로 잡아가 히틀러가 자행했던 그 짓을 다시 한 번 반복하게 될 것이다. 나아가 모든 사람들로 하여금 이마나 오른손에다가 짐승의 표식을 강요하게 될 것이고, 표식을 받지 않는 자들은 매매를 하지 못하게 할 것이다. 이러한 극심한 핍박은 상기의 서신에 의하면 3년간에 걸쳐 자행될 것이다. 그렇게 3년간의 극심한 핍박은 러시아에 의해 가해질 것이나, 그 전에 아랍인들의 침략으로 고통을 받는 시기까지 합하면 대략 11년간에 걸친 박해가 될 것임을 알려주고 있다. 「계시록」13장에서 다시 다루어보기로 한다.

Then, in the same year, and in those following there will ensue the most horrible pestilence, and the most monstrous by the famine which preceded it, and such great tribulations that will never have occurred since the first foundation of the Christian Church, and by all the Latin regions. Leaving traces of its effects in some of the Spanish (the Americas). By this time the third King of the North, hearing the cries of the people of his principal title, will raise such a great army, and will pass through the straits of his predecessors and ancestors, and will restore most of it into his estate, and the Great Vicar of the hood will be returned to his original state, but desolated, and the whole abandoned, he will turn to find the Holy of Holies destroyed by Paganism, and the Old and New Testaments will be thrown out and burned. After the Antichrist will be the infernal prince, again for the last time, all the kingdoms of Christianity, and even of the infidels, will tremble **for the space of 25 years**, and there will be more grievous wars and battles, and there will be towns, cities, castles, and all other buildings burnt, desolated and destroyed with a great effusion of virgin blood, the raping of married women and widows, and suckling children dashed to piece against the walls of towns, and so many evils will be committed under the means of Satan the infernal Prince, that almost the entire world will be found undone and desolate, and before these events some strange birds will cry in the air, Today, Today, and sometime later will vanish, and after that such period had lasted for long, will be almost renewed another reign of Saturn, and golden age: God the Creator, hearing the affliction of his people will command that Satan be cast into the abyssal depths of the bottomless pit, and be bound there, and then will commence between God and men a universal peace, and for around the space of a thousand years will remain bound, and the Ecclesiastical power will evolve into its greatest energy, then (Satan) turned loose (Well in accordance with the "Revelation" in the biblical scriptures).

....

그때 같은 해에, 그리고 그 이후에, 가장 끔찍한 역병이 뒤따르고, 그것은 기근으로 인해 더욱 위력적이게 될 것입니다. 기독교 교회가 창립된 이래로 결코 일어난 적이 없었던 큰 환난일 것입니다. 그것은 모든 라틴어 지역과 스페인어를 쓰는 일부 국가에 흔적을 남길 것입니다. 그로인해 세 번째 북국왕은 그의 주요한 명분이 될, 이른바 "교황과 인민들의 탄원"을 들고 매우 강력한 군대를 일으키고 그 옛날 첫 번째, 두 번째 북방 왕이 통과했던 해협을 통과할 것이고, 전통을 무시하고 거의 모든 것을 그 적절한 장소에 되돌려 놓을 것이며, 교황은 그의 원래 상태로 되돌려질 것이고, 황폐화되고 나서 모든 사람들에 의해 버려진 교황은 이교에 의해 파괴된 신성한 곳(로마)을 찾게 될 것이고 구약과 신약은 버려지고 불태워지게 될 것입니다. 그 후에 최후의 적그리스도는 지옥의 왕자가 될 것입니다. 기독교의 모든 국가들과 심지어 이교도 국가들까지도 25번째의 공간에서 공포에 떨게 될 것입니다. 전쟁과 전투가 더욱 격렬해지고 마을, 도시, 성채 및 모든 다른 건물이 불태워지며 황폐화되고 파괴될 것입니다. 처녀, 유부녀, 미망인들이 겁탈당하고 젖먹이 어린아이들이 도시의 담벼락에 내던져집니다. 지옥의 왕자에 의해 너무 많은 악행들이 자행되어 거의 모든 세상이 파멸되고 황폐해질 것입니다. 이러한 일들이 있기 전에 몇몇 희귀한 새들이 하늘에서 휘휘 울다가 사라질 것입니다. 오랜 시련을 겪은 뒤에 사투르누스[31], 즉 토성이 지배하는 황금기가 올 것입니다. 인간의 고통을 들은 신이 사탄을 바닥이 없는 구덩이, 즉 무저갱에 처박아버리고 결박을 명령할 것입니다. 요한계시록에 적시된 바와 같이 그 뒤에 신과 인간 간의 우주적 평화가 시작되고, 사탄은 천년 동안 결박되었다가 다시 잠시 풀려날 것입니다.

최후의 적그리스도가 어떻게 거병하게 되고, 어떤 악행들을 저지르고, 어떻게 최후를 맞게 되는지를 서술해놓은 단락이다. 첫 번째 북방왕은 훈족의 아틸라를 말하고, 두 번째 북방왕은 몽골의 칭기즈칸을 말한다. 상기 서신에 의하면, 유럽은 동쪽으로부터 총 세 차례의 강력

31) 고대 로마의 농경신. 황금시대를 이뤘다고 알려진다.

한 침공을 받는 운명에 처하는 셈이다. 이렇게 "약 800년의 간격으로 반복되는" 유럽의 운명이란 것도 따지고 보면 참으로 얄궂고도 기구한 운명이 아닐 수가 없다. 훈족의 아틸라가 서기 451년 헝가리를 시작으로 갈리아 지방을 초토화했었고, 790년이 지난 서기 1241년에는 몽골이 헝가리를 침공하였다. 다시 780년 후인 2021년~2025년 무렵에 세 번째 북방 왕에 의해 또 한 번 초토화될 운명인 것이다. 여기서 2025년이라고 연도를 꼭 집어서 추정하게 된 이유는 상기 서신의 "25번째의 공간"이란 표현 때문이다. 프랑스어 원문에서는 "par l'espace de vingt cinq ans"라고 적혀있고, 이를 영어로는 대부분 'for the space of 25 years"이라고 번역하고 있으므로, 우리말로는 당연히 "25년간"이라고 번역해놓기 일쑤이다. 말이 25년이지, 무려 장장 25년 동안이나 공포에 사로잡혀야 한다면 그야말로 살아남을 자가 누가 있겠나 싶을 정도로 너무나 가혹한 상황이 된다. 이에 대해 프랑스 원어를 다시 풀이해보면, "25년의 공간에" 또는 "25번째의 공간"이라고 번역할 수 있다. 필자는 이것을 21세기 들어 25번째 연도에 해당하는 해인 2025년이라고 풀이를 해본 것이다. 이렇게 해서 공포의 시간을 25년간에서 1년간으로 줄여보고 싶었던 것이다. 하지만 이렇게 순전히 감정적인 호소에만 이끌려 그냥 대책 없이 막연하게 던져보는 것은 아니고, 앞의 단락에서 분명히 박해의 총기간이 11년이 채 넘지 않을 것임을 분명히 명시해놓고 있다는 점을 십분 반영한 것이다. 11년이라고 분명히 못을 박아두었는데, 다시 25년간을 운운한다는 것이 논리적으로 모순된다. 사람들이 고민을 좀 해가면서 해석을 해야 하는데, 제대로 생각을 안 하는 것이다. 따라서 북방왕의 무시무시한 악행이 최고 절정에 이르는 시기는 아마도 2025년일 것으로 추정된다. 그러한 최대 고비를 넘어서야, 결국은 짐승들과 사탄이 사로잡힐 것이고, 토성이 지배하는 황금시대가 열린다고 알려주고 있는데, 이는 「계시록」의 내용과 완전히 일치하는 바이다. 한편 "교황과 인민들의 탄원"이란 구절을 통해, 적그리스도에게 거병의 명분을 주는 자는 바로 교황이란 것을 알 수 있는데, 이때의 주변 정황을 담아놓은 것으로 보이는 4행시가 하나 있으니 참고해보기로 한다.

Nostradamus prophecy: Quatrain 10, 66

The chief of London through the realm of America,
The Isle of Scotland will be tried by frost:
King and "Reb" will face an Antichrist so false,
That he will place them in the conflict all together.

*영국의 수상이 미국의 힘을 통해
스코틀랜드 섬을 차가운 것으로 괴롭힌다.
레브 왕이 적그리스도가 속임수를 쓰게 하면서,
사람들을 모두 갈등국면으로 몰아넣으리라.*

여기서 제3행에 나오는 레브 왕이 관건인데, 어떤 이는 이를 붉은 왕으로 번역하면서 공산국가의 제왕 운운하지만, 필자가 보기엔 여기서의 레브 왕이 붉은 왕으로 번역될 수 있는 여지가 있다면, 바로 그 자야 말로 바로 바티칸 교황을 말하는 것으로 보인다. 바티

칸의 교황이나 주교들이 주로 하얀색이나 붉은색 망토를 두르고 다닌
다. 그리고 적그리스도는 두 말할 것도 없이 러시아의 푸틴일 것이다.
제2차 세계대전에서와 마찬가지로 이번에도 영락없이 바티칸은 사악
한 적그리스도를 불러들이면서 그의 편에 서게 될 것이고, 그들은 다시
한 번 더 홀로코스트의 망령을 되살아나게 만드는 원인이 될 것이다.
그러나 노스트라다무스는 적그리스도를 불러들인 교황도 결국 내쳐짐
을 당하게 될 운명임을 명시해놓았다. 교황의 용도가 딱 거기까지였던
셈이다. 그 용도를 다했으니 당연히 폐기처분되어야 하는 것이다. 사람
이 아니라 하나의 도구일 뿐이다. 그것이 그들의 법칙이다.

That all these figures are correctly adapted by the divine letters to
the visible celestial matters, namely by Saturn, Jupiter and Mars, and
the other combined as could be seen more fully in any of the quatrains.
I would have calculated more profoundly and adapted them to each
other. But seen, O Most Serene King, that some from the censure would
raise difficulties, it will be a reason to withdraw my pen to my nocturnal
rest. For many events, O most powerful king of all, both ordinary and
extraordinary, are to transpire soon, but we neither could nor would
be able to bring them all together into this epistle, nevertheless, in
order to comprehend certain horrible utterances of divine fate, a few
must be set forth. So great is your grandeur and humanity before men,
and your piety before the gods, that you alone are worthy of the great
title of Most Christian King, and of being the one to whom the highest
authority in all religion should be deferred.

214

이 모든 사건들은 토성, 목성, 화성 등과 같은 천체들의 배열이 알려주는 천체학적인 의미와 성서에서 계시해주는 바가 서로 일치되는 방식으로 전개되어질 것입니다. 이는 일부 4행시에서 더 잘 이해하실 수 있습니다. 저는 서로가 서로에게 더욱 더 긴밀하게 잘 일치되도록 좀 더 심오하게 추산을 해놓았습니다. 그러나 가장 고귀하신 폐하, 일단의 비난들이 수반되어 어려움을 겪을 것입니다. 바로 그것이 제가 저의 펜을 철회하고 밤중의 안식을 찾는 이유일 것입니다. 평범하신 동시에 비범하시고, 모든 이들 중에서 가장 강력하신, 왕께서 출현하실 것이고, 곧 이어 가장 놀라운 사건이 일어나게 될 것입니다. 하지만 저는 이 서신에 그 모든 것을 담아놓을 수는 없었습니다. 그러나 신성한 동시에 운명적인 끔찍한 사실을 이해할 수 있도록 적어도 몇 가지 정도는 명시되어야 할 필요가 있었습니다. 폐하의 위대하신 인간성과 깊은 신앙심은 가히 "진정한 기독교인 왕"이란 칭호가 무색치 않으시고 모든 종교를 통틀어 가장 권위 있는 수준의 경의를 받으실 만하십니다.

상기와 같은 서신의 내용을 통해 우리는 『모든 세기』를 가장 잘 이해하는 방법이 성서와의 연관 관계를 파악하는 데에 있다는 것을 인식할 수 있게 된다. 애당초 『모든 세기』 자체가 이미 그렇게 설정되어 있다고 분명하게 천명해놓고 있었던 것이다. 그런데도, 그동안 양자를 상호 연관 지어가며 연구해놓은 사례를 거의 찾아볼 수가 없었다. 그 이유는 아마도 『모든 세기』 자체도 해석이 용이하지 않지만, 「계시록」이나 「다니엘서」를 해석한다는 것은 상상하는 이상으로 난이도가 높기 때문일 것이다. 어쩌면 혹을 떼러 갔다가 혹을 붙여 오는 경우일지도 모르겠다. 그럼에도 본서는 『모든 세기』의 어려운 부분을 『성경』을 통해 보완하고, 『성경』의 어려운 부분을 『모든 세기』로 보완하는 방법으로 양자

간의 상호관계를 파악하는데 주력을 했고, 그 결과로 본서가 만들어지고 있다. 한 가지 아쉬운 점은 노스트라다무스가 말하는 천체학적인 의미까지 가미할 수 있었다면 더욱 입체적이었을 텐데, 그 분야에 지식이 없는 관계로 삼자간의 관계까지 재현해낼 수는 없었다. 누군가 그 분야의 지식까지 추가해서 본서를 더욱 풍부하게 만들어준다면 더할 나위 없이 기쁠 것 같다. 한편 "평범하신 동시에 비범하시고, 모든 이들 중에서 가장 강력하신, 왕께서 출현하실 것이고, 곧 이어 가장 놀라운 사건이 일어나게 될 것입니다. 하지만 저는 이 서신에 그 모든 것을 담아놓을 수는 없었습니다."라고 하여, 메시아의 출현에 대한 놀라운 소식을 분명히 천명하고 있다. 그는 분명히 보았던 것이다. 메시아가 어디에서 출현하고, 그 분이 어떠한 활약들을 펼치게 되는 지를 분명히 알고 있었고, 『모든 세기』에 그에 관한 내용들까지 이곳저곳에 흩어 놓았음이 틀림없다. 이렇게 분명하게 밝히고 있는데도, 아직 그 어떤 예언연구가에 의해서도 메시아에 대한 일들이 제대로 조명되지 않고 있었던 것 같다. 그들이 못한 건지 안한 건지 솔직히 잘 모르겠다. 앞으로 이런 것들까지 하나하나 자세히 다루어볼 예정이다.

But I shall only beseech you, O Most Clement King, by this your excellent and prudent humanity, to understand rather the desire of my forwardness, and the sovereign diligence that I have to obey your Most Serene Majesty, since my eyes were so close to your solar splendor, that the ampleness of my endeavor neither (could) attain nor meet.

저는 가장 뛰어나시고 가장 신중하신 인성의 소유자이시며 가장 온

화하신 폐하께 지금 나아가고자 하는 저의 이 소망을 하해와 같이 넓으
신 아량으로 이해해주기를 간절히 청하는 바입니다. 또한 저의 타고난
오지랖으로 쓸데없이 어수선하게 펼쳐놓은 이 작업들을 도저히 근접할
수 없을 정도로 태양같이 밝게 빛나시는 폐하께서 저의 신실한 충심의
소산으로써 너그러이 헤아려주시기를 다만 간청드릴 뿐입니다.

De Salon, ce xxvij de Iuing, Mil cinq cens ciquante huit. '
살롱으로부터, 1558년 6월 27일

Faciebat Michaël Nostradamus Salonae Petrae Prouinciae.
살롱 드 크라우, 프로방스의 미셸 노스트라다무스가 바칩니다.

다
니
엘
서

2

다니엘 2장

단 2:1 느부갓네살이 위에 있은 지 이 년에 꿈을 꾸고 그로 인하여 마음이 번민하여 잠을 이루지 못한지라 단 2:2 왕이 그 꿈을 자기에게 고하게 하려고 명하여 박수와 술객과 점장이와 갈대아 술사를 부르매 그들이 들어와서 왕의 앞에 선지라 단 2:3 왕이 그들에게 이르되 내가 꿈을 꾸고 그 꿈을 알고자 하여 마음이 번민하도다 단 2:4 갈대아 술사들이 아람 방언으로 왕에게 말하되 왕이여 만세수를 하옵소서 왕은 그 꿈을 종들에게 이르시면 우리가 해석하여 드리겠나이다 단 2:5 왕이 갈대아 술사에게 대답하여 가로되 내가 명령을 내렸나니 너희가 만일 꿈과 그 해석을 나로 알게 하지 아니하면 너희 몸을 쪼갤 것이며 너희 집으로 거름터를 삼을 것이요 단 2:6 너희가 만일 꿈과 그 해석을 보이면 너희가 선물과 상과 큰 영광을 내게서 얻으리라 그런즉 꿈과 그 해석을 내게 보이라 단 2:7 그들이 다시 대답하여 가로되 청컨대 왕은 꿈을 종들에게 이르소서 그리하시면 우리가 해석하여 드리겠나이다 단 2:8 왕이 대답하여 가로되 내가 분명히 아노라 너희가 나의 명령이 내렸음을 보았으므로 시간을 천연하려 함이로다 단 2:9 너희가 만일 이 꿈을 나로 알게 하지 아니하면 너희를 처치할 법이 오직 하나이니 이는 너희가 거짓말과 망령된 말을 내 앞에서 꾸며 말하여 때가 변하기를 기다리려 함이니라 이제 그 꿈을 내게 알게 하라 그리하면 너희가 그 해석도 보일 줄을 내가 알리라 단 2:10 갈대아 술사들이 왕 앞에 대답하여 가로되 세상에는 왕의 그 일을 보일 자가 하나도 없으므로 크고 권력 있는 왕이 이런 것으로 박수에게나 술객에게나 갈대아 술사에게 물은 자가 절대로 있지 아니하였나이다 단 2:11 왕의 물으신 것은 희한한 일이라 육체와 함께 거하지 아니하는 신들 외에는 왕 앞에 그것을 보일 자가 없나이다 한지라 단 2:12 왕이 이로 인하여 진노하고 통분하여 바벨론 모든 박사를 다 멸하라 명하니라 성서 예언의 양대 산맥이라 할 수 있는 『구약성경』의 「다니엘서」와 『신약성경』의 「계시록」이 이미 오래전부터 세상 끝 날에 대해 말해주고 있다. 성서를 살펴보면, 사실 대표적인 예언서 「다니엘서」와 「계시록」을 제외하고도 예언의 바다라고 칭할 수 있을 정도로 풍부한 예언들이 여기저기에 산재해있는데, 이렇게 많은 예언들이 성서에 수록되어 있는 이유에 대해 「요한복음」 16:4에서는 이렇게 말해주고 있다.

"오직 너희에게 이 말을 이른 것은 너희가 그 때를 당하면 내가 너희에게 이 말한 것을 기억나게 하려 함이요."

막상 일을 당했을 때, 그때 성서에서 예언해놓았던 것을 기억하게 된다는 것이다. 이러한 과정을 실제 체험하게 되면서, 성서의 신빙성을 재고하게 될 것이고, 당연히 하나님이란 존재를 다시 생각하게 하는 계기가 될 것이다. 더불어 「요한복음」 14:29에서는 예언의 목적에 대해서 이렇게 말해준다.

"일이 이루기 전에 너희에게 말한 것은 일이 이룰 때에 너희로 믿게 하려 함이라."

일을 이룸에 있어서, 성서를 읽는 자들로 하여금 세상의 일들이 하늘의 뜻대로 행해지고 있다는 것을 느끼면서 하나님을 믿게 하려는 것이라고 밝히고 있다. 이제부터 『구약성경』의 대표적 예언서인 「다니엘서」에 들어있는 예언과 그러한 예언들이 실제로 어떻게 실현되고, 어떻게 성취되어 왔는지를 자세히 살펴볼 것이다. 그리고 장차 어떤 일들이 전개될지에 대해서 가늠해볼 수 있게 될 것이고, 더 나아가 성서가 지목하는 마지막 종말의 시기까지 추산해볼 수 있을 것이다. 예언의 대가 노스트라다무스도 주로 「다니엘서」와 「계시록」을 참고하면서 『모든 세기』를 저술했다고 고백하고 있는데, 이는 성서의 예언들이 그만큼 믿을만하다는 반증일 것이다.

느부갓네살은 신바빌로니아를 건국한 나보폴라사르의 큰아들이자 후계자였다. 부왕의 뒤를 이어 그는 기원전 605년에 왕위에 오르는데, 그 뒤로 2년이면, 기원전 604년이 1년째이고, 기원전 603년이 2년째이므로, 기원전 603년을 말한다. 그때 그가 한 꿈을 꾸었는데 그 꿈의 내용 때문에 번민하여 잠을 이루지 못했다. 그래서 온 박수와 술객과 점쟁이와 술사들을 불러 자신의 꿈을 해석하게 했다. 그들은 당시 바벨론에서 최고의 지혜를 뽐내던 자들이었다. 그들을 불러 앉혀놓고 왕은 꿈의 내용도 말해주지 않은 채 자신이 꾼 꿈의 내용이 무엇이며 그 의미가 무엇인지 말하라고 요구했다. 아마도 그것은 둘러대는 해석을 막아보고자 나름대로 고심을 거듭한 후에 내린 결단이었던 같은데, 그러나 그 같은 요구를 생전 처음 들어보는 사람들로선 크게 당황할 수밖에 없었고, 꿈의 내용을 알려주면 그 뜻을 해석해주겠노라고 재차 고해보았으나 왕은 요지부동으로 꿈의 내용은 알려주지 않은 채 꿈의 내용과 그 해석을 고하라고 막무가내로 요구했다. 아무도 해석할 수 없는 것은 너무나 당연했고, 그들은 그런 식이라면 전지전능한 창조주 외에는 아무도 그 꿈의 내용과 해석을 알려줄 자가 없을 거라고 했다. 그러자 왕은 이런 자들을 믿고 공연히 좋은 대우를 해줬다는 생각이 들면서 머리끝까지 분노가 치밀어 올랐고 결국 그 자들은 모두 죽임을 당했다. 뿐만 아니라 다른 박사들까지도 모두 죽여 버리라는 추상같은 왕명이 떨어졌다.

단 2:13 왕의 명령이 내리매 박사들은 죽게 되었고 다니엘과 그 동무도 죽이려고 찾았더라 단 2:14 왕의 시위대 장관 아리옥이 바벨론 박사들을 죽이러 나가매 다니엘이 명철하고 슬기로운 말로 단 2:15 왕의 장관 아리옥에게 물어 가로되 왕의 명령이 어찌 그리 급하뇨 아리옥이 그 일을 다니엘에게 고하매 단 2:16 다니엘이 들어가서 왕께 구하기를 기한하여 주시면 왕에게 그 해석을 보여 드리겠다 하니라 단 2:17 이에 다니엘이 자기 집으로 돌아가서 그 동무 하나냐와 미사엘과 아사랴에게 그 일을 고하고 단 2:18 하늘에 계신 하나님이 이 은밀한 일에 대하여 긍휼히 여기사 자기 다니엘과 동무들이 바벨론의 다른 박사와 함께 죽임을 당치 않게 하시기를 그들로 구하게 하니라 단 2:19 이에 이 은밀한 것이 밤에 이상으로 다니엘에게 나타나 보이매 다니엘이 하늘에 계신 하나님을 찬송하니라 단 2:20 다니엘이 말하여 가로되 영원 무궁히 하나님의 이름을 찬송할 것은 지혜와 권능이 그에게 있음이로다 단 2:21 그는 때와 기한을 변하시며 왕들을 폐하시고 왕들을 세우시며 지혜자에게 지혜를 주시고 지식자에게 총명을 주시는도다 단 2:22 그는 깊고 은밀한 일을 나타내시고 어두운 데 있는 것을 아시며 또 빛이 그와 함께 있도다 단 2:23 나의 열조의 하나님이여 주께서 이제 내게 지혜와 능력을 주시고 우리가 주께 구한 바 일을 내게 알게 하셨사오니 내가 주께 감사하고 주를 찬양하나이다 곧 주께서 왕의 그 일을 내게 보이셨나이다 하니라

하명을 받은 자들은 소년 다니엘도 함께 죽이려고 끌고 갔다. 다니엘은 왜 죽어야 하는지조차 알 수 없었다. 뒤늦게 시위대 장관 아리옥에게 그 이유를 물어 연유를 알게 된 그는 자기에게 기한을 연기해주면 왕의 꿈을 알려 주겠노라고 말한다. 다니엘의 청원은 허락되었고, 그는

죽음의 위기를 해결하고자 하나냐, 아사랴, 미사엘과 함께 기도했다. 다니엘은 꿈에 대해 극적으로 응답을 받고 하나님을 찬양한다.

단 2:24 이에 다니엘이 왕이 바벨론 박사들을 멸하라 명한 아리옥에게로 가서 이르매 그에게 이같이 이르되 바벨론 박사들을 멸하지 말고 나를 왕의 앞으로 인도하라 그리하면 내가 그 해석을 왕께 보여 드리리라 단 2:25 이에 아리옥이 다니엘을 데리고 급히 왕의 앞에 들어가서 고하되 내가 사로잡혀 온 유다 자손 중에서 한 사람을 얻었나이다 그가 그 해석을 왕께 아시게 하리이다 단 2:26 왕이 대답하여 벨드사살이라 이름한 다니엘에게 이르되 내가 얻은 꿈과 그 해석을 네가 능히 내게 알게 하겠느냐 단 2:27 다니엘이 왕 앞에 대답하여 가로되 왕의 물으신 바 은밀한 것은 박사나 술객이나 박수나 점장이가 능히 왕께 보일 수 없으되 단 2:28 오직 은밀한 것을 나타내실 자는 하늘에 계신 하나님이시라 그가 느부갓네살 왕에게 후일에 될 일을 알게 하셨나이다 왕의 꿈 곧 왕이 침상에서 뇌 속으로 받은 이상은 이러하니이다 단 2:29 왕이여 왕이 침상에 나아가서 장래 일을 생각하실 때에 은밀한 것을 나타내시는 이가 장래 일을 왕에게 알게 하셨사오며 단 2:30 내게 이 은밀한 것을 나타내심은 내 지혜가 다른 인생보다 나은 것이 아니라 오직 그 해석을 왕에게 알려서 왕의 마음으로 생각하던 것을 왕으로 알게 하려 하심이니이다

드디어 꿈의 내용과 그 의미를 모두 알게 된 다니엘은 근위대장 아리옥에게 박사들을 공연히 죽이지 말고 자신을 왕에게로 인도하라고 청한다. 그렇게 해서, 왕을 직접 대면할 수 있게 된 다니엘은 자신이 그 꿈의 내용과 해몽을 할 수 있다고 말하고, 왕이 침상에서 장래의 일을 생각할 때에 하나님께서 미래에 전개될 일들을 알게 해주기 위해 꿈을

꾸게 한 것이라고 고한다. 이때 왕의 두 귀가 솔깃해졌을 것은 두 말할 나위가 없을 것이다.

단 2:31 왕이여 왕이 한 큰 신상을 보셨나이다 그 신상이 왕의 앞에 섰는데 크고 광채가 특심하며 그 모양이 심히 두려우니 단 2:32 그 우상의 머리는 정금이요 가슴과 팔들은 은이요 배와 넓적다리는 놋이요 단 2:33 그 종아리는 철이요 그 발은 얼마는 철이요 얼마는 진흙이었나이다 단 2:34 또 왕이 보신즉 사람의 손으로 하지 아니하고 뜨인 돌이 신상의 철과 진흙의 발을 쳐서 부숴 뜨리매 단 2:35 때에 철과 진흙과 놋과 은과 금이 다 부숴져 여름 타작마당의 겨같이 되어 바람에 불려간 곳이 없었고 우상을 친 돌은 태산을 이루어 온 세계에 가득하였었나이다

다니엘이 드디어 그 꿈이 이런 내용 아니었냐고 그 내용을 진술하기 시작하는데, 내용인즉, 큰 신상 하나를 보았을 것이고, 광채가 나면서 두려운 모양이었을 것이고, 머리는 금으로, 가슴과 팔은 은으로, 배와 넓적다리는 놋으로, 종아리는 철로 되어 있었을 것이고, 발은 철과 진흙이 섞여 있었을 것이라고 말해준다.

아마도 왕이 여기까지 듣고 이미 속으로 깜짝 놀라면서 저절로 침이 꼴깍 넘어가지 않았을까? 그런 왕을 바라보면서 다니엘의 진술이 계속되는데, 내용인즉슨, 꿈속에서 돌 하나가 공중에 둥둥 떠서 날아오더니 신상의 발에 부딪히니, 맨 먼저 발이 부서지고 이어 그 위의 놋과 은과 금까지 다 부서져 없어지고, 결국에는 신상을 친 돌만이 태산을 이루어 온 세상에 가득하더라고 진술한다. 이때쯤 왕의 얼굴은 가뭄에 단비라도 만난 양 기쁨에 겨운 표정을 하고 있었을 것이고, 다른 한편으론 뭐 이런 녀석이 다 있냐 싶었을 것이고, 또 다른 한편으론 마치 어린아이라도 된 양, 초롱초롱, 호기심이 가득한 눈망울을 반짝거리고 있었을 것이 분명하다.

단 2:36 그 꿈이 이러한즉 내가 이제 그 해석을 왕 앞에 진술하리이다 단 2:37 왕이여 왕은 열왕의 왕이시라 하늘의 하나님이 나라와 권세와 능력과 영광을 왕에게 주셨고 단 2:38 인생들과 들짐승과 공중의 새들, 어느 곳에 있는 것을 무론하고 그것들을 왕의 손에 붙이사 다 다스리게 하셨으니 왕은 곧 그 금 머리니이다

두 귀를 쫑긋 세우고 허리를 앞으로 내밀며 엄청나게 이야기에 집중하는 왕을 바라보면서 다니엘은 그 꿈에 대한 해몽을 시작하는데, 내용

인즉슨, 신상의 금 머리는 지금 느브갓네살 왕 당신이 다스리는 바빌론으로 해석된다고 말해준다.

역사적으로 바빌론은 고대 바빌로니아와 신바빌로니아로 구분되는데 다니엘 당시는 후자에 해당된다. 바빌론이란 명칭은 수도였던 도시명이 바빌론이었기 때문에 붙여진 이름이었고, 신바빌로니아(기원전 605-기원전 539)는 앗시리아(기원전 9세기~기원전 7세기 후반)에 이어 중동지역을 통일했던 대제국이었다. 당시 왕국의 수도 바빌론은 금으로 화려하게 장식되어 있었고, 그때에 건립된 공중 정원은, 세계 7대 불가사의 건조물의 하나로 손꼽힐 정도로 당시의 바빌론은 정말로 황금처럼 빛나는 나라였다.

단 2:39 왕의 후에 왕만 못한 다른 나라가 일어날 것이요 셋째로 또 놋 같은 나라가 일어나서 온 세계를 다스릴 것이며

지금 다니엘이 진술하는 바대로 실제로 그 후 메소포타미아의 패권은 셈족의 나라 바빌론에서 인도-유럽 족속으로 대표되는 야벳 족에 속하는 메데-페르시아의 통치로 넘어갔다. 그리고 페르시아는 역사상 최초로 은銀을 화폐의 단위로 삼았던 나라였고, 이렇게 해서 금보다 못한 은의 나라에 대한 꿈의 계시가 성취되었다. 그들은 바벨론에 비해 유난히 영토 확장에 욕심이 많아서, 약 5배의 영토를 자랑하게 된

다. 그리고 그것으로도 모자랐는지 서쪽의 그리스를 끊임없이 침략하게 된다.

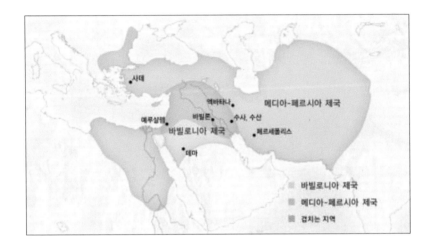

　그리고 이어서 마케도니아에 의해 통일된 그리스[1]의 헬라문명이 흥기한다. 희랍 반도를 근거지로 한 야완 자손의 나라 그리스는 알렉산더 대왕이 청동으로 만든 칼을 휘두르면서 삽시간에 페르시아를 제압하고 근동을 뒤덮었다. 아버지 필립 대왕의 선견지명에 의해 학문의 아버지로 불리는 철학자 아리스토텔레스를 개인교사로 삼아 교육받았던 알렉산더는 헬라문명의 화신이 되어 세상을 헬라문명으로 뒤덮어버렸다. 고대 그리스 사람들은 구리 제련에 너무나 탁월했기 때문에 역사가들에 의해 "놋으로 뒤집어 쓴 그리스인들"로 불릴 정도였다. 그리하여 청동 투구, 청동 방패에 청동의 장창을 번뜩이며 파도치듯 헬레니즘의 홍수로 세계를 제패한 알렉산더 대왕이었으나, 정작 자기 자신은 정복

---

1) 기원전 331~기원전 168

하지 못하여 잇단 폭음 후에 열병에 걸려 33세에 요절함으로써 물거품처럼 사라져버리고 말았다.

단 2:40 넷째 나라는 강하기가 철 같으리니 철은 모든 물건을 부숴뜨리고 이기는 것이라 철이 모든 것을 부수는 것같이 그 나라가 뭇 나라를 부숴뜨리고 빻을 것이며

　알렉산더가 죽자 마케도니아 제국이 4개의 왕국으로 분열되었고, 새로이 부상한 라틴민족이 그 장엄한 기상을 뻗어 지중해 지역의 패권을 장악하기 시작했다. 기원전 168년 6월 22일 마케도니아의 마지막 여맥마저 로마의 철각에 짓밟혀 끝장남으로써 바야흐로 세계는 철의 제국 로마[2])가 지배하게 된다.

2) 기원전 168년~서기 476년

로마는 500년이 넘도록 무적의 대제국으로 군림하면서, 영국에서부터 아라비아 만, 북해에서 사하라 사막, 대서양에서 유프라테스 강까지 뻗어갔다. 그러나 이러한 거대한 제국도 4세기 후반부터 밀려 내려오기 시작한 북방 게르만족의 대이동과 함께 2000마일에 이르던 로마 국경선은 일시에 썩은 울타리처럼 무너지고 그 광활한 영토는 「다니엘서」의 예언대로 열 토막이 났다. 이리하여 영원히 망할 것 같지 않았던 위대한 철각 로마가 멸망하고 서기 476년, 새 주인으로서 헤룰리 족속 용병대장 오도아케르를 맞아들였다.

단 2:41 왕께서 그 발과 발가락이 얼마는 토기장이의 진흙이요 얼마는 철인 것을 보셨은즉 그 나라가 나누일 것이며 왕께서 철과 진흙이 섞인 것을 보셨은즉 그 나라가 철의 든든함이 있을 것이나 단 2:42 그 발가락이 얼마는 철이요 얼마는 진흙인즉 그 나라가 얼마는 든든하고 얼마는 부서질 만할 것이며 단 2:43 왕께서 철과 진흙이 섞인 것을 보셨은즉 그들이 다른 인종과 서로 섞일 것이나 피차에 합하지 아니함이 철과 진흙이 합하지 않음과 같으리이다.

이후 서구 유럽은 다시는 이전처럼 통일되지 못한 채, 사분오열된 열국의 시대로 접어든다. 서기 351년 게르만족의 한 부족인 알레마니가 로마 영토에 첫 발을 내딛게 된 후 서기 395년 황제 테오도시우스의 사망과 함께 로마는 동서로 나뉘고 서기 476년 헤룰리 족속 용병대장 오도아케르가 서로마제국을 끝장내기까지 약 120여 년 동안 로마제국은 강철의 강성함을 유지하지 못하고 대략 아래와 같이 10개의 족속으로 쪼개진다. 이들이 바로 오늘날의 서구 유럽을 이루는 근간이라 할 수 있다.

① 알레마니(Alemanni) ·································· 독일

② 프랑크(Franks) ····································· 프랑스

③ 부르군디(Burgundians) ····························· 스위스

④ 수에비(Suevi) ····································· 포르트갈

⑤ 반달(Vandals) ······························· 북부 아프리카

⑥ 서고드(Visigoths) ································· 스페인

⑦ 앵글로-색슨(Anglo-Saxons) ··························· 영국

⑧ 동고드(Ostrogoths) ······························ 이탈리아

⑨ 롬바르드(Lombards) ····························· 이탈리아

⑩ 헤룰리(Heruli) ······························· 이탈리아

이 가운데 프랑크, 서고드, 앵글로-색슨 등은 강력한 나라들로 성장하여 단 2:42에서 예언된 바대로 "얼마는 든든하게"가 성취됐고, 수에비와 부르군디 등은 연약한 상태로 자라서 "얼마는 부서질 만한 것이며"가 성취됐고, 동고드, 반달, 헤룰리 등은 나라의 기반을 굳히지 못한 채 아예 흩어져버렸으니, 다니엘의 예언대로 열국들 중에 어떤 나라는 철과 같은 강대국이 되기도 하고, 진흙으로 구어 만든 도자기처럼 약소국이 되었다. 하지만 강력한 민족주의를 기반으로 인종은 뒤섞여도 나라들은 완전히 병합되는 일 없이 독립을 유지하면서 공존했다. 나라들 간에 잠정적이고 표면적인 동맹이나 연합은 있을 순 있어도 결코 영구적이거나 본질적인 통합은 아니었다. 인구의 성분과 분포에 있어서 민족 간의 잡혼으로 다양성을 나타냈으나, 국가적 독립성은 유지되었다.

이러한 민족주의와 국가주의의 바탕 위에서 강대국들과 약소국들이

공존하는 복잡다단한 정세는 마지막 그 날까지 계속될 것이다. 유럽 각국은 같은 게르만족 출신으로 황실을 이루며 성립되었고, 한때 나폴레옹이나 히틀러가 유럽을 통일하려고 시도했으나 실패하였으며, 현재도 EU로 통합돼 같은 화폐를 쓰고 무비자로 왕래하지만 국가의 형태는 여전히 독립적으로 유지되고 있다. 그렇다고 신상의 발이 유럽만을 의미하는 것은 아니다. 신상의 발은 강대국(철)과 약소국(진흙)으로 이루어진 오늘날의 서구세계 전체를 의미하기도 한다. 또한 단 2:33에서 종아리를 이루던 철이 발까지 내려왔다는 것은 **로마제국의 속성이 사라지지 않고 그대로 마지막 종말 때까지 지속된다는 것을 알려준다.** 서로마제국이 멸망하면서 가톨릭이 신성로마제국의 도움을 받으면서 유지했고, 1798년 신성로마제국이 멸망할 그 즈음에 신대륙에 1776년 미국이 조지 워싱턴을 초대 대통령으로 하여 건국된다. 현대 로마에 해당하는 미국과 고대의 로마제국은 막강한 군사력과 문화적 영향력으로 대제국을 이루었다는 점에서 서로 쌍둥이처럼 쏙 빼닮았고, 똑같이 독수리를 국가의 상징으로 삼았다는 것 외에도 참으로 닮은 점이 많다고 할 수 있다. 나중에 다시 다룰 예정이다.

단 2:44 이 열 왕의 때에 하늘의 하나님이 한 나라를 세우시리니 이것은 영원히 망하지도 아니할 것이요 그 국권이 다른 백성에게로 돌아가지도 아니할 것이요 도리어 이 모든 나라를 쳐서 멸하고 영원히 설 것이라 단 2:45 왕이 사람의 손으로 아니하고 산에서 뜨인 돌이 철과 놋과 진흙과 은과 금을 부서뜨린 것을 보신 것은 크신 하나님이 장래 일을 왕께 알게 하신 것이라 이 꿈이 참되고 이 해석이 확실하니이다

단 2:44 "이 열 왕의 때에 하나님이 한 나라를 세우실 것"에서, 열 왕의 때는 인간들이 세운 여러 제국들이 흥망성쇠를 거듭한 이후 최종적으로 성립된 오늘날의 서구세계를 말한다. 느부갓네살이 꾸었던 꿈 하나에 전 세계의 시대별 흥망성쇠가 모조리 담겨져 있었던 셈이다. 우리가 지금 마지막 10왕의 시대를 살고 있는 것이다. 그리고 우리가 곧 맞게 될 종말의 시기에 마침내 거의 모든 사람이 적그리스도에게 경배함으로써 악마의 왕국, 즉 거대한 신상이 거의 완성되려는 즈음에, 하늘로부터 돌 하나가 공중에 둥둥 떠서 날아와 신상의 발을 타격할 것이고, 그 결과 맨 먼저 발이 부서져 나갈 것이다. 이어 그 위의 놋과 은과 금까지 다 부서져 없어질 것이고, 결국에는 신상을 친 돌만이 태산을 이루어 온 세상에 가득할 것이다. 여기서 발이 부서져 나간다는 함은 현대 로마의 근간을 이루는 미국을 비롯한 서유럽의 몰락을 상징한다. 그들은 지금 하나같이 세계에서 제일 잘 살고 있는 선진국들이란 것이 참으로 기묘하다. 그리고 마침내 하늘의 뜻으로 세워지는 신성한 메시아의 나라가 이 땅 위에 서게 될 것이다. 바로 이것이 하늘이 정해놓으신 크나큰 섭리인 듯하다.

단 2:46 이에 느부갓네살 왕이 엎드려 다니엘에게 절하고 명하여 예물과 향품을 그에게 드리게 하니라 단 2:47 왕이 대답하여 다니엘에게 이르되 너희 하나님은 참으로 모든 신의 신이시요 모든 왕의 주재시로다 네가 능히 이 은밀한 것을 나타내었으니 네 하나님은 또 은밀한 것을 나타내시는 자시로다 단 2:48 왕이 이에 다니엘을 높여 귀한 선물을 많이 주며 세워 바벨론 온 도를 다스리게 하며 또 바벨론 모든 박사의 어른을 삼았으며 단 2:49 왕이 또 다니엘의 청구대로 사드락과 메삭과 아벳느고를 세워 바벨론 도의 일을 다스리게 하였고

다니엘은 왕궁에 있었더라

소년 다니엘이 포로로 잡혀가 바벨론에서 교육을 받기 시작한 것은 느부갓네살 즉위 원년인 기원전 605년이고, 당시의 교육 기간은 3년이었으므로, 기원전 603년에 이 일이 일어났을 때는 아마도 교육을 갓 마쳤거나, 아니면 마치기 직전이었을 것이다. 그러한 때 생각지도 않게 죽음을 목전에 두게 되었다가, 하나님의 도움으로 극적으로 벗어날 수 있었고, 뿐만 아니라 바벨론 왕으로부터 극진한 대접을 받게 되었으니, 이 정도면 한편의 드라마가 따로 없다고 해야 할 정도이다. 그때 느부 갓네살 왕은 신비한 능력을 생생하게 확인했으므로 다니엘을 신의 대리자로 여기고 절을 하면서 제물과 향을 드리게 하고, "너희 하나님은 참으로 모든 신들의 신이시오, 모든 왕의 주재시로다."라고 고백한다. 그는 본래 바벨론의 신 "므로닥"을 "신들 중의 신"으로 부르던 자였으나, 이 제 이스라엘의 신 여호와의 능력을 인정하지 않을 수 없게 된 것이다. 다니엘은 아마도 이때, "저희 하나님은 신들 중의 신이 아니시라, 온 우주에 서 오직 유일하신 신이십니다."라고 답하고 싶은 마음이 굴뚝같았을 것이나, 이것만큼은 산통을 깨뜨릴 수 있으므로 차마 내뱉지는 못하고 말았다. 아무튼 다니엘의 해몽에 의하면 영광스럽게도 바벨론 왕국이 졸지에 모든 것들 중에서 으뜸으로 빛나는 "금의 나라"라고 호명된 셈이고, 이것이 제법 맘에 들었는지, 특별히 이 일을 기념하기 위해 왕은 나중에 들 뜬 마음으로 금의 신상을 만들라고 명령하게 된다. 지금까지 「다니엘서」 제2장에서는 바벨론을 필두로 이후 세상 끝 날까지 지상에서 전개될 거대한 제국들이 개괄적으로 정리되어 있다. 그 요점은 바벨론, 메데-페르시아, 그리스, 로마, 그리고 10국의 순서로 서구인들이 세우는 제국들이 세상 끝 날까지 지속적으로 명멸하면서 서게 되겠지만, 세상 끝 날에는 그 모든 제국들이 사라지고, 메시아가 세우는 영원히 망하지 않는 나라만이 이 땅 위에 남게 될 것이라고 정리해주고 있다.

다니엘 7장

단 7:1 바벨론 왕 벨사살 원년에 다니엘이 그 침상에서 꿈을 꾸며 뇌 속으로 이상을 받고 그 꿈을 기록하며 그 일의 대략을 진술하니라 단 7:2 다니엘이 진술하여 가로되 내가 밤에 이상을 보았는데 하늘의 네 바람이 큰 바다로 몰려 불더니 단 7:3 큰 짐승 넷이 바다에서 나왔는데 그 모양이 각각 다르니 단 7:4 첫째는 사자와 같은데 독수리의 날개가 있더니 내가 볼 사이에 그 날개가 내뽑혔고 또 땅에서 들려서 사람처럼 두 발로 서게 함을 입었으며 또 사람의 마음을 받았으며

이번에는 다니엘이 꿈을 꾼다. 꿈의 내용은 조금 다른 것 같지만, 사실상 제2장의 내용이 반복되고 있는데, 성서의 계시에서 반복의 원칙이 발견된다는 점을 체크해두기  로 하자. 고고학자들에 의해 발굴된 바빌론 성벽의 부조와 조각을 보면 바빌론은 실제로 사자로 표상되었던 것이 확실하다. 『성경』에서도 바빌론이 숲속의 사자로 표현되거나, 사나운 독수리로 표현된다. 「다니엘서」 2장에서 금으로 표상되었던 바빌론이 여기서는 동물의 왕 사자나 새들의 왕 독수리로 상징되는데, 이는 역사적 증거와도 잘 부합한다. 후에 이 공격적이고 사납던 건국 초기 사자 기질의 바빌론이 나중에는

용맹과 기개를 잃어버리고, 단 7:4에 기술된 바와 같이 사람처럼 문약해지더니 얼마 되지 않아 역사에서 사라진다. 느브갓네살 이후의 바빌론 왕들은 모두 나약했으며, 특히 마지막 왕 나보니더스는 정치와 군사에는 전혀 관심이 없는 학자풍의 제왕이었다. 그는 정치와 나라의 수도를 아들 벨사살에게 맡기고 종교와 고고학에 관심을 쏟다가 페르시아에게 무력하게 패망했다. 기원전 626년 바빌론의 태수였던 나보포랏살이, 종주국이었던 앗시리아에 대항하여 독립을 선언하면서 발판을 마련했던 신바빌로니아가 기원전 605년 그 아들 느브갓네살이 즉위하면서 근동의 패자로 군림하다가, 그 후 70년이 못되는 기원전 539년 포로로 잡혀온 다니엘이 살아서 지켜보는 가운데 페르시아에 의해 맥없이 무너지고 말았다.

단 7:5 다른 짐승 곧 둘째는 곰과 같은데 그것이 몸 한편을 들었고 그 입의 잇 사이에는 세 갈빗대가 물렸는데 그에게 말하는 자가 있어 이르기를 일어나서 많은 고기를 먹으라 하였으며

곰은 본래 물러설 줄 모르는 우직함과 잔인함이 특징인데, 한번 제정하면 영원히 변경할 줄 몰랐던 메데-페르시아의 미련한 법제 운용과 잘 부합한다. 단 7:5에 "몸 한편을 들었다."는 것은 세력의 균형이 잡히지 않은 두 나라로 이루어졌음을 의미한다. 메데와 페르시아는 둘 다 인도-유럽계 인종으로서 이란 고원을 중심으로 공존해오던 형제지간의 나라였다. 초기에는 메데가 주도권을 행사했으나 페르시아의 고레스가 일어나면서 메데는 기원전 550년경 수도 엑바타나를 빼앗기고 페르시

아에 흡수되어버린다.
"입의 잇 사이에는 세 갈빗
대가 물렸다."는 것은 메
데-페르시아가 세 나라
를 정복하는 것을 의미
한다. 기원전 547년 12
월 고레스는 사데를 수

도로 하여 크뢰수스가 다스리던 소아시아(지금의 터키)의 부강국인 리
디아를 정복하였다. 그 후 8년 동안 국력을 보강한 고레스는 기원전
539년에는 메소포타미아의 지배자인 바빌론을 힘들이지 않고 정복하
였고, 그의 아들 캄비세스2세는 기원전 525년 삼틱3세가 다스리는 이
집트를 정복했다. 또한 "많은 고기를 먹으라."고 한 것에서 바빌론에 비
해 페르시아가 왜 그렇게 탐욕스러울 정도로 영토 확장에 집착했는지
가 설명되는 듯하다. 페르시아는 중동 지역을 제패하고 나서도 거기서
멈추지 않고, 그리스로 수차례 대규모 원정길을 나서게 된다.

단 7:6 그 후에 내가 또 본즉 다른 짐승 곧 표범과 같은 것이 있는데 그 등에는
새의 날개 넷이 있고 그 짐승에게 또 머리 넷이 있으며 또 권세를 받았으며

표범은 체구는 작지만 매우 빠르고 용맹스러운데 거기에 날개 네 개
를 추가했으니 기민성이 극대화되었음을 강조한다. 이것은 알렉산더
대왕이 이끄는 그리스 군대가 얼마나 신속하게 영토를 확장해나갔는지
를 보면 이해할 수 있다. 아버지 필립을 이어, 약관 20세에 왕위에 오른

238 •

알렉산더는 22세 때인 기원전 334년 봄 26척의 긴 창을 사용하는 팔랑스 돌격부대와 기마병으로 구성된 35,000명의 소수 정예의 군대와 70달란트 밖에 안 되는 군자금과 1개월분의 군량만을 가지고, 숙적 페르시아를 정복하고자 헬레스폰트 해협을 건넜다. 기원전 333년 잇수스 전쟁에서 페르시아를 격파하고 332년에는 팔레스틴을 정복하면서, 곧이어 이집트로 진격해 들어갔다. 알렉산더는 이집트를 정복하고 재조직한 후 스스로 왕의 자리에 올랐으며, 기원전 331년에 시리아를 지나 유프라테스와 티그리스를 건너, 같은 해 알벨라 전투에서 페르시아를 정복하고, 4개월 이내에 바빌론, 수사, 펄세폴리스 등 세 도시를 점령했다. 기원전 330년 그의 군대는 북진하여 메데의 수도였던 엑바타나를 점령했고, 다시 동진하여 인도까지 쳐들어갔다. 인더스 강의 계곡을 지나 더욱 동진하려 했으나, 돌아가자는 부하들의 간청에 따라 바빌론에 돌아온 기원전 323년 6월 잇단 폭음과 함께 습지열에 걸려 33세에 요절했다. 이 모든 일이 20대의 젊은이에 의해 10년 내에 이루어진 일로써 그야말로 날아다니는 표범처럼 날쌔게 정복한 것이다. 한편 "머리 넷이 있다."는 것은 무슨 의미일까? 이러한 표상은 실제로 알렉산더 사후에 실현됐다. 대제국의 장래를 묻는 둘러선 장수들에게 그는 마치 귀찮아죽겠다는 듯이 "힘센 자가 차지하라."고 유언을 남겨버린다. 그러므로 알렉산

더가 죽은 뒤 대제국은 실제로 힘센 자들의 각축장이 되었고, 12년간이나 내란이 계속되었다. 발 빠르게 왕으로 자처하고 나선 안티고누스와 이에 반대하는 네 명의 연합 세력은 마침내 기원전 301년 입수스에서 대제국의 패권을 놓고 일전을 겨룬다. 그 전쟁은 결국 연합 세력의 승리로 끝나면서 안티고누스는 살해되고, 제국의 영토는 네 장수들에 의해 네 개의 나라로 분할되었다.

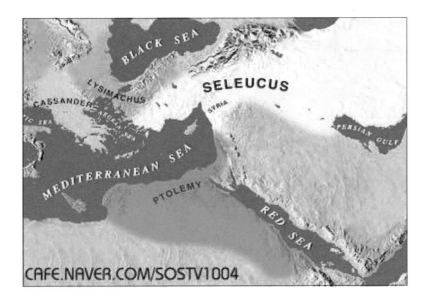

"셀류커스"는 브리기아에서 인도까지의 아시아, "리시마쿠스"는 서부 소아시아와 드레이스를 차지했다. 알렉산더의 사망한 후 이집트의 총독으로 갔던 "프톨레미"는 그곳을 자신의 왕국으로 삼았으며, "캇산더"는 마케도니아를 차지하면서 알렉산더의 대제국은 네 개의 왕국으로 쪼개진다. 이렇게 넷으로 나누어진 대제국은 20년 후에 "리시마쿠스"가 제외

되어 세 나라가 되었다가 후에 하나씩 하나씩 로마제국에 흡수된다.

단 7:7 내가 밤 이상 가운데 그 다음에 본 넷째 짐승은 무섭고 놀라우며 또 극히 강하며 또 큰 철 이가 있어서 먹고 부서뜨리고 그 나머지를 발로 밟았으며 이 짐승은 전의 모든 짐승과 다르고 또 열 뿔이 있으므로

「다니엘서」 2장에서 철로 된 두 다리로 표상되었던 로마가 여기선 철로 된 이빨을 가진 무서운 짐승으로 표현된다. 역사책에서도 로마는 "철기의 제국"으로 기술된다. 단 2:40에서 "철이 모든 것을 부수는 것 같이, 그 나라가 뭇 나라를 부수어 버리고 빻아버릴 것이라."고 했었고, 여기에선 "철로 된 이빨이 있어서 먹고 부수어 버리고 나머지를 발로 밟았다."고 묘사된다. 이탈리아 반도에서 일어난 이들 라틴족이야말로, 지중해에 세차게 몰아친 폭풍우와 같은 존재였다. 지중해를 제패하려는 라틴족의 강철 같은 의지는 해양의 왕자였던 페니키아의 식민지 카르타고와 기원전 264년부터 기원전 146년까지 100년이 넘도록 세 차례에 걸쳐 포에니 전쟁을 치른다. 조직의 천재인 라틴족들은 강철 같은 군대와 강철 같은 투지로 진군하여, 서기 1세기경에는 이미 남부 유럽과 프랑스, 잉글랜드, 네덜란드, 스위스, 독일, 헝가리, 터키, 그리스, 소아시아 전역과 아프리카를 정복했다. 로마에 대해 에드워드 기번은 『로마제국 흥망사』에서

다음과 같이 기술해놓았다.

> "로마제국은 온 세계를 가득 채웠으며, 이 제국이 어느 개인의 손에 넘어갔을 때 세계는 그의 원수들에게는 하나의 금고나 두려운 감옥이 되고 말았다 (…) 저항하는 것은 파멸이었으며, 도망친다는 것은 불가능했다."[3]

로마제국처럼 강력한 정치 제도와 군사조직을 가지고 그토록 넓은 영토를 부수고 빻은 나라는 전무후무했다. 다니엘이 무섭고 놀랍게 여긴 까닭은 무엇일까? 바로 이 로마의 못과 망치에 의해 예수가 십자가에 못 박힌 것을 비롯하여, 200년 이상 계속된 핍박을 통해 야고보, 베드로, 바울을 비롯한 수많은 기독교도들이 순교했다. 바로 이런 것들이 선지자 다니엘을 그토록 번민하고 무섭도록 만들었을 것으로 추정된다. 단2:41에서 로마를 표상하는 철로 된 다리가 10개의 발가락으로 나뉜다고 표상된 것에 비해서, 단7:24에서는 철로 된 이빨을 가진 무서운 짐승 로마에게 10개의 뿔이라고 표상되고 있다. 표현은 조금 달라 보이지만, 완전히 같은 의미이다.

....

단 7:8 내가 그 뿔을 유심히 보는 중 다른 작은 뿔이 그 사이에서 나더니 먼저 뿔 중에 셋이 그 앞에 뿌리까지 뽑혔으며 이 작은 뿔에는 사람의 눈 같은 눈이 있고 또 입이 있어 큰 말을 하였느니라 단 7:9 내가 보았는데 왕좌가 놓이고 옛적부터 항상 계신 이가 좌정하셨는데 그 옷은 희기가 눈 같고 그 머리털은 깨끗한 양의 털 같고 그 보좌는 불꽃이요 그 바퀴는 붙는 불이며 단 7:10 불이 강

---

3) 에드워드 기번이 쓴 『로마제국 흥망사』 Vol1, Ch3, 99, 100

처럼 흘러 그 앞에서 나오며 그에게 수종하는 자는 천천이요 그 앞에 시위한 자는 만만이며 심판을 베푸는데 책들이 펴 놓였더라

네 번째 짐승인 로마제국에서 하나의 작은 뿔이 일어난다. 작은 뿔도 물론 뿔 중에 하나이므로 거기에 왕국이 있고 왕이 있다는 점에서 열 뿔과 같으나, 그것의 가장 큰 특징은 눈과 입이 있다는 점에서 다른 열 뿔들과는 속성이 약간 다르다. 눈이 있다는 것은 세상이 돌아가는 흐름을 두루 살펴볼 수 있는 "보는 능력"이 있다는 것이고, 입이 있다는 것은 "큰 말하는 능력", 즉 거룩하고 거창한 언어를 구사함을 뜻한다.

이 작은 뿔이 다른 열 뿔들 사이에서 올라오면서 "먼저 있던 뿔 중에 셋이 그 앞에 뿌리까지 뽑히는 것"을 보았다고 했는데, 이 내용은 단 7:24에서 다시 반복되므로 그때에 다시 다루기로 한다. 특이하게도 이 뿔에는 다른 뿔들이 가지지 않은 "사람의 눈과 같은 눈"이 있다고 진술했는데, 눈은 성서에서 통찰력, 지성, 예지를 뜻하는 상징으로 자주 쓰이는 용어이다. 특별히 구약에서는 선지자를 미리 보는 자라 하면서, 남다른 영적인 통찰력을 강조하기도 했다. 그렇다고 여기서 말하는 작은 뿔이 선지자를 의미한다는 것은 결코 아니다. 선지자를 일컬어 짐승이라고 부르지 않는다.

단 7:11 그 때에 내가 그 큰 말하는 작은 뿔의 목소리로 인하여 주목하여 보는 사이에 짐승이 죽임을 당하고 그 시체가 상한 바 되어 붙는 불에 던진바 되었으며 단 7:12 그 남은 모든 짐승은 그 권세를 빼앗겼으나 그 생명은 보존되어 정한 시기가 이르기를 기다리게 되었더라

그렇다면 여기서 조금 특별해 보이는 "작은 뿔"이란 것이 대체 무엇인가? 여기서 나오는 "작은 뿔"이야말로 바로 "로마교황, 즉 바티칸"이 틀림없다면서 자신의 목숨을 걸고 사상 처음으로 지목하고 나섰던 이는 바로 **마르틴 루터**였다. 작은 뿔이란 것의 특징을 정리해보면 때와 법을 마음대로 변경하는 등 무법적이고, 하나님의 참 백성들을 오랫동안 핍박할 세력이고, 존속 기간은 "한 때, 두 때, 반 때" 즉 1260년간이라고 한다. 이상의 요건에 맞는 대상을 찾는다면, 서양사를 통틀어 정말로 "로마교황" 외에는 다른 것을 찾아볼 수가 없다. 그리고 그것의 마지막 운명은 권세를 빼앗기고 종말의 시기까지 생명이 보존되다가 파멸당할 것이라고 한다. 상기의 구절 **"짐승이 죽임을 당하고"**는 실제로 1798년 나폴레옹 혁명정부의 베르티어 장군이 바티칸에 침입해 교황 피우스6세를 프랑스로 잡아가 옥사시키면서 예언이 성취된다. 이로써 교황권이 538년[4]에 시작되어 꼭 1260년 만인 1798년에 종막을 고하게 되었던 것이다. "그 남은 모든 짐승은 그 권세를 빼앗겼으나"라고 한 것은 그 이후 130여 년간 핍박 받던 바티칸을 의미한다. 현재 세계 각국에 흩어진 8억의 신자를 거느리는 바티칸 시국의 영토는 고작 0.44㎢로써, 세계에

4) 서기 538년 로마 교회에 저항하며 아리안주의를 신봉하던 3개의 족속들이 뿌리 뽑힌다.

서 가장 작은 나라로 알려진 모나코의 1/3도 못된다. 그러나 이 정도나마 그럭저럭 유지할 수 있게 된 것은 1929년 2월 12일 이탈리아 독재자 무솔리니와 바티칸 사이에 체결된 라테란 조약 27조 부칙 1조에 의한 것이었다. 그 인구는 근년의 통계로 대략 남자 708명이고, 여자가 148명인데 그 중 537명만이 시민권을 가지고 있고 나머지는 거주자에 불과하다. 이렇게나 작은 나라가 장장 1260년간에 걸쳐 서구 세계에서 "눈"과 "입"으로 활약했었다는 사실이 도저히 믿어지지 않을 정도로 초라해져 있지만, 알고 보면 이 또한 성서에 예언된바 그대로 진행되고 있는 것이다. "그 생명은 보존되어 정한 시기가 이르기를 기다리게 되었더라."가 현재 진행형으로 아직 유효하기 때문에 여전히 바티칸이 유지되고 있는 것이다.

단 7:13 내가 또 밤 이상 중에 보았는데 인자 같은 이가 하늘 구름을 타고 와서 옛적부터 항상 계신 자에게 나아와 그 앞에 인도되매 단 7:14 그에게 권세와 영광과 나라를 주고 모든 백성과 나라들과 각 방언하는 자로 그를 섬기게 하였으니 그 권세는 영원한 권세라 옮기지 아니할 것이요 그 나라는 폐하지 아니할 것이니라 단 7:15 나 다니엘이 중심에 근심하며 내 뇌 속에 이상이 나로 번민케 한지라 단 7:16 내가 그 곁에 모신 자 중 하나에게 나아가서 이 모든 일의 진상을 물으매 그가 내게 고하여 그 일의 해석을 알게 하여 가로되 단 7:17 그 네 큰 짐승은 네 왕이라 세상에 일어날 것이로되 단 7:18 지극히 높으신 자의 성도들이 나라를 얻으리니 그 누림이 영원하고 영원하고 영원하리라

다니엘이 말하기를 "내 뇌 속에 이상이 나로 번민케 한지라"에서 그를 주로 괴롭히고 번민케 했던 것은 "넷째 짐승"과 "작은 뿔"이었을 것이다.

넷째 짐승인 로마제국이 워낙 강철과 같이 크고 강성한데다가 마지막 날까지 그의 속성이 영속되는지라 심히 두려웠을 것이고, 그와 약간 다르지만 작은 뿔이란 존재 역시 그를 번민케 할 수밖에 없었던 것은 그들이 다른 것도 아니고 정작 하나님을 신앙하는 신성한 교회의 모양새를 취하고 있으면서 수없이 많은 문제를 일으킬 것이었기 때문이다. 실제로 본래 로마교회의 초기 지도자들은 최초에는 단지 교회를 보살피는 자 "Overseer"로서의 자격을 가진 일개 감독, 즉 "Bishop"에 불과한 것이었다. 그러나 얼마 지나지 않아 로마 감독은 "세계 교회의 감독"으로 성장한다. 서기 330년 동로마 제국이 수도를 로마에서 콘스탄티노플로 옮기면서, 서로마황제의 보좌는 로마교회의 감독에게 서서히 양도되어 갔고, 5세기에 이르러 게르만 족속의 침입으로 서로마가 망한 뒤에는 명실 공히 로마교회의 감독이 교황의 자리에 서게 되었다. 『세계사』5)에선 이에 대해 이렇게 묘사하고 있다.

"서로마에 황제가 없어진 후에 서로마 사람들은 교회를 중심으로 하는 정치 조직을 유일한 국가 조직으로 알고, 로마 주교를 전 가톨릭교회의 교황으로 섬기게 되었으며, 또 사실상 교황 레오는 서기 452년 훈족 아틸라의 로마 침입을 막아내고, 교황 그레고리는 롬바르드족의 침입을 막으면서, 실제로 로마 국왕의 일을 맡아 보았다."

따지고 보면 수많은 교회들 가운데 한낱 지방 교회의 수석 장로에 불과했던 로마교회 감독이 교황의 자리에까지 추대된 일은 참으로 불가사의한 신비라고 말할 수밖에 없는 대목이다. 로마제국이 로마교황으로

---

5) 이해남 『세계사』 1950년

넘어가는 과정 자체가 거의 알아차릴 수 없을 정도로 아주 점진적인 것이었다. 이렇게 불가사의한 일을 점진적으로 가능하게 했던 주요 인물들을 열거해보면, 가장 먼저 율리우스1세를 들 수 있으며 그는 서기 343년에 열린 사르디카 종교회의에서 로마의 감독이 서로 분쟁하는 다른 감독들을 재판하는 권한을 부여하도록 만들었다. 그리고 인노센트1세는 로마교회의 감독은 온 세상의 감독이라는 개념을 부여했다. 식스터스3세는 자신이 하나님께로부터 모든 교회를 보살피도록 임명되었다고 주장했다. 레오1세는 로마교회의 감독은 베드로의 후계자로 그에게만 아버지를 뜻하는 "Pope"라는 칭호를 쓸 수 있게 했으며, 시마쿠스는 로마교황은 하나님 대신으로 재판장이 되어, 지극히 높으신 자의 대리자로서 일을 이행하게 만들었다. 요한2세는 동로마 황제 유스티니아누스가 533년 그를 모든 교회의 머리라고 선포하도록 만들었다. 그레고리1세는 자신이 왕인 것처럼 행동했다. 또한 그는 로마 교회는 결코 오류가 있을 수 없다고 선언하기에 이르렀고, 교황은 최고의 재판장으로서 왕들을 마음대로 폐위시킬 수 있다고 주장하기에 이르게 되면서 세속권을 크게 강화하게 되는데, 이처럼 강력한 교황의 등장은 서로마제국이 망한 이후였지만, 사실상 그 뿌리는 그 전부터 서서히 자라나고 있었던 셈이다.

단 7:19 이에 내가 넷째 짐승의 진상을 알고자 하였으니 곧 그것은 모든 짐승과 달라서 심히 무섭고 그 이는 철이요 그 발톱은 놋이며 먹고 부서뜨리고 나머지는 발로 밟았으며 단 7:20 또 그것의 머리에는 열 뿔이 있고 그 외에 또 다른 뿔이 나오매 세 뿔이 그 앞에 빠졌으며 그 뿔에는 눈도 있고 큰 말하는 입도 있고 그 모양이 동류보다 강하여 보인 것이라 단 7:21 내가 본즉 이 뿔이 성도들로 더불어 싸워 이기었더니 단 7:22 옛적부터 항상 계신 자가 와서 지극히

높으신 자의 성도를 위하여 신원하셨고 때가 이르매 성도가 나라를 얻었더라 단 7:23 모신 자가 이처럼 이르되 넷째 짐승은 곧 땅의 넷째 나라인데 이는 모든 나라보다 달라서 천하를 삼키고 밟아 부서뜨릴 것이며 단 7:24 그 열 뿔은 이 나라에서 일어날 열 왕이요 그 후에 또 하나가 일어나리니 그는 먼저 있던 자들과 다르고 또 세 왕을 복종시킬 것이며

먼저 "그 열 뿔은 이 나라에서 일어날 열 왕이요"라고 한 바, 이는 로마에서 갈라져 나온 10개의 유럽족속을 일컫는다. 여기서의 열 뿔은 곧 「다니엘서」 2장에서의 열 발가락과 완전히 같은 것이고, 다음과 같은 특성을 갖는다.

① 로마제국이 사라지면서 분리되어 나올 나라들이다.
② 로마제국의 세력권에서 마지막 심판 때까지 존속하다가 멸망당할 것이다.

이어 "그 후에 또 하나가 일어나리니"라고 했는데, 과연 또 다른 뿔하나가 일어나는 바, 그것이 바로 작은 뿔이면서 동시에 로마교황이다. 교황권의 확립은 330년 콘스탄티누스가 로마제국의 수도를 로마에서 콘스탄티노플로 옮긴 후, 4세기 후반부터 북유럽에 거주하던 게르만족이 일제히 로마제국의 영토 안으로 밀려내려 옴으로써 새 전기를 맞게된다. 즉 황제가 떠나간 서로마의 새로운 실권자로 등장한 로마교회 감독 레오1세는 서기 452년 훈족의 침입을 외교로 막아내고, 그레고리1세는 롬바르드의 침입을 막아내면서 실질적으로 교황이 국왕의 일을 맡게 되었다.

또한 서기 496년 로마제국 영토 안에 게르만 민족이 세운 가장 강력한 나라인 프랑크의 이교도 왕인 클로비스가 강적인 알라마니와의 전쟁에서 승리한 것을 계기로 가톨릭으로 개종함으로써 교황의 충신이 되었다. 그 후 찰스 마르텔의 아들인 피핀이 아버지를 이어 프랑크의 실권을 잡은 뒤 아버지를 몰아내고 자신이 왕위에 올랐다. 이렇게 왕위를 찬탈한 그는 양심의 가책을 느꼈는지 교황으로부터 자신의 왕위를 합법적으로 인정받기를 원하였고, 서기 752년에 교황 스테반2세의 사절인 대주교 보니파스의 손을 빌려 왕관을 받는 형식을 취했다. 찬탈자인 자신을 합법적으로 인정해준데 대한 감사의 표시로써, 그 후 피핀은 교황이 게르만 민족의 다른 부족인 롬바르드에 의해 한창 시달리고 있는 이탈리아 반도로 내려가서 곤경에 빠진 교황을 건져준다. 뿐만 아니라 롬바르드에게서 빼앗은 동로마제국 총독의 영지를 교황령으로 주게 되었고, 이때부터 교황은 영토를 가진 군주가 되었다. 그리고 로마 교회는 이제 교회의 차원을 벗어나 교회 국가가 될 수 있었다.

이와 같은 발판을 기초로 그 후 열 뿔로 표상된 게르만 국가들의 틈새에서 그 능한 말과 신비한 눈으로 국제 세계의 정정을 살피고, 시대적 조류에 편승하여 그레고리7세부터 보니파스8세까지인 1073~1294년간에는 마침내 명실 공히 유럽 전체를 호령하는 왕중왕의 자리로까지 올라서게 되었다.

단 7:24에서 "그는 먼저 있던 자들과 다르다"고 했는데, 이전의 다른 나라들은 모두 강력한 군대에 기반을 두고 성립된 정치적 군주 국가였으나, 로마교황만큼은 군사력보다는 주로 종교적 근거에 기반을 둔 군주국가라는 점에서 크게 달랐다. 이전 왕국들은 사람을 지배했으나,

교황은 사람의 영혼을 지배하려고 든다는 점에서도 달랐으며, 다른 나라들은 자국 영토 내에 있는 백성들만 다스렸지만 로마교황은 영토와 민족에 관계없이 다스렸다는 점에서도 달랐다.

또한 "세 왕을 복종시킬 것"이라 했는데, 역사적으로 세 족속을 멸한 일을 말한다. 이는 단 7:8에서 "내가 그 뿔을 유심히 보는 중 다른 작은 뿔이 그 사이에서 나더니 먼저 뿔 중에 셋이 그 앞에 뿌리까지 뽑혔으며"라고 표현된 내용과도 정확히 일치하는 장면이다, 단 7:8을 통해서 우리는 먼저 열 뿔이 일어나고 그 다음 다른 뿔 하나가 일어나는 때는 로마가 열 뿔로 나뉜 후의 일이란 것을 알 수 있는데, 게르만족들이 로마제국의 영토 안으로 밀려들어온 4세기 후반에 이미 로마에 자리를 잡고 착실히 세력을 키워 온 로마교회는, 5세기와 6세기 초에 걸쳐 극복해야 될 최대의 난관에 부딪히게 된다. 그것은 그리스도의 신성에 관하여 로마 교회와 견해를 달리하는 아리안주의로 개종한 게르만의 몇몇 국가들이 로마를 유린함으로써 로마 교회의 존재와 권위를 크게 위협했기 때문이다. 그들 중 가장 **위협이 된 세 족속을 열거하면, 헤룰리, 반달, 동고드를 들 수 있다.** 세 족속 중에서도 로마를 처음 유린했던 세력이 헤룰리 족속인데 아리안주의 신봉자로 용병 대장이었던 오도아케르는 무리를 이끌고 반란을 일으켜, 476년 서로마제국의 마지막 황제였던 나이 어린 로물루스 아우구스투스 황제를 폐위시키고 자신이 왕으로 즉위했다. 이리하여 로마는 게르만 세력에 들어가게 되었다. 이렇게 서로마가 위협을 당하자, 동로마의 황제 제노는 다른 게르만 민족인 동고드족의 지도자 데오도릭을 충동하여 **헤룰리를 치게 하였고 결국 493년 오도아케르의 항복을 받아낸다.** 얼마 후에는 그를 죽임으로써 헤룰리의 종말을 가져왔다. 그러나 데오도릭도 신실한 아리안주의 신봉자로 로마교회를 견제하는 이질적인 세력이었다. 이러는 동안에 가이세리크가 이끄는 게르만의 또 다른 민족인 반달족은 지금의 프랑스에 해당하는 고울 지방을 거쳐 스페인을 지나 북아프리카로 건너가서, 439년에는 카르타고를 점령한 후에, 거기에 왕국을 세우고 지중해 일대를 위협하였다. 특히 445년에는 해상으로 로마에 침입하여 가공할 만한 약탈을 자행했다. 이들 반달족은 광신적인 아리안주의자들로 호전적이었으므로 그들이 이단이라고 부른 로마 가톨릭에 대해서는 더욱 적대적이었다. 이때쯤 당시 동로마의 유능한 황제 유스티니아누스는 잃어버린 서로마를 회복하려는 방편의 하나로, 단합된 교회의 힘을 이용하기 위해 서기 533년 로마 교회의 감독을 전 세계 교회의 머리라고 선언하면서 그들의 지위를 인정해주는 정책을 펼치게 된다. 또한 그들을 위해 명장 벨리사리우스를 파견하여 반 로마교회 세력이었던 **반달족을 치게 하여 그 이듬해 서기 534년 그들을 완전히 정복했다.** 이리하여 서로마 지역에서 로마 교황권에 장애가 되는 세력은 동고드만 남게 되었다. 이에 내친걸음으로, 534년 이탈리아를 다스리는 동고드를 치기 시작했고, 서기 536년 12월 9일에 로마에 개선 입성하였다. 하지만 물러갔던 동고드인들은 로마시의 방어가 약화되었음을 알고, 동고드의 왕인 위티기스가 15만 명의 대군을 이끌고 겨우 5천명의 로마 군사가 수비하는 로마를 재침하여 벨리사리우스 장군과 그의 군사들은 꼬박 1년 9일간 포위되어 있었다. **서기 538년** 유스티니아누스 황제는 급히 증원군을 이탈리아에 상륙시켰으며, 그들은 동고드의 수도 라벤나에서 하룻길 밖에 안 되는 아리미늄을 점령하자, 로마를 포위했던 **동고드군은 포위를 풀고, 3월 중순 막대한 피해를 입으며 퇴각했다.** 이리하여 로마 교황에 저항하던 3개 세력의 뿌리를 뽑아버리게 되는데, 이로써 단 7:8과 지금 다루고 있는 단 7:24의 내용 그대로 먼저 10개의 뿔 중에 3개가 "그 앞, 즉 교황 앞"에서 뿌리까지 뽑히게 된다는 예언이 성취되었으며, 서기 533년 유스티니아누스 황제가 선언했던바 그대로 로마교황은 명실 공히 "세계 교회의 머리"로 설 수 있게 되었다.

> 단 7:25 그가 장차 말로 지극히 높으신 자를 대적하며 또 지극히 높으신 자의 성도를 괴롭게 할 것이며 그가 또 때와 법을 변개코자 할 것이며 성도는 그의 손에 붙인 바 되어 한 때와 두 때와 반 때를 지내리라

작은 뿔은 사람의 눈 이외에도 단 7:8과 단 7:20에서, "입이 있어 큰 말을 하였다."고 했는데, 이러한 상징은 "그가 장차 말로 지극히 높으신 자를 대적"하는 일과 밀접하게 관련되어 있다. 역대 로마교황에게 돌려지는 칭호는, 교회 지도자에게 돌리는 존칭 이상으로 분수에 넘치는 표현이 사용되었음을 쉽사리 알아볼 수 있다. 다음은 역대 교황들에게 돌려지거나 스스로 자칭한 그러한 종류의 표현들인데, 그들이 스스로 얼마나 높아졌는지를 살펴보면 참으로 가관도 아닐 지경이다.

"교황은 그토록 큰 위엄과 높음 때문에, 그는 단순히 한 사람의 인간이 아니라, 말하자면, 하나님이요, 하나님의 대리자이다."[6]
"교황은 하늘과 땅과 지하 세계의 왕으로서, 삼중관으로 관을 쓰고 있다."
"교황은 말하자면 땅 위의 하나님이요, 그리스도를 신실하게 믿는 사람들의

6) 가톨릭교회 백과사전에 기록된 '교황'에 대한 정의 (교황 레오13세의 말 중에서 발췌)

유일한 지배자이며, 많은 권세를 가진 왕중왕이다. 그리고 그에게 전지하신 하나님께서 땅 위의 나라들의 방향뿐 아니라, 하늘나라의 방향까지 위임하여 주셨다."

"교황은 그토록 큰 권위나 능력에 속하였기 때문에, 그는 하나님의 율법을 수정하거나, 서명하거나, 해석할 수 있다."

"교황은 그의 권세가 사람에게서 온 것이 아니라, 하나님에게서 온 것이기 때문에, 하나님의 율법을 수정할 수 있고, 땅 위의 하나님의 대리자로서 그는 그의 양들을 매고 푸는 가장 큰 권세를 가지고 행동한다."

"교황들은 이 지구상에서 전능한 하나님의 자리를 대신한다."[7]

"교황은 단지 예수 그리스도의 대리자일 뿐만 아니라, 그는 육신의 베일 속에 감추어진 예수 그리스도 자신이다."[8]

세상에 이보다 더 거룩하고 큰 말들이 또 있을까? 뭐 이 정도라면 미쳤다고 표현해도 무방할 것이다. 아무리 정신이 나가고 천지분간을 못할 정도가 되었을지라도 설마 이 지경까지일 줄은 상상도 못했던 일인데, 그 교만이 가히 하늘을 찌르고도 남아돌 지경이다. 그리고 드디어 1512년 제5기 라테란 종교회의에서는 교황에 관해 언급하면서 다음과 같은 대담무쌍한 선언에 이르게 된다.

"당신은 지상에 있는 또 하나의 하나님이시다."

그들이 대체 뭘 믿고 이런 지경에까지 이르렀는지는 몰라도, 하나님이 보고 계시다면 그 즉시 천둥과 번개를 곧장 내리꽂아야 할 정도로 대담무쌍하기가 그지없다. 하나님이 모르고 계셨을까? 이러한 일에 대

---

7) 1894년 6월20일 교서 중에서 발췌
8) 1895년 7월호, 『The Catholic National』

해, 사도 바울은 분명하고 구체적으로 예언한 바 있다. 「데살로니가후서」 2:4에 이르기를,

> "저는 대적하는 자라 범사에 일컫는 하나님이나 숭배함을 받는 자 위에 뛰어나, 자존하여 하나님 성전에 앉아 자기를 보여 하나님이라 하느니라."

또 단 7:21에서 이르기를 "내가 본즉 이 뿔이 성도들로 더불어 싸워 이기었더니"라는 구절과 지금 단 7:25에서 "지극히 높으신 자의 성도를 괴롭게 할 것이며"는 완전히 같은 내용이다. 또 「계시록」 13:7에도 "(바다에서 나온 짐승이) 권세를 받아 성도들과 싸워 이기게 되고" 라고 명시되어 있으니, 「계시록」에서 바다에서 나온 짐승이 또한 「다니엘서」의 작은 뿔과 마찬가지로 로마교황임을 확인할 수 있다. 로마교황이 역사적으로 얼마나 많은 사람들을 괴롭히고 얼마나 많은 무고한 인명들을 죽여 왔는지는 『시대의 임박한 종말』이란 책에서 언급된 내용에서 짐작해볼 수 있다.

> "로마교황은 자신이 양심적으로 믿는 신앙 때문에 로마교회가 강요하는 가르침과 우상 숭배를 받아들이지 아니하고, 하나님의 말씀에 근거하여 성서를 높이 쳐들며, 죽음도 불사하면서 죄를 대항하여 피로써 항거한 5천만 명 이상의 남녀들을 종교 암흑시대동안에 살상한 것으로 추산된다."

역대 교황들은 그들이 강해질 때마다 소위 하나님을 대신해 이단을 징치한다는 명분으로 수많은 사람들을 잡아다가 고문하거나 죽여 왔음을 역사가 증명해주고 있다. 중세기 교황을 따르지 않는 사람들을 이단으로 정죄해 행정을 맡은 시장이나 당국자들은 닷새 이내에 그들을 나

무에 달아 불태워 죽여야 하며, 만약 당국자가 이를 지시대로 이행하지 않으면 그 역시도 파문에 처해지고 이단자로 취급된다고 선언되었다. 『가톨릭백과사전』에서는 다음과 같이 묘사되어 있다.

"스페인에서만도 종교재판에 의하여 고난당한 사람들은 산 채로 화형 당한 사람이 31,912명으로 헤아려졌고, 소위 복종하도록 강요된 참회자가 291,450명으로 계산되었다. 알비젠스인들의 대학살에서는 100만 명이 죽임을 당했다. 교황 인노센트3세가 1208년 알비젠스와 왈덴스인 박멸을 위해 일으킨 십자군 당시 '제수잇, 즉 예수회' 제도가 처음 확립된 지 30년 동안에 90만 명의 신실한 그리스도인들이 살해당했다. 예수회가 설립된 1540년부터 1580년까지의 기간 네덜란드에서는 알바 공의 지시에 따라 36,000명이 보통 집행자들에 의해 신속히 사형에 처해졌다는데, 알바 공은 이러한 행위를 자랑하고 다녔다. 찰스5세의 치하에서는 5만 명의 프랑드르인들이 교수형과 화형과 산 채로 매장 당했다."

이 정도의 규모라면, 가히 역대 그 어떤 군대 집단보다도 훨씬 강력한 살상력을 보유한 집단이라고 말해야 할 정도가 아닌가? 다른 것도 아니고 바로 사람을 살려야 하는 종교 집단에 의해서 종교라는 이름으로 이런 일들이 백주대낮에 버젓이 자행되어 왔다는 것, 그것이 너무나 어처구니없다고 여겨진다.

그리고 그 다음에 이어지는 구절 "그가 또 때와 법을 변개코자 할 것이며"라고 하였는바, 과연 어떤 일들이 있었던가? 서기 313년 콘스탄티누스 황제에 의해 기독교가 공인되기 전까지 기독교인은 전체 인구의 4% 정도에 불과했었지만, 황제가 죽기 전 기독교인은 전체 인구의 90%를 상회하게 된다. 이에 대해 최초로 교회사를 쓴 유세비우스는 기독교의 대중화는 순수한 신앙이 아닌 이익이 게재되었기 때문이라고 평한 바

있다. 콘스탄티누스는 기독교를 공인하면서 일련의 조치들을 취하게
되는데, 교회건물을 지어주고, 성직자 제도를 만들고, 국가의 유여 재
산을 교회에 주고, 성직자에게 군 면제와 세금을 면제해준다. 콘스탄티
누스는 신자들에게 건물을 멋지게 지어주고, 신앙생활을 편하게 해주
었다. 그리고 신자들에게 많은 이익을 제공해주었다. 그러나 그가 취한
조치 중에는 '매일 드리는 예배'를 폐한 것이 포함되고, 이는 "그가 또
때와 법을 변개코자 할 것이며"에 해당되는 내용이었다. 그는 자신이
믿는 태양신의 예배방식을 도입하여, 자기가 지어준 건물에서 주일에
한번 예배하도록 했다. 그 이후 일주일에 한번만 예배해도 버젓이 기독
교도임을 자처할 수 있게 되었다. 또한 『가톨릭백과사전』에 명시된 바
에 의하면,

> "베드로와 그의 후계자들은 교훈이나 금지에 관한 율법을 부가할 수 있는 권세를
> 가졌음과 아울러, 이러한 율법들로부터 면제해주는 권세도 있고, 필요하다면
> 폐지시키는 권세도 있다. 이러한 사법상의 권한은 심지어 죄까지라도 용서할
> 수 있는 권세를 포함하고 있다."

고 하였는데, 이 또한 "그가 또 때와 법을 변개코자 할 것이며"에 해당
되는 바였다. 그리고 『가톨릭백과사전』 4권 153페이지는 다음과 같은
내용도 나온다.

> "가톨릭교회는 안식일을 주일 중 일곱째 날인 토요일에서 첫째 날인 일요일로
> 변경시킨 후, 십계명의 넷째 계명을 고쳐서 일요일을 주일로 지키라고 명하였다."

라고 했는데, 이것도 "그가 또 때와 법을 변개코자 할 것이며"에 해당되

는 바였다. 이에 대하여 침례교회 신학자인 에드워드 히스콕스 박사가 말하기를

"태양신을 숭배하는 태양의 축제일인 이교도의 표상 일요일이 교황권의 배도로 인하여 승인을 받아 개신교회의 거룩한 중심에 자리를 잡게 된 것은 참으로 큰 슬픈 일이 아닐 수 없다."

라고 하였다. 로마제국의 황제 콘스탄티누스가 서기 313년 밀라노 칙령으로 기독교에 대한 관용을 선포하면서 기독교에 대한 박해를 끝내고 사실상 정식 종교로 공인하면서 황제 자신이 기독교로 개종하고 교회의 압류된 재산을 돌려주었는데, 이로써 기독교가 제도권으로 유입되는 순기능이 있었지만 당시 태양신 숭배 관습들이 대거 기독교 교회로 유입되는 계기가 되면서 역기능도 만만치 않았다. 그 중 가장 대표적인 사례가 바로 주일의 변경이었던 것이다. 이렇게 하여 십계명의 내용을 일부 고치게 되는데, 심지어 그들은 여기에 머물지 않고, 마리아상이나 각종 성자들의 像을 정죄하기 때문이라는 이유를 대면서 십계명 중에서 "우상을 섬기지 말라"는 두 번째 계명을 삭제해버리기까지 한다. 이에 대하여 마르틴 루터가 그의 저서에서 다음과 같이 말한다.

"바울이 「데살로니가후서」 2:4에서 이르기를 '하나님이나 숭배함을 받는 자 위에 뛰어나 자존하여 하나님 성전에 앉아 자기를 보여 하나님이라 하느니라.'고 기록하였던 그 존재가 여기에 있다. 적그리스도인 '불법의 사람 곧 멸망의 아들'이 있는데 그는 하나님의 법을 변경하였으며, 하나님의 계명 위에 자신이 만든 계명을 높였다. 우리는 여기서 교황권이 진짜 적그리스도의 권좌에 앉아 있다는 사실을 확신하는 바이다."

루터의 이러한 인식이 큰 계기가 되어, 중세 암흑기를 지배하던 교황에 대한 재인식이 이루어지게 되었고, 종교개혁의 기치가 높이 올라가게 되면서 결국 18세기 교황이 옥사하는 지경까지 이르게 된다. "성도는 그의 손에 붙인 바 되어"라는 구절과 같이 실로 1260년 동안이나 모든 성도들이 교황의 지배하에 놓여 있었던 것이다. "한 때와 두 때와 반 때를 지내리라."라는 구절의 예언이 성취된 것이다. 여기서 표현되는 "때(time)"는 "해年"를 의미한다. 그리고 한 가지 참고해야 할 것은 『구약성서』의 「다니엘서」와 『신약성서』의 「계시록」까지 일관성 있게 관통하는 예언의 기본 원칙 하나가 있는데, 그것은 성서의 "하루"가 곧 지상의 "1년"을 의미한다는 것이다.

한 때 + 두 때 + 반 때 = 1년 + 2년 + 0.5년 ⇒ 3.5년 = 42달 = 1260일

따라서 모두 더하여 3.5년을 의미한다. 3.5년은 달수로는 42달이며, 날수로는 1260일이고, 이로써 로마교황권이 1260년 동안 권세를 누리고 성도를 핍박하였다는 것이 성립된다. 세 뿔을 모두 넘어뜨린 538년부터 시작되어 1798년에 이르기까지 실로 1260간의 기나긴 세월이었음을 역사가 증거하고 있는 바이다. 신성을 가장하여 성도를 괴롭히며 1260년간을 지속해온 로마교황, 그들의 전성기의 대강은 바로 이러하다. 서기 800년 크리스마스에 교황 레오3세는 프랑크의 찰스 대제에게 관을 씌워, 신성로마제국을 탄생시킴으로써 강력한 배경 세력을 얻게 된다. 신성로마제국은 그 후 교황권의 보호자가 되기도 하고, 때로는 경쟁자가 되기도 하면서, 결과적으로 교황권을 뒷받침하면서 함께 유럽을 지배하는 주인공 역할을 하게 된다. 십자군을 일으켜 끔찍한 살육을 저지르고, 왈

덴스인들을 토벌하고, 허스, 제롬 등을 화형에 처하며, 마르틴 루터의 종교개혁을 저지하기 위해 온갖 편의와 힘을 제공한 것이 바로 신성로마제국이었다. 이와 같은 황제와 교황의 연립국가 체제에서 처음에는 황제가 교회를 다스렸지만, 유능한 교황 그레고리7세[9]의 즉위를 계기로, 지위가 역전되어 교황권의 지상권 시대가 도래 한다. 그레고리7세는 자신을 그리스도의 대리자로 자처하면서 이렇게 선언했다.

"로마교회만이 하나님에 의해 세워졌다. 로마교황만이 세계적이라고 불릴 수 있는 권리를 가졌다. 교황만이 제국의 기장을 사용할 수 있고, 그의 발만이 모든 군주들의 입맞춤을 받을 수 있다. 그는 황제들을 폐위시킬 수 있으며, 교황 자신은 아무에게도 판단 받지 않는다. 로마교회는 결코 오류가 없으며, 영원히 잘못을 저지르지 않는다."

교황권의 전성기는 1095년부터 1270년까지 성지 탈환을 위한 십자군 전쟁 동안 극에 달했으며, 인노센트3세 때 최고절정기를 구가했다. 그러나 만물의 이치가 차면 기울듯이, 십자군 전쟁의 실패와 함께 교황의 위신이 추락하기 시작한다. 서기 1305년에서 1377년까지 약 70년간 프랑스에 의해 교황청을 강제로 로마에서 프랑스의 아비뇽으로 옮기는 등 수난을 겪다가, 14세기부터 일어난 르네상스와 함께 16세기의 종교개혁을 맞이하게 되면서 심각한 타격을 받는다. 그러나 다시 전열을 가다듬은 로마교회는 여러 차례에 걸쳐서 열린 트렌트 종교회의(1545~1563)를 계기로, 재기하게 되는데, 이 일을 행동으로 옮긴 결사대가 바로 1534년에 로욜라가 설립한 제수잇, 즉 예수회라는 단체였다.

9) 교황 재위 기간 : 서기 1073년 4월 22일 - 서기 1085년 5월 25일

예수회는 복종, 청빈, 순결을 서약하고, 고백을 듣는 일과, 교육, 외방선교를 활동의 목표로 삼는 이들은, 종교개혁으로 추락된 로마교회의 명예회복과 세력 확장을 위해 수단과 방법을 가리지 않았다. 예수회가 앞장 선 교황권의 반종교개혁운동은 크게 성공하여 종교개혁을 상쇄하면서, 신대륙을 비롯하여 전 세계로 교세를 확장해나갔다. 한 때 종교개혁으로 잃었던 남부 독일, 오스트리아, 보헤미아를 다시 회복하는 등 눈부신 활약을 보였다. 그러나 예수회의 잔인성과 수단과 방법을 가리지 않는 정치적인 종교 활동, 그리고 불관용성은 가장 충성스러운 가톨릭 국가들로부터 배척을 당하여, 1759년에는 포르투칼에서, 1764년에는 프랑스에서, 그리고 1767년에는 스페인과 시실리에서 추방당하게 되었고, 1773년 교황 클레멘트14세는 곤경에 몰려 이를 폐지할 수밖에 없었다.

교황은 중추적 역할을 해주던 예수회가 폐지된 후 중심을 잃고 허약해진다. 인구 2500만 가운데 27만에 불과한 제1의 성직자 신분과 제2 귀족의 신분들만 전 국토의 절반을 차지하고서도, 면세의 특전을 누리는데다가, 국세의 25%가 이들을 위한 연금지급의 형식으로 탕진되었다. 공포정치가 절정에 달한 1793년 1월 13일, 쟈코방 당黨은 국왕 루이 16세와 왕비를 반역죄로 처단함으로써 왕정에 대한 누적된 분노를 터뜨렸다. 동시에 파리 시내의 노트르담 성당의 제단 위에는 이성의 여신이 세워지고 "하나님은 없다."라고 외치며 분노한 군중들의 함성소리가 터져 나왔다. 수도원들은 폐지되었고, 교회의 재산은 몰수되었으며, 사제들은 조롱을 받고 박해를 당했으며, 성당에서의 미사까지 방해를 받기에 이르렀다. 1798년 나폴레옹 혁명정부의 베르티어 장군은 바티칸에 침입하여 왕정의 상징인 교황 피우스6세를 프랑스로 잡아갔다. 1798년은 교황권이 538년에 제대로 서게 된 이후 꼭 1260년 만이었다.

단 7:26 그러나 심판이 시작된즉 그는 권세를 빼앗기고 끝까지 멸망할 것이요 단 7:27 나라와 권세와 온 천하 열국의 위세가 지극히 높으신 자의 성민에게 붙인 바 되리니 그의 나라는 영원한 나라이라 모든 권세 있는 자가 다 그를 섬겨 복종하리라 하여 단 7:28 그 말이 이에 그친지라 나 다니엘은 중심이 번민하였으며 내 낯빛이 변하였으나 내가 이 일을 마음에 감추었느니라

"그는 권세를 빼앗기고"라는 예언이 성취된 순간이 바로 1798년이었지만, 하지만 그것으로 교황이 완전히 끝장난 것은 아니었다. 이어지는 예언 "끝까지 멸망할 것이요"라는 예언을 완전히 성취하기 위해선, 적어도 그들이 마지막 그날까지는 그대로 유지될 필요가 있는 것이다. 과연, 피우스6세의 뒤를 이은 피우스7세가 다시 재기하게 된다. 그는 1814년 나폴레옹이 몰락하면서 다시 재기의 실마리를 잡을 수 있었다. 또한 교황 피우스7세는 교황권을 뒤에서 지탱할 수 있게 해주었던 악명 높았던 예수회를 1814년 8월 7일 부활시키게 된다. 「데살로니가후서」 2:3~4에서 이르기를,

"누가 어떻게 하여도 너희가 미혹되지 말라 먼저 배교하는 일이 있고 저 불법의 사람 곧 멸망의 아들이 나타나기 전에는 그 날이 이르지 아니하리니, 그는 대적하는 자라 신이라고 불리는 모든 것과 숭배함을 받는 것에 대항하여 그 위에 자기를 높이고 하나님의 성전에 앉아 자기를 하나님이라고 내세우느니라."

성전에 앉아 자기를 하나님이라고 내세우는 자, 이런 자가 역사적으

로 로마교황을 제외하고 또 누가 있었는가? 이렇게 쉽게 『성경』에 적시되어 있는데도 불구하고, 사람들은 쉽사리 그 가짜를 알아보지 못하고 무려 천년을 넘도록 속고 또 속아 온 것이다. 그리고 과학이 고도로 발달한 21세기에 들어와서까지도 교황의 세력은 여전히 활개를 치고 전 세계를 무대로 활동하고 있다. 「데살로니가후서」는 2:8에서 또한 이렇게 알려준다.

"그 때에 불법한 자가 나타나리니 주 예수께서 그 입의 기운으로 그를 죽이시고 강림하여 나타나심으로 폐하시리라."

여기에서 말하는 그때는 마지막 아마겟돈의 시기를 의미한다. 드디어 재림한 메시아가 교황을 멸하는데, 다른 것으로 멸하는 것이 아니라 입의 기운으로 멸한다고 한다. 이후 교황의 자리는 영원히 사라질 것이다. 성서의 이러한 예언에 대해 미셸 노스트라다무스가 남긴 4행시를 참고하면 좋을 듯하다. 우리의 예언가는 특히 역대 교황들에 대한 예언을 남기는 것을 즐겨 하였으니, 마지막 교황에 대한 언급도 틀림없이 어딘가에 숨겨놓았을 것이 분명한데, 바로 이것이다.

Nostradamus prophecy: Quatrain 2, 56

One whom neither plague nor steel knew how to finish,
Death on the summit of the hills struck from the sky:
The abbot will die when he will see ruined
Those of the wreck wishing to seize the rock.

전염병도 강철도 끝낼 수 없었던 사람
하늘로부터 충격을 받아 언덕의 정상에서 죽으리라.
교회가 멸망하는 것을 볼 때 대 수도원장은 죽으리라.
기반(바위)을 잡으려고 원하는 난파된 그들

상기 4행시에 의하면 마지막 교황은 고령의 연세에도 불구하고 장차 세상에 창궐하면서 수십억 명의 인명을 앗아갈 괴질에도 끄덕하지 않을 것이고, 핵미사일이 날아다니는 제3차 세계대전의 그 험한 포화 속에서도 굳건하게 살아남을 것이 분명하다. 가히 그가 믿고 버티는 뒷배의 힘이 얼마나 막강한지를 짐작해볼 수 있는 대목이다. 그리고 그는 기어코 장차 재림하게 될 구세주에게 맞서고야 말 것이다. 그러나 결국 「다니엘서」에 기술된 내용 그대로 권세를 빼앗기고, 끝에 멸망할 것인데, 그때에 사람의 손에 의하지 않고, 하늘로부터의 충격으로 언덕의 정상에서 절명하고 말 것이다.

다니엘 8장

단 8:1 나 다니엘에게 처음에 나타난 이상 후 벨사살 왕 삼년에 다시 이상이 나타나니라 단 8:2 내가 이상을 보았는데 내가 그것을 볼 때에 내 몸은 엘람도 수산 성에 있었고 내가 이상을 보기는 을래 강변에서니라 단 8:3 내가 눈을 들어 본즉 강가에 두 뿔 가진 숫양이 섰는데 그 두 뿔이 다 길어도 한 뿔은 다른 뿔보다도 길었고 그 긴 것은 나중에 난 것이더라 단 8:4 내가 본즉 그 숫양이 서와 북과 남을 향하여 받으나 그것을 당할 짐승이 하나도 없고 그 손에서 능히 구할 이가 절대로 없으므로 그것이 임의로 행하고 스스로 강대하더라

지금 8장의 계시가 내려왔던 시기는 바벨론의 마지막 왕 벨사살 3년인 기원전 551년으로 추정된다. 기원전 605년 유대가 바벨론에 의해 망하면서 예루살렘 성전이 불타고 다니엘 자신이 포로로 잡혀 온 지도 어언 54년이 지났을 때이다. 여기서 등장하는 두 뿔 가진 숫양은 메데-페르시아의 성립을 말한다. 더 긴 뿔은 페르시아를 말하고 나중에 일어나지만 메데를 병합하고 형제로 지냈다. 페르시아는 특히 영토에 욕심이 많아서, 바벨론에 비해 상당히 넓은 영토를 갖게 된다. 여기서 한가지, 지금 메데-페르시아에 대한 얘기는 사실 「다니엘서」 2장에서 이미 언급이 되었던 것인데, 여기 8장에서 다시 반복되고 있다. "반복의 원칙"이 한 번 더 확인되는 순간이다. 성서에서 중요한 것은 한번으로 그치지 않고 반복해서 예언된다.

단 8:5 내가 생각할 때에 한 숫염소가 서편에서부터 와서 온 지면에 두루 다니되 땅에 닿지 아니하며 그 염소 두 눈 사이에는 현저한 뿔이 있더라 단 8:6 그것이 두 뿔 가진 숫양 곧 내가 본 바 강가에 섰던 양에게로 나아가되 분노한 힘으로 그것에게로 달려가더니 단 8:7 내가 본즉 그것이 숫양에게로 가까이 나아가서는 더욱 성내어 그 숫양을 쳐서 그 두 뿔을 꺾으나 숫양에게는 그것을 대적할 힘이 없으므로 그것이 숫양을 땅에 엎드러뜨리고 짓밟았으나 능히 숫양을 그 손에서 벗어나게 할 이가 없더라

숫양에 이어 새로 등장한 한 숫염소는 땅에 발이 닿지 않을 정도로 온 신속하게 세상을 누비고 다니는 헬라, 즉 알렉산더의 그리스 제국을 말하고, 더불어 현저한 뿔은 알렉산더를 상징한다. 그리고 숫양을 짓밟는다는 것은 알렉산더가 페르시아 제국을 정복하는 것을 의미한다.

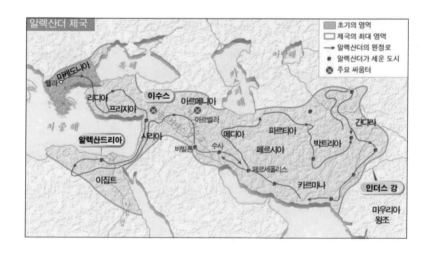

단 8:8 숫염소가 스스로 심히 강대하여 가더니 강성할 때에 그 큰 뿔이 꺾이고 그 대신에 현저한 뿔 넷이 하늘 사방을 향하여 났더라 단 8:9 그 중 한 뿔에서 또 작은 뿔 하나가 나서 남편과 동편과 또 영화로운 땅을 향하여 심히 커지더니 단 8:10 그것이 하늘 군대에 미칠 만큼 커져서 그 군대와 별 중에 몇을 땅에 떨어뜨리고 그것을 짓밟고 단 8:11 또 스스로 높아져서 군대의 주재를 대적하며 그에게 매일 드리는 제사를 제하여 버렸고 그의 성소를 헐었으며 단 8:12 범죄함을 인하여 백성과 매일 드리는 제사가 그것에게 붙인 바 되었고 그것이 또 진리를 땅에 던지며 자의로 행하여 형통하였더라

기원전 323년 세계를 정복한 알렉산더는 33세의 나이로 갑자기 죽는다. 그의 제국은 이후 20년간의 권력투쟁에 휩싸이고, 그 결과 수하 네 명의 장군들이 나라를 나누어 다스리게 된다. 마케도니아와 그리스는 "카산드라" 왕국, 소아시아와 트라키야는 "리시마커스" 왕국이 된다. 그리고 바벨론과 시리아는 "셀류커스" 왕국, 이집트와 유대는 "프톨레미우스" 왕국이 된다. 이렇게 네 명의 부하들이 각각 영토를 분할하여 다스리게 되는데, 기원전 198년경에는 유대 지역이 셀류커스 왕조 안티우커스3세[10]의 영토가 된다.

단 8:9 "네 뿔 중 한 뿔에서 나오는 작은 뿔"의 주인공 안티우커스4세는 안티우커스3세의 셋째 아들로서 그의 형 셀류커스4세 필로파토로[11]의 뒤를 이어 셀류커스 왕조의 제8대 왕으로 즉위했다. 그는 왕이 되기

---

10) 기원전 242 ~ 기원전 187
11) 기원전 187 ~ 기원전 175

전에 14년 동안 로마에 인질로 잡혀가 있었다. 그 이유는 그의 부친이 기원전 190년 카르타고의 한니발 장군과 연합하여 로마와 벌인 서머나 전투에서 크게 패한 후에 그를 볼모로 내주었기 때문이다. 그런데 안티우커스4세는 로마에서 14년 동안 살면서 선진 헬라문화에 깊이 심취하게 되었고, 왕이 된 후에는 자국의 정치, 경제적인 불안정한 상황을 바로잡고 정치적 파벌 다툼을 잠재우기 위하여 강력한 헬라화 정책을 추진하였다. 나아가 그는 올림피아의 제우스 신상의 모습을 따서 자신의 우상을 만들고 백성들로 하여금 숭배하게 했다. "에피파네스(Ephipanes)"란 이름은 "명백히 나타난 신"이라는 의미의 헬라어 "데오스 에피파네스"에서 따온 것으로 자신을 신격화하기 위한 것이었다. 이에 사람들은 그에게 "에피마네스(Epimanes)"라고 했는데 그것은 "미친 놈", "정신병자"란 뜻이었다.

안티우커스4세가 예루살렘의 성전을 모독하게 된 근본 원인은 그의 헬라화 정책에 있었다. 안티우커스4세는 왕위에 즉위하자마자 시리아 왕국은 물론 유다 지역까지도 장악하여 강력한 헬라화 정책을 추진했다. 그는 애굽의 프톨레미 왕조와 가까운 유대의 대제사장 오니아스3세를 몰아내고 자신의 헬라화 정책을 적극 지지하는 야손을 대제사장 직에 앉혔다. 그러다가 다시 유대인의 종교적 결속을 와해시키기 위하여 야손을 몰아내고 제사장 아론의 혈통도 아닌 베냐민 지파 사람인 메넬라우스를 대제사장으로 세웠다. 그러던 중에 기원전 170년 안티우커스4세는 이집트를 침공하게 되었다. 그것은 당시 이집트 왕국의 왕인 프톨레미6세 필로메트로가 과거에 안티우커스3세에게 빼앗긴 코엘레 시리아 땅을 되찾으려고 전쟁을 준비한다는 사실을 안티우커스4세

가 미리 알고 선제공격
을 했던 것이다. 이 전쟁
에서 그는 이집트를 완
파하여 이집트를 멤피스
와 알렉산드리아를 중심
으로 양분하고 프톨레미
6세의 동생인 프톨레미7

세, 피스콘12)을 또 다른 왕으로 세워 두 왕이 서로 경쟁하도록 만들어
놓고 본국으로 귀환하였다. 그 후 1년 뒤인 기원전 169년에 이집트의
두 형제 왕들은 안티우커스4세에게 대항하기 위하여 연립 왕정을 수립
하게 되었다. 이에 안티우커스4세는 재차 이집트 정복에 나서게 되는
데, 먼저 프톨레미6세가 다스리던 멤피스를 정복하고 거기서 다시 진군
하여 프톨레미7세가 다스리던 알렉산드리아를 점령하기 직전에 이집
트에서 철수하라는 로마 원로원의 최후통첩을 받게 되었다. 로마에서
인질로 14년 동안 살았던 그는 로마 제국의 막강한 군사력을 익히 알고
있었기 때문에 감히 항거하지 못하고 철수하게 되었다. 그리고 철군하
는 길에 시리아와 로마 사이의 완충 지역에 있는 유대의 충성을 확보해
두기 위하여 유대 지역에 이전에 비할 수 없을 정도의 강력한 헬라화
정책을 시행하게 되었다. 유대에 대한 안티우커스4세의 헬라화 정책의
제1목표는 유대교를 말살하고 헬라 종교를 그 지역에 심는 것이었다.
이에 안티우커스4세는 22,000명의 군대를 파견하고 유대인들이 안식일
에는 싸우지 않을 것을 이용해 안식일에 예루살렘을 공격하게 했다.

---

12) 기원전 170~기원전 117

이로 인해 예루살렘은 대부분 약탈당하고 불태워졌으며 많은 사람들이 죽고 여자와 아이들은 노예로 잡혀 갔다. 그리고 기원전 167년에는 드디어 유대인들이 조상 대대로 지켜 오던 율법 준수를 금하기에 이르렀다. 즉 안식일 준수, 절기 때에 행하는 축제, 번제 제사, 어린아이의 할례 등을 금지시켰다. 그리고 율법서를 모두 불태우며 성전 제단에서 부정한 제물로 우상을 숭배하게 하고 유대인들에게 돼지고기를 먹도록 강요했다. 그리고 이 가운데 어느 하나라도 어기는 자는 누구를 막론하고 사형에 처하도록 했다. 그리고 이 같은 행위가 최고 절정에 이른 것은 기원전 167년 12월 16일이었다. 성전에 제우스 신상이 세워지고 번제단 위에 돼지고기 제물을 바쳤다. 그리고 이 같은 제사를 매월 25일에 지내게 했는데, 이 날은 안티우커스4세의 생일이었다. 유대인들로 하여금 안티우커스4세 자신을 위해 제우스 신상 앞에서 제사를 드리게 한 셈이다. 그러나 이는 안티우커스4세의 크나큰 실책이었다. 또 그는 유대인들의 종교적 전통이 마치 이집트와 밀접한 연관이 있는 것으로 생각하여 무조건적이면서 독단적으로 이를 폐지하고 헬라화 시키도록 했는데 이는 유대인들의 감정을 극도로 자극한 것이 되었고 결국 마카비 혁명이라는 유대인 독립전쟁의 도화선에 불을 붙인 셈이 되고 말았다.

단 8:13 내가 들은즉 거룩한 자가 말하더니 다른 거룩한 자가 그 말하는 자에게 묻되 이상에 나타난바 매일 드리는 제사와 망하게 하는 죄악에 대한 일과 성소와 백성이 내어준 바 되며 짓밟힐 일이 어느 때까지 이를꼬 하매 단 8:14 그가 내게 이르되 이천삼백 주야까지니 그 때에 성소가 정결하게 함을 입으리라 하였느니라

　유대인들의 전통에 따르면, 성소가 정결케 된다는 것은 1년 내내 사람들이 지상에 마련된 성소에서 자신들이 저지른 죄악들을 고백하면서 양을 제물로 바친다. 그때 양의 피가 지상의 성소 안에 뿌려진다. 이렇게 더러운 죄악들을 머금고 있는 피들이 그대로 성소에 남아 있을 것이고, 사람들은 일 년에 한번 "대속죄일"에 지상의 성소를 정결하게 청소를 하고, 마음 속 깊이 회개를 하면서 모든 죄악들을 최종적으로 결산하게 된다. 그와 마찬가지로 하늘의 성소도 2300년 동안 죄의 고백으로 인해 더러워진다는 것이고, 따라서 하늘 성소도 똑같이 정결케 하는 과정이 필요하다는 것이다.

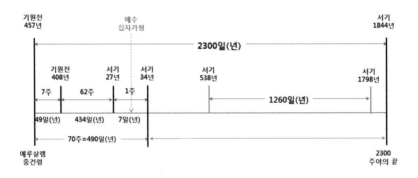

　그리고 실제로 하늘 성소가 정결해지기 위해 요구된다는 2300년의 기한, 그것의 마지막 연도인 서기 1844년, 그때 즈음해서 전 세계 개신교도들에게 엄청난 부흥운동이 일어나는 기적 같은 일이 생기게 된다. 서기 1798년에 로마교황권이 깨졌고, 그로부터 얼마 지나지 않은 서기 1844년 무렵 대대적인 부흥운동이 일어났으니, 이는 기원전 457년부터 시작되어 장장 2300년이 지나게 되면서 비로소 하늘 성소가 크게 정결해졌다는 현실적 표상이 땅위에서도 그대로 반영된 것이다.

단 8:15 나 다니엘이 이 이상을 보고 그 뜻을 알고자 할 때에 사람 모양 같은 것이 내 앞에 섰고 단 8:16 내가 들은즉 을래 강 두 언덕 사이에서 사람의 목소리가 있어 외쳐 이르되 가브리엘아 이 이상을 이 사람에게 깨닫게 하라 하더니 단 8:17 그가 나의 선 곳으로 나아왔는데 그 나아올 때에 내가 두려워서 얼굴을 땅에 대고 엎드리매 그가 내게 이르되 인자야 깨달아 알라 이 이상은 정한 때 끝에 관한 것이니라. 단 8:18 그가 내게 말할 때에 내가 얼굴을 땅에 대고 엎드리어 깊이 잠들매 그가 나를 어루만져서 일으켜 세우며 단 8:19 가로되 진노하시는 때가 마친 후에 될 일을 내가 네게 알게 하리니 이 이상은 정한 때 끝에 관한 일임이니라 단 8:20 네가 본 바 두 뿔 가진 숫양은 곧 메데와 바사 왕들이요 단 8:21 털이 많은 숫염소는 곧 헬라 왕이요. 두 눈 사이에 있는 큰 뿔은 곧 그 첫째 왕이요 단 8:22 이 뿔이 꺾이고 그 대신에 네 뿔이 났은즉 그 나라 가운데서 네 나라가 일어나되 그 권세만 못하리라.

드디어 다니엘이 숫양과 숫염소의 정체에 대한 설명을 듣는 장면이다. 숫양 페르시아를 정복한 숫염소 마케도니아의 알렉산더는 점령지에 그리스 문화를 심는 헬라화를 추진한다. 그 후로 당시 인간사회는 헬라어를 아는 '헬라인'과 헬라어를 모르는 '야만인'으로 분류되었다. 한편 유대 사회에서도 참신하고 지적이고 우아하고 세련된 헬라문화가 유입되기 시작했고 헬라 사상과 문화에 심취된 이들을 일컬어 '유대교 헬라주의자'라고 하였다. 단 8:22의 내용 그대로 알렉산더의 제국은 부하 네 명에 의해 승계되었지만, 실제로 그들의 권세는 알렉산더의 영광에 미치지 못하였다.

단 8:23 이 네 나라 마지막 때에 패역자들이 가득할 즈음에 한 왕이 일어나리니 그 얼굴은 엄장하며 궤휼에 능하며 단 8:24 그 권세가 강할 것이나 자기의 힘으로 말미암은 것이 아니며 그가 장차 비상하게 파괴를 행하고 자의로 행하여 형통하며 강한 자들과 거룩한 백성을 멸하리라

알렉산더가 죽은 직후 유대 지역은 프톨레미 왕조의 지배 아래에 있었고, 그들은 '중앙집권제' 방식을 채택하고 있었다. 이에 비해 셀류커스 왕조는 '연방제' 방식을 채택하면서 피지배 민족들에게 자율성을 부여하는 정책을 펴고 있었다. 셀류커스 왕조의 안티우커스3세는 프톨레미 왕조를 상대로 기원전 221년부터 5차례의 시리아 전쟁을 치르는데, 이때 유대의 유력자들은 연방제를 채택하고 있는 안티우커스3세를 지지하는 게 자신들에게 유리하다고 판단하여 안티우커스3세를 지원했다. 그 결과 안티우커스3세는 기원전 200년 전쟁에서 승리한다. 그는 유대인들의 지지에 대한 보답으로 유대인들에게 칙령을 내리는데, 그 주요내용은 예루살렘 성전의 종교의식을 보장하고 세금을 감면해준다는 것이었다. 그리고 예루살렘 성전의 재건축과 현물을 통해서 희생제사의 지원을 약속하였다. 이때부터 많은 돈이 성전으로 유입되기 시작하였다. 그러나 기원전 190년 안티우커스3세는 그 당시 새로운 강자로 급부상한 로마와의 전쟁에서 패배한다. 당시에는 전쟁에서 패배하면 전쟁 배상금을 내도록 되어 있었는데, 안티우커스3세는 배상금으로 12년간 12,000달란트를 지불해야 했다. 이로 인해 나라의 재정 부담이 가중되었고, 그 여파로 유대사회에 내렸던 세금감면 혜택이 철회된다. 이즈음 예루살렘 성전은 많은 재산을 가지고 있었는데, 재정압박에 시

272 •

달린 관리들은 성전 재산까지 노리게 된다. 안티우커스3세가 죽고 그 아들 셀루커스4세가 기원전 187년부터 기원전 175년까지 12년간 다스린다. 이어서 안티우커스4세가 즉위한다. 바로 이때가 "한 왕이 일어나리니"라는 예언이 성취되는 순간이었고, "그 얼굴은 엄장하며 궤휼에 능하다."라는 예언 그대로 그는 뻔뻔한 얼굴에 속임수에 능한 사람이었다. 또한 "그 권세가 강할 것이나 자기의 힘으로 말미암은 것이 아니며"가 성취되는 순간이기도 했다.

안티우커스4세는 처음에는 유대인들에게 종교의 자유를 허락하는 호의를 베푸는 척 한다. 그런데 당시 약 25년간 세력을 얻은 유대교 헬라주의자들은 왕의 허락에 만족하지 않고, 예루살렘을 안티오키아로 개명하고, 율법을 버리고, 그리스 헬라의 방식으로 새로운 헌법을 만들 수 있도록 허락해달라고 조른다. 그러한 그들의 중심에는 야손이 있었다. 그는 부정한 수단으로 대제사장직을 손에 넣었고 안티우커스4세를 찾아가 은 360달란트를 바쳤고, 또 그 외에 많은 돈을 바치기로 약속하고는 유대사회를 "헬라화"하는 것을 허락받는다. 야손은 대대로 물려받은 율법의 전통을 고루하게 여기고 그리스 문화를 동경하여, 동족들의 생활방식까지 그리스 방식으로 바꾸어놓았다.

한편 안티우커스4세는 지배자의 우월적 지위를 최대한 이용하면서 성전의 수많은 물건들을 약탈해간다. 예루살렘의 부유한 성전은 처음에는 야손이 뇌물로 사용했고, 안티우커스4세에 의해 완전히 강탈당한다. 하지만 그의 이러한 성전약탈은 피지배민족 유대인들에게는 신성모독과 악행으로 여겨졌고, 타락한 사제들과 안티우커스4세에 대한 반감이 고조되더니 얼마 안가 제사장 야손은 결국 추방당하고 이방 땅을 전전하다가 비참한 죽음을 맞이한다. 그때 애굽으로 원정을 나가 있다가 이 소식을 들은 안티우커스4세는 유대인들이 반란을 일으킨 것으로 여기고 격분한다. 그는 즉시 예루살렘을 점령하고 눈에 띄는 사람들을 가차 없이 칼로 베고 도망가는 사람들을 쫓아가 모두 살해한다. 노소를 가리지 않았고, 여자와 어린이도 예외가 없었고, 처녀와 젖먹이까지도 모두 죽었고, 단 사흘 동안 8만 명이 살해되었다. 하지만 그는 이것으로 만족하지 않고 성전으로 들어가 거룩한 기물에 손을 대어 성전의 봉헌물을 마구 쓸어갔다. 그는 성전을 더럽히고 그 성전을 제우스신에게 봉헌하였다. 이방인들은 성전 안에서 온갖 방종과 향락을 일삼고, 성전 안에서 창녀들과 놀아나고 부녀자들을 희롱했다. 제단에는 율법에서 금지한 부정한 고기들을 쌓아놓게 하였다. 안식일 등 모든 절기가 폐지되었고, 유대인들에게 부정한 고기를 먹게 하였고 생활 방식을 그리스식으로 바꾸지 않으면 모조리 죽였다. 이로써 "그가 장차 비상하게 파괴를 행하고 자의로 행하여 형통하며 강한 자들과 거룩한 백성을 멸하리라."라는 예언이 성취된다.

다른 예언들은 모두 성취가 되었는데, "이 네 나라 마지막 때에 패역자들이 가득할 즈음에"라는 예언은 과연 어떻게 되었을까? 여기서 "패역자"라는 것은 곧 반역자를 의미한다. 당시 유력한 유대인들이 바로 반역자들이었고, 그 중에서도 가장 대표적인 인물이 바로 야손이었다. 그들 반역자들은 유대 조상들로부터 내려온 율법을 저버리고 그리스방식의 생활을 백성들에게 강요한 유대교 헬라주의자들이었다. 고루하고 촌스럽고 고지식한 유대 방식보다 고급스럽고, 편하고, 세련된 헬라

방식의 생활이 그들을 완전히 사로잡았으니, 이로써 한 글자의 빠짐도 없이 예언들이 모두 성취되었음을 알 수 있다.

단 8:25 그가 꾀를 베풀어 제 손으로 궤휼을 이루고 마음에 스스로 큰 체하며 또 평화한 때에 많은 무리를 멸하며 또 스스로 서서 만왕의 왕을 대적할 것이나 그가 사람의 손을 말미암지 않고 깨어지리라 단 8:26 이미 말한바 주야에 대한 이상이 확실하니 너는 그 이상을 간수하라. 이는 여러 날 후의 일임이니라 단 8:27 이에 나 다니엘이 혼절하여 수일을 앓다가 일어나서 왕의 일을 보았느니라. 내가 그 이상을 인하여 놀랐고 그 뜻을 깨닫는 사람도 없었느니라

그러나 그렇게 영원할 것만 같았던 안타우커스4세의 핍박도 기원전 164년 종막을 고하게 된다. 그는 금은을 약탈하기 위해 알렉산더가 금은보화를 숨겨놓은 것으로 알려진 신전을 점령하기 위해 페르시아로 쳐들어간다. 그러나 그 전쟁에서 패배하고 마는데, 그는 그 패배의 분노를 예루살렘에서 분풀이해보려고 작정하고는, 말을 타고 가면서 "예루살렘에 들어가기만 하면 그곳을 유대인들의 공동묘지로 만들겠다."라고 소리치는데, 그 말이 채 떨어지기가 무섭게 갑자기 복통이 일어나면서 말에서 떨어지고 배가 갈라지더니 구더기가 그 몸에 가득하게 되고 극심한 고통 속에서 죽게 된다. 이로써 "그가 꾀를 베풀어 제 손으로 궤휼을 이루고 마음에 스스로 큰 체하며 또 평화한 때에 많은 무리를 멸하며 또 스스로 서서 만왕의 왕을 대적할 것이나 그가 사람의 손을 말미암지 않고 깨어지리라."라는 예언이 성취된다. 여기에서 "만왕의 왕"은 바로 하나님을 의미하는 것으로서 성전을 더럽히고, 성전에서 방종과 향락을 일삼고,

제사와 법도를 폐지하고, 무고한 백성들을 살해하는 이 모든 것들이 만왕의 왕을 대적한 것이다. 그리고 그 결과는 갑작스런 급사를 당하는 것인데, 사람의 손에 의한 것이 아니었으니, 이 또한 예언의 성취임에 틀림없다. 「다니엘서」가 기록된 연대가 대략 기원전 586년에서 기원전 539년 사이로 추정되므로, 예언된 지 대략 400년의 세월이 흐른 뒤에 그 모든 것들이 성취된 셈이니 이는 "여러 날 후의 일임이니라."에 정확히 부합되는 바이기도 했다. 따라서 다니엘조차도 그 이상으로 인하여 놀라긴 했으나, 그 뜻을 이해할 수가 없었던 것이 어찌 보면 당연한 일이었던 것이다.

다니엘 9장

단 9:1 메데 족속 아하수에로의 아들 다리오가 갈대아 나라 왕으로 세움을 입던 원년 단 9:2 곧 그 통치 원년에 나 다니엘이 서책으로 말미암아 여호와의 말씀이 선지자 예레미야에게 임하여 고하신 그 연수를 깨달았나니 곧 예루살렘의 황무함이 칠십 년 만에 마치리라 하신 것이니라 단 9:3 내가 금식하며 베옷을 입고 재를 무릅쓰고 주 하나님께 기도하며 간구하기를 결심하고 단 9:4 내하나님 여호와께 기도하며 자복하여 이르기를 크시고 두려워할 주 하나님, 주를 사랑하고 주의 계명을 지키는 자를 위하여 언약을 지키시고 그에게 인자를 베푸시는 자시여

앞선 8장의 계시가 내려왔던 시점은 바벨론의 마지막 왕 벨사살 3년인 기원전 551년 즈음이었고, 이어지는 9장의 계시는 메데 다리오왕 원년이 되는 기원전 538년의 일이다. 다니엘은 같은 시대의 선배 선지자 예레미야의 예언을 연구하면서 예루살렘의 황무함과 이스라엘 백성의 포로 기간이 70년의 기한으로 작정된 바임을 깨닫게 되었고, 기원전 605년 유대가 바벨론에 의해 망하면서 예루살렘 성전이 불타고 자신이 포로로 잡혀 온 지도 어언 67년이 지난 때였으므로 이제 3년만 더 참으면 된다는 큰 희망을 가지게 된 시기이기도 했다. 그리고 기원전 539년 그때 바벨론이 멸망하는 것을 목격하게 된 것이다. 그는 장차 유대민족의 회복과 예루살렘 성전 회복을 위한 준비로써 철저한 회개가 있어야한다고 느끼고 간절한 마음으로 기도를 올리게 된다. 다니엘은 그때여전히 2300주야에 대한 의미를 제대로 깨닫지 못한 채 13년의 세월을

보내고 있었고, 사자 굴의 위협을 무릅쓰고 간절하게 기도를 올리기 시작한다. 단 9:4에서 우리는 다니엘이 그의 마음속에 그리고 있는 하나님에 대한 이미지에 대해 짐작해볼 수 있다. 다니엘은 하나님은 선하시고, 전지전능하시고, 인자하시고, 계명을 지키는 자에게 반드시 언약을 지키시는 분이라고 믿고 있었기에, 그는 전적으로 그 분을 두려워하고, 신뢰하고, 의지할 수 있었던 것이다. 전능한 분에 대한 이러한 이미지는 비단 유대인 다니엘만 그런 것이 아니고, 그 당시 동아시아에 살고 있던 사람들에게도 똑같은 이미지가 적용될 수 있지 않을까 싶다.

단 9:5 우리는 이미 범죄하여 패역하며 행악하며 반역하여 주의 법도와 규례를 떠났사오며 단 9:6 우리가 또 주의 종 선지자들이 주의 이름으로 우리의 열왕과 우리의 방백과 열조와 온 국민에게 말씀한 것을 듣지 아니하였나이다. 단 9:7 주여 공의는 주께로 돌아가고 수욕은 우리 얼굴로 돌아옴이 오늘날과 같아서 유다 사람들과 예루살렘 거민들과 이스라엘이 가까운 데 있는 자나 먼 데 있는 자가 다 주께서 쫓아 보내신 각국에서 수욕을 입었사오니 이는 그들이 주께 죄를 범하였음이니이다

다니엘은 지금 유대민족에게 주어지고 있는 고난, 즉 나라가 망하고 예루살렘 성전이 불타버리고, 모든 백성들이 포로로 잡혀오게 된 그 이유가 바로 모두 하나님에게 범죄하고, 반역하고, 악을 행하고, 법도와 규례를 어기고, 하나님의 믿음을 저버린 까닭이라고 깨닫고 있었다. 그리고 그 결과로써 유다 백성들과 예루살렘 시민들과 이스라엘 백성들이 모두 세상의 각국으로 흩어져 수욕을 입게 되었던 것이 분명하였다.

단 9:8 주여 수욕이 우리에게 돌아오고 우리의 열왕과 우리의 방백과 열조에게 돌아온 것은 우리가 주께 범죄하였음이니이다마는 단 9:9 주 우리 하나님께는 긍휼과 사유하심이 있사오니 이는 우리가 주께 패역하였음이오며 단 9:10 우리 하나님 여호와의 목소리를 청종치 아니하며 여호와께서 그 종 선지자들에게 부탁하여 우리 앞에 세우신 율법을 행치 아니하였음이니이다 단 9:11 온 이스라엘이 주의 율법을 범하고 치우쳐 가서 주의 목소리를 청종치 아니하였으므로 이 저주가 우리에게 내렸으되 곧 하나님의 종 모세의 율법 가운데 기록된 맹세대로 되었사오니 이는 우리가 주께 범죄하였음이니이다 단 9:12 주께서 큰 재앙을 우리에게 내리사 우리와 및 우리를 재판하던 재판관을 쳐서 하신 말씀을 이루셨사오니 온 천하에 예루살렘에 임한 일 같은 것이 없나이다 단 9:13 모세의 율법에 기록된 대로 이 모든 재앙이 이미 우리에게 임하였사오나 우리는 우리의 죄악을 떠나고 주의 진리를 깨닫도록 우리 하나님 여호와의 은총을 간구치 아니하였나이다

다니엘의 기도는 계속 이어진다. 하나님의 경고를 듣지 않고 율법을 저버렸고, 그 결과로 모세의 십계명이 주어질 때의 언약 그대로 하나님의 저주를 받게 된 것이 분명하다. 이 모든 것들에는 반드시 하나님의 가엾게 여기심과 의도하신 바가 마땅히 있을 것인데, 모든 행악에도 불구하고 아무도 하나님의 은총을 구하지도 않았던 것이니, 그 결과로 재앙을 간직하여 두셨다가 지금의 유대민족에게 임하게 하신 것이고, 하나님이 행하시는 모든 일이 공의로우신 것이고, 지극히 마땅한 처분임에 분명할지이다. 다니엘은 먼저 죄를 자복하고 나서, 이제 하나님의 분노를 거두어 주시기를 간절히 기도하기 시작한다.

단 9:14 이러므로 여호와께서 이 재앙을 간직하여 두셨다가 우리에게 임하게 하셨사오니 우리의 하나님 여호와는 행하시는 모든 일이 공의로우시나 우리가 그 목소리를 청종치 아니하였음이니이다 단 9:15 강한 손으로 주의 백성을 애굽 땅에서 인도하여 내시고 오늘과 같이 명성을 얻으신 우리 주 하나님이여 우리가 범죄하였고 악을 행하였나이다 단 9:16 주여 내가 구하옵나니 주는 주의 공의를 좇으사 주의 분노를 주의 성 예루살렘 주의 거룩한 산에서 떠나게 하옵소서 이는 우리의 죄와 우리의 열조의 죄악을 인하여 예루살렘과 주의 백성이 사면에 있는 자에게 수욕을 받음이니이다 9:17 그러하온즉 우리 하나님이여 지금 주의 종의 기도와 간구를 들으시고 주를 위하여 주의 얼굴빛을 주의 황폐한 성소에 비취시옵소서 9:18 나의 하나님이여 귀를 기울여 들으시며 눈을 떠서 우리의 황폐된 상황과 주의 이름으로 일컫는 성을 보옵소서 우리가 주의 앞에 간구하옵는 것은 우리의 의를 의지하여 하는 것이 아니요 주의 큰 긍휼을 의지하여 함이오니 9:19 주여 들으소서 주여 용서하소서 주여 들으시고 행하소서 지체치 마옵소서 나의 하나님이여 주 자신을 위하여 하시옵소서 이는 주의 성과 주의 백성이 주의 이름으로 일컫는 바 됨이니이다 단 9:20 내가 이같이 말하여 기도하며 내 죄와 및 내 백성 이스라엘의 죄를 자복하고 내 하나님의 거룩한 산을 위하여 내 하나님 여호와 앞에 간구할 때 단 9:21 곧 내가 말하여 기도할 때에 이전 이상 중에 본 그 사람 가브리엘이 빨리 날아서 저녁 제사를 드릴 때 즈음에 내게 이르더니 단 9:22 내게 가르치며 내게 말하여 가로되 다니엘아 내가 이제 네게 지혜와 총명을 주려고 나왔나니 단 9:23 곧 네가 기도를 시작할 즈음에 명령이 내렸으므로 이제 네게 고하러 왔느니라. 너는 크게 은총을 입은 자라. 그런즉 너는 이 일을 생각하고 그 이상을 깨달을지니라. 단 9:24 네 백성과 네 거룩한 성을 위하여 칠십 이레로 기한을 정하였나니 허물이 마치며 죄가 끝나며 죄악이 영속되며 영원한 의가 드러나며 이상과 예언이 응하며 또 지극히 거룩한 자가 기름 부음을 받으리라 단 9:25 그러므로 너는 깨달아 알지니라. 예루살렘을 중건하라는 영이 날 때부터 기름 부음을 받

은 자 곧 왕이 일어나기까지 일곱 이레와 육십이 이레가 지날 것이요 그 때 곧
란한 동안에 성이 중건되어 거리와 해자가 이룰 것이며

....

기도의 응답으로 드디어 가브리엘 천사로부터 2300주야에 대한 해석을 들을 수 있게 된다. "네 백성과 거룩한 성을 위하여 70이레로 기한을 정하였다."는 표현에서, 70이레는 70주, 즉 70week를 의미한다. 70주는 곧 490일이므로, 이는 490년을 뜻한다. 또한 "기한을 정한다."는 것은, 히브리어로 "to cut" 즉 "자르다." 또는 "to cut off", 즉 "잘라냄"을 뜻한다. 어디에서 잘라낸 기간일까? 8장과 9장에 흐름에 비추어 볼 때, 다니엘은 지금 이전의 이상인 "2300주야"와 백성의 포로 및 성전의 회복 사이의 관계에 관하여 혼란을 겪고 있으므로 이를 알고자 했던 것이다. 따라서 백성과 거룩한 성을 위한 70주일(490일)이 2300주야에서 특별히 끊어 낸 기간임이 확실해진다. 즉 8장에서 해결되지 못한 두 가지 문제,

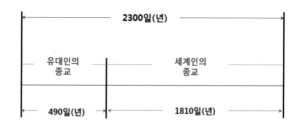

Q1. 2300주야는 언제부터 시작되는가?

Q2. 2300주야 후에야 성소가 회복되고 정결케 된다는 것이 무슨 뜻인가?

우선 첫 번째 문제에 대한 대답이 단 9:25에서 주어졌다. 즉 유대인을 위한 70주일, 즉 490년의 시작과 동시에 2300주야 기간이 시작되고, 그 기간 이후에는 유대인과 유대인의 나라는 더 이상 하나님의 택한 백성으로서의 자격과 기능이 부여되지 않을 것이라는 뜻이었다. 그런데 상기와 같은 중대한 일들이 그 절정에서 이루어지게 되는 70주일은 "예루살렘을 중건하라는 영이 날 때부터" 시작하여, "기름부음을 받은 자, 곧 왕이 일어나기까지," "7이레" 부분과, "62이레"로 부분으로 다시 나뉘고, 마지막으로 "한 이레"가 부가되어, 7주 + 62주 + 1주, 세 부분이 합하여 70주(490년)가 된다. 그런데 70주의 시작인 동시에 2300주야의 시작인, "예루살렘을 중건하라는 영"이 대체 언제 내려졌는가? 역사적으로 살펴보면, 아래와 같이 세 차례 예루살렘의 회복에 관한 조서가 다음의 페르시아 왕들에 의해 포고되었다.

* 첫 번째 조서 : 고레스 원년 기원전 537년
* 두 번째 조서 : 다리우스1세 제 2년, 기원전 520년
* 세 번째 조서 : 아닥사스다 제 7년, 기원전 457년

이들 중에서 단 9:25를 모두 만족시키는 것은? 단 9:25는 "예루살렘을 중건하라는 영"이 포함된다. 첫 번째는 예레미야의 예언대로 70년간의 포로생활(기원전 605-537)에 종지부를 찍고 42,000여명의 포로를 귀환시켰으나, 성전의 중건은 사마리아인 등 주변 민족들의 방해로 기원전 522년 중지되고 말았다. 두 번째는, 선왕 고레스의 조서를 재확인한 것으로, 학개와 스가랴의 격려를 받아 4년 후인 다리우스 제6년, 즉 기원전 515년 3월 12일 마침내 재건된 성전의 낙성을 보게 되었다. 그

리고 같은 해 4월 21일 유월절 경축과 함께 성전 봉헌식을 거행하였다. 이리하여 예레미야의 예언대로, 기원전 586년 예루살렘의 함락과 함께 잿더미가 됐던 성전도 70년 만에(기원전 586~기원전 515) 복구되었다.

그러나 실제로 단9:25의 내용을 만족시켜, "예루살렘 전체의 중건"이 가능하게 된 것은 세 번째 조서였다. 그리고 이 조서가 실제로 효력이 발생한 것은 에스라가 유다로 귀환한 기원전 457년 10월이었다. 앞서의 두 조서는 주로 성전의 중건에 관련된 것이었지만, 세 번째 조서에 의해 비로소 유대인들의 자치권이 부여되었으며 예루살렘이 회복될 수 있었다. 세 차례의 조서가 한 묶음이 되어 예루살렘의 회복을 가능하게 했지만, 단9:25의 내용을 완벽하게 충족시킨 것은 마지막 세 번째 조서로 보는 것이 합당하다. 「에스라」 6:14에 기술된 바대로, 유대인들의 장로들이 건축하였으며 선지자 학개와 잇도의 아들 스가랴를 통해 형통하게 되므로 그들이 하나님의 명령과 페르시아 왕 고레스와 다리오와 아닥사스다의 명령대로 성전을 건축하여 완성하되 기원전 457년을 2300주야와 70주(490년)의 기산점으로 보는 게 맞는다는 것이 다음의 계산들을 통하여 다시 확인된다.

BC 457	483년 (69주)	AD 27
에루살렘 중건령	483-457 = AD 26 26 + 1 = AD 27	

서기 전과 서기 후의 교차표			
BC 2	BC 1	AD 1	AD 2

기원전 457년에 시작하는 70주(490년)를 정리하면 다음과 같다. 70주, 즉 490년(기원전 457년~서기 34년)을 세 부분으로 나눌 수 있다. 여기서 한 가지 기원전 1년과 서기 1년 사이에 서기 0년이란 것이 존재

하지 않으므로 둘 사이를 넘나들게 될 때는 실제 계산에서는 반드시 +1년이 더해져야 한다.

　　제1기간 (7주 = 49년간) : 기원전 457년 ~ 기원전 408년
　　제2기간 (62주 = 434년간) : 기원전 408년 ~ 서기 27년
　　제3기간 (1주 = 7년간) : 서기 27년 ~ 서기 34년

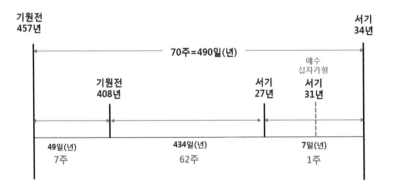

　기원전 586년 바빌론에 의하여 함락될 때 돌 위에 돌 하나 남아 있지 않을 정도로 완전히 파괴되었기 때문에 성전과 백성들의 집을 재건하는 일을 비롯하여 거리와 도랑, 해자(垓字), 즉 성 둘레의 외호(外濠), 성루와 성벽의 복구 등등 할 일이 태산 같았으므로 기원전 457년 아닥사스다의 조서가 내린 이후 예루살렘의 복구가 49년간에 걸쳐 느리게 진행될 수밖에 없었다. 제1기간 7주, 49년이 끝난 기원전 408년부터, 다시 제2기간 62주, 434년이 지나면, "기름부음을 받은 자, 곧 왕"이 일어나겠다는 예언인 셈인데, 여기서 "기름부음을 받은 자"는 대체 누구를 말하고, 62주의 끝에 해당하는 서기 27년엔 역사적으로 대체 어떤 사건이

284 •

있었을까? 서기 27년 그 해 가을 예수가 세례 요한으로부터 요단강에서 침례를 받았다. 따라서 서기 27년은 놀랍게도 예루살렘을 중건하라는 영이 날 때, 그러니까 기원전 457년부터 예수가 침례를 받기까지 정확하게 도합 483년이 지났으므로, 따라서 「다니엘서」는 지금 바로 예수의 출현을 예언했던 것임을 알 수 있게 된다.

단 9:26 육십이 이레 후에 기름 부음을 받은 자가 끊어져 없어질 것이며 장차 한 왕의 백성이 와서 그 성읍과 성소를 훼파하려니와 그의 종말은 홍수에 엄몰됨 같을 것이며 또 끝까지 전쟁이 있으리니 황폐할 것이 작정되었느니라 단 9:27 그가 장차 많은 사람으로 더불어 한 이레 동안의 언약을 굳게 정하겠고 그가 그 이레의 절반에 제사와 예물을 금지할 것이며 또 강포하여 미운 물건이 날개를 의지하여 설 것이며 또 이미 정한 종말까지 진노가 황폐케 하는 자에게 쏟아지리라 하였느니라

단 9:26 "기름 부음을 받은 자"는 곧 서기 27년에 침례를 받은 예수를 의미한다. "육십이 이레 후에 끊어져 없어질 것"이라고 했는데, 이는 62주 이후, 즉 서기 27년 이후의 어느 시점에 기름 부은 자가 "끊어져 없어질 것"이라는 예언이다. 과연 이 예언대로 서기 27년 가을부터 서기 31년 봄 유월절까지 3년 반이 지나서 예수가 십자가에 매달리게 되었고, 그 후로 다시는 기름 부은 자가 나타나지 않았다.

그리고 이어지는 "장치 한 왕의 백성이 와서 그 성읍과 성소를 훼파하려니와"로 표현된 그대로, 서기 70년 로마제국에 의하여, 예루살렘 성전은

불에 타서 잿더미가 되었다. 당시 예루살렘은 사방을 둘러싼 높은 벼랑 위에 서있는 천연의 요새였고, 이중삼중으로 겹쳐진 성벽 곳곳에 높은 탑과 튼튼한 돌 벽으로 둘러싸인 성채가 우뚝 솟아 있으며, 예루살렘 성전도 이중의 성벽으로 둘러싸여 있었다. 로마군은 항복을 권고했지만 유대인은 듣지 않았다. 로마군은 예루살렘 공략을 위해 영구진지를 도시 주위에 구축하고 성벽높이의 벽을 쌓고 참호를 팠다. 누구든지 도시를 탈출하려고 하면 붙잡아 십자가에 매달았는데 공성전이 끝날 때까지 만 명이 도시 주위를 둘러싸는 십자가에 매달렸다고 한다. 베스파시아누스의 아들 티투스가 예루살렘 공략을 지휘했다. 서기 70년 8월 10일에 예루살렘 성전이 성 안으로 돌입한 로마군에 의해 불탔으며, 9월 8일 시내에서의 저항도 수그러들고 9월 20일 저항은 모두 끝났다. 예루살렘 성벽을 무너뜨린 로마군은 도시를 철저히 파괴하고 불태웠다. 유대인들이 신성하게 여기는 예루살렘 성전도 철저히 약탈당했다. 요세푸스에 따르면 예루살렘 공방전 과정에서 사망한 사람은 무려 110만 명이었다고 한다.

그리고 이어지는 구절 "그의 종말은 홍수에 엄몰됨 같을 것이며 또 끝까지 전쟁이 있으리니 황폐할 것이 작정되었느니라."라고 표현된 이 구절은 아직 실현되지 않은 마지막 때의 일이다. 여기서 "그의 종말"은 곧 로마의 종말을 말한다. 21세기 "로마를 계승한 그 곳들이" 장차 어떻게 황폐화 되는지를 앞으로 「계시록」에서 자세히 살펴볼 것이다. 그들이 황폐화 되어지는 과정은 결코 한두 가지 원인에 의한 것이 아닐 테지만, 결국 가장 결정적인 원인은 한 왕이 들어와 도시와 교회를 파괴한다는 것이다. 그리고 여기서의 한 왕은 「계시록」 17장에서 등장하는 붉은 짐승이다. 더불어 상상을 초월할 정도의 엄청난 홍수를 입을 것이고, 또한 전쟁이 있을 것이며, 그로 인해 황폐화될 것이 작정되어 있음을 이 구절을 통해 한 번 더 확인할 수 있다.

한편 단9:27의 서두에 나오는 "한 이레"는 서기 27년부터 서기 34년까지의 7년을 말한다. "언약을 굳게 정하겠고"는 창조주로부터 예수에게 부여된 사명이 바로 "장차 많은 사람으로 더불어 굳은 언약을 정함"에 있음을 알 수 있다, 그 뒤에 이어지는 문구에서 조금 더 명확하게 추론해볼 수 있는데, "강포하여 미운 물건이 날개를 의지하여 설 것이며"라는 구절을 통해 우리는 예루살렘에 장차 미워하는 어떤 물건이 서게 된다는 사실, "이미 정한 종말까지"라는 구절에서 장차 이 세상에 종말이 있을 것이란 사실, 그리고 "진노가 황폐케 하는 자에게 쏟아지리라."라는 구절에서 종말의 때에 세상을 황폐케 하는 자가 서게 될 것이란 사실과 더불어 창조주의 진노가 반드시 그 자에게 쏟아지게 될 것이라는 사실을 알 수 있다. 장차 이 세상에 일어나게 될 "미래의 일에 대한 예언", 그리고 그와 동시에 "보응의 굳은 언약"을 바로 예수를 통해서 정하게 된다는 의미가 아니었을까 싶다. 그것이 바로 예수에게 부여된 사명이었던 것 같다. 서기 27년 세례를 받은 예수의 행보를 보면 그로부터 3년 반이 지난 시기, 그러니까 서기 31년 봄에 십자가에 못 박히게 되었으니, "그 이레의 절반에"라는 구절은 바로 그 일을 암시해주는 것이 분명하다.

이어 "제사와 예물을 금지" 한다고 했는데, 제사는 유월절에 드린 제물을 비롯하여, 성소봉사에 쓰인 동물로 된 희생제물을 가리키며, "예물"은 동물과 곡식을 포함한 제물들이다. 따라서 "제사와 예물을 금지"한다는 의미는 모든 제사와 예물의 표상인 예수가 성자의 육신으로 직접 십자가에 희생됨으로써, 더 이상의 제물은 이제 필요가 없게 됐으며, 따라서 제사제도와 연결된 각종 의식들도 폐지됨을 의미한다. 따라서 지상 성소에서 레위 자손들에 의하여 수행되던 제사장 직분도 더 이상 필요 없게 되었다. 그리고 그러한 표상으로써 예수가 십자가에 매달렸을 때,「마태복음」 27:51에서와 같이 "이에 성소 휘장이 위로부터 아래까지 찢어져 둘이" 되었던 것이다.

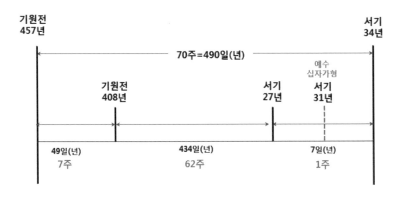

결과적으로 상기 그림과 같은 70주(490년)의 기간은 창조주께서 유대인들에게 부여하신 "마지막 기회나 혹은 마지막 배려"였다고 할 수 있겠다. 그리고 그 중에서도 최후의 7년간은 유대인들을 위한 마지막 중의 마지막 배려로서, 그 중의 3년 반은 예수에 의하여, 나머지 3년 반은 그의 제자들에 의하여 이행된 것이라고 볼 수 있겠다.

그리고 드디어 마지막 7년이 끝난 서기 34년부터는 유대인이 아닌 로마인 사도 바울이 다메섹에서 회심하고 본격적으로 이방인들에게 기독교를 전파하기 시작했고, 또한 바로 이 시기 사도 베드로가 특별한 계시를 받고 이방인에 대한 선교에 나서면서 하늘의 뜻이 명확해졌다고 할 수 있겠다. 따라서 서기 34년 이후부터는 더 이상 유대인들만이 선택된 선민이 아닌 것이고, 이로써 우리는 창조주의 본의를 좀 더 확실하게 알 수 있게 되는 것이니, 그 분은 아브라함과 그의 자손들만을 특별히 편애했던 것이 결코 아니었고, 그들만을 위하고자 함도 아니었으며, 더 나아가 그들만을 구원하고자 함도 전혀 아니었음을 알 수 있는 것이다. 잠시 그들을 택한 것은 단지 그들을 통하여 전하는 것이 온 세상에 가장 효과적으로 진리를 널리 전파하는 방편이라고 판단하셨던 것이 분명하다.

유대인들에게 특별히 배려된 70주(490년), 그 자체도 어쩌면 온 세상을 향한 진리의 전파라는 큰 목적을 위해 준비된 것일 수도 있겠다. 그러한 대의를 위해 성전의 중건과 제사 제도의 회복이 필요했을 것이고 더불어 성소의 실체가 되는 약속된 메시아를 영접함으로써 완성되어야 했을 것이다. 하지만 불행히도 유대인들의 대표 산헤드린은 서기 30년 예수를 거절한 데 이어 서기 34년 최후의 권고를 전하는 스데반을 돌로 쳐 죽였다. 이런 게 정해진 운명이란 것일까? 그들은 「다니엘서」를 읽으면서도 그 속에 담긴 진정한 의미를 제대로 이해하지 못했고 이후 기독교는 더 이상 유대인들에게만 국한되지 않고 온 세상으로 널리 전해지게 되었다.

다니엘 11장

단 11:1 내가 또 메데 사람 다리오 원년에 일어나 그를 돕고 강하게 한 일이 있었느니라 남방 왕과 북방 왕이 싸우리라 단 11:2 이제 내가 참된 것을 네게 보이리라 보라 바사에서 또 세 왕이 일어날 것이요 그 후의 넷째는 그들보다 심히 부요할 것이며 그가 그 부요함으로 강하여진 후에는 모든 사람을 격동시켜 헬라국을 칠 것이며 단 11:3 장차 한 능력 있는 왕이 일어나서 큰 권세로 다스리며 임의로 행하리라 단 11:4 그러나 그가 강성할 때에 그 나라가 갈라져 천하 사방에 나누일 것이나 그 자손에게로 돌아가지도 아니할 것이요 또 자기가 주장하던 권세대로도 되지 아니하리니 이는 그 나라가 뽑혀서 이 외의 사람들에게로 돌아갈 것임이니라

소년시절 바빌론에 끌려왔던 다니엘이 어느덧 늙은 노인이 되어 있을 때, 그의 눈앞에서 바빌론을 멸망시키고 들어선 메데-페르시아의 시대가 이후 어떻게 명멸하는지를 간단하게 정리해주는 대목이다. 고레스의 아들 켐베이시스는 자신의 형을 비밀리에 암살하고 왕권을 물려받는다. 그는 말년에 이집트에 원정을 갔을 때 죽은 형 스메르디스가 나타나 반란을 일으켰다는 소문을 듣고 돌아오는 길에 객사한다. 이때 가우마타란 장군이 죽은 형의 이름으로 반란을 일으킨 것인데, 켐베이시스의 장군 다리우스가 수도로 진격하여 가짜 스메르디스를 몰아내고 왕위에 오른다. 다리우스 왕은 그리스를 공격하지만 실패한다. 그의 뒤를 이은 크세르크세스(기원전 486~기원전 465)는 부왕의 유지를 받

들어 10년 후 그리스를 다시 쳐들어가면서 큰 전쟁을 일으켰다. 이후 여러 명의 왕들이 있었지만 다리우스2세 때 잠시 왕성하다가 알렉산더에게 패망하면서 페르시아도 역사에서 사라진다. 단 11:2에서 심히 부요한 넷째는 크세르크세스이고, 이후 알렉산더의 반격을 초래한 장본인이다. 단 11:3에서 능력 있는 왕은 바로 **알렉산더 대왕을 지칭한다.** 그리고 이후 알렉산더의 수하에 있던 4명의 장수들에 의해 나라가 사방으로 갈라졌다가, 다시 북방의 시리아와 남방의 애굽으로 정리가 된다. 알렉산더에게 의붓동생이 있었으나 살해당했고, 유일한 아들도 암살당했다. 이로써 단 11:4의 예언도 완전히 성취된다.

단 11:5 남방의 왕은 강할 것이나 그 군들 중에 하나는 그보다 강하여 권세를 떨치리니 그 권세가 심히 클 것이요 단 11:6 몇 해 후에 그들이 서로 맹약하리니 곧 남방 왕의 딸이 북방 왕에게 나아가서 화친하리라 그러나 이 공주의 힘이 쇠하고 그 왕은 서지도 못하며 권세가 없어질 뿐 아니라 이 공주와 그를 데리고 온 자와 그를 낳은 자와 그 때에 도와주던 자가 다 버림을 당하리라 단 11:7 그러나 이 공주의 본족에서 난 자 중에 하나가 그의 위를 이어 북방 왕의 군대를 치러 와서 그의 성에 들어가서 그들을 쳐서 이기고 단 11:8 그 신들과 부어 만든 우상들과 그 은과 금의 아름다운 기구를 다 노략하여 애굽으로 가져갈 것이요 몇 해 동안은 그가 북방 왕을 치지 아니하리라

안티고너스 휘하에 있던 셀류커스 장군은 안티고너스에 쫓겨 이집트의 톨레미에게로 갔다. 셀류커스는 톨레미의 휘하에 있으면서 안티고스를 무너뜨린다. 그리고 톨레미와 결별하고 시리아에 독자적으로 셀류커

스 왕국을 건설하고, 이집트
의 톨레미1세와 세력을 다
투게 되었다. 따라서 단11:5
에서의 남방왕은 이집트 톨
레미1세를 말하는 것이고,
그들 중에 하나이면서 권세
가 커지는 자는 셀류커스를

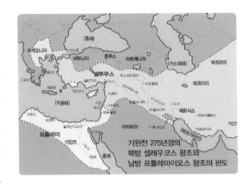

말한다. 그 후 한 세대가 지나서 이집트는 톨레미2세가 왕이 되고 시리
아의 안티우커스2세와 전쟁에서 승리하여 자기의 딸 버니게를 시리아
왕비로 삼게 했으나, 톨레미2세가 죽자 안티우커스2세는 소아시아로
쫓겨 간 본처 라이디게를 찾아간다. 그런데 이를 갈고 있던 라오디게는
찾아온 남편을 살해해버리고, 안디옥에 있던 버니게 왕비와 그녀의 아
들까지 살해한다. 이렇게 하여 단11:6의 구절들이 모두 성취된다. 그리
고 그녀는 자신의 아들 셀루커스2세(기원전 246~기원전 226)를 왕위에
올린다. 톨레미3세는 누이의 살해 소식을 듣고 시리아를 침입하여 셀루
키아와 안디옥을 함락하고 은 40,000달란트와 값비싼 그릇 2,500점과
우상들을 본국으로 가져갔는데, 이는 캠비시스가 애굽을 정복했을 때
가지고 갔던 것들이었다. 이후 전쟁은 소강상태로 접어든다. 한편 "반복
예언의 원칙"이 여기서도 발견된다. 「다니엘서」 8장에서 예언되었던 내
용이 여기 11장에서도 다시 반복되고 있는 것이다.

단11:9 북방 왕이 남방 왕의 나라로 쳐들어갈 것이나 자기 본국으로 물러가리
라 단11:10 그 아들들이 전쟁을 준비하고 심히 많은 군대를 모아서 물의 넘침
같이 나아올 것이며 그가 또 와서 남방 왕의 견고한 성까지 칠 것이요 단11:11

남방 왕은 크게 노하여 나와서 북방 왕과 싸울 것이라 북방 왕이 큰 무리를 일으킬 것이나 그 무리가 그의 손에 붙인 바 되리라 단 11:12 그가 큰 무리를 사로잡은 후에 그 마음이 스스로 높아져서 수만 명을 엎드러뜨릴 것이나 그 세력은 더하지 못할 것이요 단 11:13 북방 왕은 돌아가서 다시 대군을 전보다 더 많이 준비하였다가 몇 때 곧 몇 해 후에 대군과 많은 물건을 거느리고 오리라 단 11:14 그 때에 여러 사람이 일어나서 남방 왕을 칠 것이요 네 백성 중에서도 강포한 자가 스스로 높아져서 이상을 이루려 할 것이나 그들이 도리어 넘어지리라 단 11:15 이에 북방 왕은 와서 토성을 쌓고 견고한 성읍을 취할 것이요 남방 군대는 그를 당할 수 없으며 또 그 택한 군대라도 그를 당할 힘이 없을 것이므로

....

셀류커스2세에겐 아들 둘이 있었는데, 장남이 잠깐 통치하다가 소아시아 전투에서 전사하고 차남 안티우커스3세가 18세의 나이로 왕위에 오른다. 이후 그는 시리아 전역을 회복하고 이집트의 톨레미4세와 전투를 벌인다. 이때 애굽은 7만의 보병과 5천의 기병, 73마리의 코끼리를 동원한다. 애굽이 우세하여 안티우커스3세가 퇴진하였는데, 이때 보병 1만과 기병 3천, 코끼리 5마리가 죽고 4천명이 포로로 잡히면서 팔레스타인은 이집트가 지배하게 되었다. 기원전 201년 안티우커스3세가 팔레스타인으로 다시 내려왔다. 이때는 팔레스타인 주민들뿐만 아니라 유대인들까지 안티우커스3세를 도와 이집트를 몰아내는데 큰 역할을 한다. 하지만 유대는 독립을 얻지는 못하고, 이후 더 악랄한 지배를 받는다. 그 당시 안티우커스3세에게 가장 큰 장애는 애굽의 장군 스코파스였는데 몇 번의 패배를 당한 뒤에 시돈에서 토성을 쌓고 공격하여 간신히 승리한다. 애굽에서 여러 장수를 파견했지만 시돈의 포위

망을 뚫지는 못했다.

단 11:16 오직 와서 치는 자가 임의로 행하리니 능히 그 앞에 설 사람이 없겠고 그가 영화로운 땅에 설 것이요 그 손에 멸망이 있으리라 단 11:17 그가 결심하고 전국의 힘을 다하여 이르렀다가 그와 화친할 것이요. 또 여자의 딸을 그에게 주어 그 나라를 패망케 하려 할 것이나 이루지 못하리니 그에게 무익하리라 단 11:18 그 후에 그가 얼굴을 섬들로 돌이켜 많이 취할 것이나 한 대장이 있어서 그의 보이는 수욕을 씻고 그 수욕을 그에게로 돌릴 것이므로 단 11:19 그가 드디어 그 얼굴을 돌이켜 자기 땅 산성들로 향할 것이나 거쳐 넘어지고 다신 보이지 아니하리라 단 11:20 그 위를 이을 자가 토색하는 자로 그 나라의 아름다운 곳으로 두루 다니게 할 것이나 그는 분노함이나 싸움이 없이 몇 날이 못 되어 망할 것이요 단 11:21 또 그 위를 이을 자는 한 비천한 사람이라 나라 영광을 그에게 주지 아니할 것이나 그가 평안한 때를 타서 궤휼로 그 나라를 얻을 것이며

　세력이 훨씬 커진 안티우커스3세가 자기의 딸 클레오파트라1세를 톨레미5세에게 보내고 동맹을 맺었다. 그러나 정작 그렇게 보낸 딸이 아버지보다 남편의 뜻을 더 따르면서 딸을 통해 이집트를 장악하려던 꿈은 물거품이 되었다. 이때 로마가 세력을 확장해오는 것을 막으려고 헬레스폰트 해협에서 대접전을 벌였으나, 후일 안티우커스4세가 되는 둘째 아들을 인질로 보내고 많은 조공을 바친다. 안티우커스3세는 조공도 바치고 전력도 보강하기 위해 자금이 필요했고, 필요한 돈을 모으기 위해 수사근방의 신전에서 보물을 탈취하다가 마을 주민들에게 죽

임을 당하고 만다. 그 뒤를 이은 첫째 아들 셀류커스4세도 지방을 돌면서 세금 모으기, 즉 토색에 급급하다가 왕위를 노리는 헬리오도루스의 반란으로 암살당하고 만다. 토색한다는 것은 돈이나 물건을 강제로 빼앗는 것을 말한다. 인질에서 풀린 안티우커스4세가 동정적인 호소를 통해서 느긋하게 있던 헬리오도루스를 제치고 교묘하게 왕위를 차지한다. 그는 자신을 '명백한 자', 혹은 '비추는 자'란 뜻으로 에피파테스라고 자칭했으나, 사람들은 그를 '미친 놈'이란 뜻으로 에피마테스라고 불렀다. 안티우커스4세는 교묘한 기만술을 통해서 세력을 키웠다.

단 11:22 넘치는 물 같은 군대가 그에게 넘침을 입어 패할 것이요 언약의 왕도 그렇게 될 것이며 단 11:23 그와 약조한 후에 그는 거짓을 행하여 올라올 것이요. 적은 백성을 거느리고 강하게 될 것이며 단 11:24 그가 평안한 때에 그 도의 가장 기름진 곳에 들어와서 그 열조와 열조의 조상이 행하지 못하던 것을 행할 것이요. 그는 노략하며 탈취한 재물을 무리에게 흩어 주며 모략을 베풀어 얼마 동안 산성들을 칠 것인데 때가 이르기까지 그리하리라 단 11:25 그가 그 힘을 떨치며 용맹을 발하여 큰 군대를 거느리고 남방 왕을 칠 것이요. 남방 왕도 심히 크고 강한 군대를 거느리고 맞아 싸울 것이나 능히 당하지 못하리니 이는 그들이 모략을 베풀어 그를 침이니라 단 11:26 자기의 진미를 먹는 자가 그를 멸하리니 그 군대가 흩어질 것이요 많은 자가 엎드러져 죽으리라 단 11:27 이 두 왕이 마음에 서로 해하고자 하여 한 밥상에 앉았을 때에 거짓말을 할 것이라 일이 형통하지 못하리니 이는 작정된 기한에 미쳐서 그 일이 끝날 것임이니라 단 11:28 북방 왕은 많은 재물을 가지고 본국으로 돌아가리니 그는 마음으로 거룩한 언약을 거스리며 임의로 행하고 본토로 돌아갈 것이며 단 11:29 작정된 기한에 그가 다시 나와서 남방에 이를 것이나 이번이 그 전번만 못하리니 단 11:30 이는 깃딤의 배들이 이르러 그를 칠 것임이라. 그가 낙심하

고 돌아가며 거룩한 언약을 한하고 임의로 행하며 돌아가서는 거룩한 언약을 배반하는 자를 중히 여길 것이며 단 11:31 군대는 그의 편에 서서 성소 곧 견고한 곳을 더럽히며 매일 드리는 제사를 폐하며 멸망케 하는 미운 물건을 세울 것이며 단 11:32 그가 또 언약을 배반하고 악행하는 자를 궤휼로 타락시킬 것이나 오직 자기의 하나님을 아는 백성은 강하여 용맹을 발하리라 단 11:33 백성 중에 지혜로운 자가 많은 사람을 가르칠 것이나 그들이 칼날과 불꽃과 사로잡힘과 약탈을 당하여 여러 날 동안 쇠패하리라 단 11:34 그들이 쇠패할 때에 도움을 조금 얻을 것이나 많은 사람은 궤휼로 그들과 친합할 것이며 단 11:35 또 그들 중 지혜로운 자 몇 사람이 쇠패하여 무리로 연단되며 정결케 되며 희게 되어 마지막 때까지 이르게 하리니 이는 작정된 기한이 있음이니라

이집트를 침공하여 톨레미6세와 화친을 맺는 자리에서 서로 상대방을 죽이기로 음모를 꾸미지만, 이때 안티우커스4세가 먼저 선수를 치고 장수들을 많이 죽였으나 이집트 왕은 간신히 도망해버린다. 안티우커스4세는 돌아오는 길에 예루살렘 성전에서 횡포를 부리며 화풀이를 했다. 그는 이듬해 재차 이집트를 침공하여 수도 함락을 눈앞에 두었으나 때마침 로마군대가 도착하고, 로마의 장군 가이우스가 안티우커스4세를 만나 철수를 강요했다. 인질로 잡혀있던 시절 무섭고 두려웠던 로마의 장군이었으므로 굴욕적으로 철수한다. 안티우커스4세는 돌아오는 길에 다시 예루살렘에 들러 사람들을 학살하고 성전에 들어가 하나님의 제사를 금하고, 성전 뜰에 멸망케 하는 미운 물건 주피터 신상을 세워놓고 돼지로 제사를 드리고 돼지의 피를 성전기물에 뿌렸다. 유대종교를 금하고 안식일을 지키지 못하게 했으며 유대인의 규례를 폐하고 많은 세금을 부과했다. 당시에 대제사장들도 극히 부패하여 시리아

왕에게 돈을 주고 대제사장이 되기도 했다. 안티우커스4세가 예루살렘으로 들어왔을 때에 많은 돈을 주고 대제사장이 된 메넬라우스는 헬라 왕의 편이 되어 헬라 방식을 강요하면서 자기 백성을 괴롭혔다. 많은 사람들이 헬라의 앞잡이가 되어 유대종교를 행하는 사람을 고발하여 박해하고 죽였다. 이때 모딘이라는 작은 동네의 제사장 맛다디아스가 헬라 신을 섬기기를 거절하고, 유대인 관리를 죽이고 광야로 도망갔는데, 이들이 마카비인이다. 그들은 광야에서 율법을 행함으로 자신들을 정결케 하며 헬라 군대와 싸웠다. 이들은 안식일을 지키기 위해서 싸움을 중지했다가 몰살당하기도 했다. 기원전 164년 12월에 마카비인들이 성전을 다시 탈환하여 제사가 재개되었다.

단 11:36 이 왕이 자기 뜻대로 행하며 스스로 높여 모든 신보다 크다 하며 비상한 말로 신들의 신을 대적하며 형통하기를 분노하심이 쉴 때까지 하리니 이는 그 작정된 일이 반드시 이룰 것임이니라 단 11:37 그가 모든 것보다 스스로 크다 하고 그 열조의 신들과 여자의 사모하는 것을 돌아보지 아니하며 아무 신이든지 돌아보지 아니할 것이나 단 11:38 그 대신에 세력의 신을 공경할 것이요. 또 그 열조가 알지 못하던 신에게 금은보석과 보물을 드려 공경할 것이며 단 11:39 그는 이방 신을 힘입어 크게 견고한 산성들을 취할 것이요. 무릇 그를 안다 하는 자에게는 영광을 더하여 여러 백성을 다스리게도 하며 그에게서 뇌물을 받고 땅을 나눠 주기도 하리라.

이 대목은 안티우커스4세에 대한 언급이지만 동시에 종말의 시기에 나타날 적그리스도에 대한 얘기이기도 하다. "스스로를 높여 신들보다 크다."고 하는 것과 "신을 대적한다."는 것은 하나님을 대적하면서 자신을 신격화하는 전형적으로 적그리스도가 보이는 행태의 하나이다. 안티우커스4세의 경우 성전에 주피터 신상을 세우고 유대인들에게 헬라 신을 섬기도록 강요했다. 「계시록」 13장에서는 종말의 시기에도 짐승의 우상에게 생기를 주어 우상하게 경배하도록 강요한다는 장면이 나온다. 여자들이 사모하는 것을 돌아보지 아니한다는 것은 배려, 친절, 매너, 자비 같은 미덕을 우습게 여긴다는 것이다. 세력의 신에게 보물을 드린다는 것은 영혼을 소중히 여기지 않고 재물이나 물질적 향락에만 관심을 보인다는 것이다. 이 모든 것들이 적그리스도가 보이는 전형적인 표상들이다.

단 11:40 마지막 때에 남방 왕이 그를 찌르리니 북방 왕이 병거와 마병과 많은 배로 회리바람처럼 그에게로 마주 와서 그 여러 나라에 들어가며 물이 넘침같이 지나갈 것이요 단 11:41 그가 또 영화로운 땅에 들어갈 것이요 많은 나라를 패망케 할 것이나 오직 에돔과 모압과 암몬 자손의 존귀한 자들은 그 손에서 벗어나리라 단 11:42 그가 열국에 그 손을 펴리니 애굽 땅도 면치 못할 것이므로 단 11:43 그가 권세로 애굽의 금은과 모든 보물을 잡을 것이요. 리비아 사람과 구스 사람이 그의 시종이 되리라 단 11:44 그러나 동북에서부터 소문이 이르러 그로 번민케 하므로 그가 분노하여 나가서 많은 무리를 다 도륙하며 진멸코자 할 것이요 단 11:45 그가 장막 궁전을 바다와 영화롭고 거룩한 산 사이에 베풀 것이나 그의 끝이 이르리니 도와 줄 자가 없으리라

이집트를 침입하여 정복하고 리비아와 구스까지 굴복시킨다? 이것은 결코 안티우커스4세에 대한 사실이 아니다. 그는 두 차례에 걸쳐 이집트 원정을 시도했지만 모두 실패로 끝났고, 이후에도 이런 왕은

지상에 나타나지 않았다. 그러므로 장차 앞으로 나타나게 될 적그리스도를 의미하는 것이다. 따라서 이 내용은 마침내 마지막 때를 맞이하여 남방 왕 미국이 북방 왕 러시아를 치게 될 것을 의미한다. 하지만 이에 맞선 러시아가 많은 군사를 이끌고 마주 와서 제압해버릴 것이다. 세상이 끝날 무렵 러시아는 결국 이스라엘까지 치고 들어갈 것이다. 단 11:41의 내용에 의하면, 이스라엘 주위의 많은 나라들이 정복당할 것이나, 요르단 정도가 겨우 비켜갈 수 있을 것이다. 그때 이집트도 러시아의 세력권에서 벗어나지 못할 것이고, 러시아는 이집트의 금은보물을 무력으로 차지할 것이다. 그리고 리비아, 에티오피아가 러시아를 추종하게 될 것이다. 하지만 동북방에서 메시아에 대한 소문이 이르게 되므로, 이에 푸틴이 크게 번민하게 될 것이고, 분노하여 정벌에 나서고자 할 것이다. 푸틴이 친히 진영을 펼칠 것이나, 메시아에게 크게 패할 것이고, 종국에는 사로잡히는 신세가 되고 말 것이다. 이에 대한 내용은 「에스겔서」 39:1~9에 자세히 기술되어 있다.

[1] 그러므로 인자야 너는 곡을 쳐서 예언하여 이르기를 주 여호와의 말씀에 로스와 메섹과 두발 왕 곡아 내가 너를 대적하여

[2] 너를 돌이켜서 이끌고 먼 북방에서부터 나와서 이스라엘 산 위에 이르러

[3] 네 활을 쳐서 네 왼손에서 떨어뜨리고 네 살을 네 오른손에서 떨어뜨리리니

[4] 너와 네 모든 떼와 너와 함께한 백성이 다 이스라엘 산에 엎드러지리라. 내가 너를 각종 움키는 새와 들짐승에게 붙여 먹게 하리니

[5] 네가 빈들에 엎드러지리라 이는 내가 말하였음이니라. 나 주 여호와의 말이니라

[6] 내가 또 불을 마곡과 및 섬에 평안히 거하는 자에게 내리리니

그들이 나를 여호와인 줄 알리라

[7] 내가 내 거룩한 이름을 내 백성 이스라엘 가운데 알게 하여 다시
는 내 거룩한 이름을 더럽히지 않게 하리니 열국이 나를 여호와
곧 이스라엘의 거룩한 자인 줄 알리라 하셨다 하라.

[8] 나 주 여호와가 말하노라 볼지어다. 그 일이 이르고 이루리니 내
가 말한 그 날이 이 날이니라.

[9] 이스라엘 성읍들에 거한 자가 나가서 그 병기를 불 피워 사르되
큰 방패와 작은 방패와 활과 살과 몽둥이와 창을 취하여 칠 년
동안 불 피우리라.

「에스겔서」 39장에서 마지막 날에 여러 무리를 이끌고, 북쪽에서 이
스라엘을 치러오는 자를 일컬어 "곡"이라고 하는데, 여기의 "곡"은 단
11:40에서 병거와 마병과 많은 배로 회오리바람처럼 남방 왕을 대적하
러 오는 북방 왕과 완전히 동일한 인물이다. 그가 단 11:45에서 표현된
바와 같이 그의 끝이 이르게 되고, 그러한 과정에 대한 상세한 설명이
상기 「에스겔서」 39:2~9에서 이루어진다. 엄청난 대병이 한꺼번에 전
멸하게 되므로, 그 병기를 불로 태우는 데에만 무려 7년이나 걸린다고
한다.

다니엘 12장

> 단 12:1 그 때에 네 민족을 호위하는 대군 미가엘이 일어날 것이요. 또 환난이 있으리니, 이는 개국 이래로 그 때까지 없던 환난일 것이며, 그 때에 네 백성 중 무릇 책에 기록된 모든 자가 구원을 얻을 것이라. 단 12:2 땅의 티끌 가운데서 자는 자 중에 많이 깨어 영생을 얻는 자도 있겠고 수욕을 받아서 무궁히 부끄러움을 입을 자도 있을 것이며 단 12:3 지혜 있는 자는 궁창의 빛과 같이 빛날 것이요 많은 사람을 옳은 데로 돌아오게 한 자는 별과 같이 영원토록 비취리라.

우리는 이 대목에서 「다니엘서」에 마지막 때에 대한 예언들이 혼재되어 있다는 것을 분명히 인지할 수 있게 된다. 아울러 앞의 단 11:40에서 거론되었던 "마지막 때에 남방 왕…"이란 구절도 종말의 상황을 말해주는 것임을 알 수 있게 된다. 이스라엘을 호위하기 위한 대군이 미가엘에 의해서 일어날 것이고, 인류 역사상 한 번도 경험해보지 못한 전지구적인 환란을 경험하게 될 것이고, 그 일이 있은 연후에야 비로소 진정한 평화를 얻을 수 있음을 알 수 있다.

> 단 12:4 다니엘아 마지막 때까지 이 말을 간수하고 이 글을 봉함하라 많은 사람이 빨리 왕래하며 지식이 더하리라.

　상기의 구절에서 마지막 때까지 봉함해야 하는 글이 「다니엘서」임을 알 수 있는 대목이다. 그리고 정말로 마지막이 임박한 지금 시대가 바로 봉함되었던 「다니엘서」가 유효해지는 시기이기도 하다. 그 시기에 대한 힌트가 분명하게 명시되어 있다. 다니엘에게 말한바 그대로 오늘날 과학이 눈부시게 발달되어 자동차나 비행기를 타고 하루 만에 극동에서 유럽이나 미국으로 여행을 갈 수 있는 세상이 되었고, IT기술의 발달과 더불어 누구나 인터넷이나 스마트폰을 사용하는 세상이 되었다. 노스트라다무스도 「다니엘서」의 이 대목에 십분 공감했는지, 4행시를 하나 남겨놓는다.

Nostradamus prophecy: Quatrain 1, 63

Pestilences extinguished, the world becomes smaller,
for a long time the lands will be inhabited peacefully.
People will travel safely through the sky (over) land and seas:
then wars will start up again.

전염병이 진정되면서 세상은 더 작아진다.
오랫동안 땅에서 평화롭게 거주할 것이다.
사람들은 하늘로, 바다로, 안전하게 여행할 것이다.
그런 다음 전쟁이 다시 시작될 것이다.

　여기서 말하는 전염병은 제1차 세계대전에 유행했던 스페인 독감을 뜻하는 것으로 보인다. 스페인 독감은 인류 역사상 가장 많은 사상자를 낸 전염병으로 기록되어 있다. 대략 5천만 명에서 1억 명 가량이 희생

된 것으로 알려져 있는데, 이는 제1차 세계대전 중 총탄에 쓰러진 사상
자보다도 많은 수였다. 미국의 시카고에서 발생했기 때문에 원래는 시
카고 독감으로 불려야 맞지만, 스페인에서 보도 통제가 이뤄지지 않고
독감 관련 보도가 주로 스페인에서 나오다 보니 이름이 그렇게 돼버렸
다. 제2행에서 표현된 바와 같이 1945년 제2차 세계대전이 끝나고 나
서, 2017년 현재까지 72년이 지나도록 세계적인 전쟁은 발발하지 않고
있다. 그 사이에 인류는 눈부시게 발달한 과학기술을 유감없이 향유하
면서, 전 세계를 안전하게 여행하는 사람들로 넘쳐나고 있다. 제3행의
예언이 성취된 것이다. 그러나 제4행에서 제3차 세계대전이 다시 시작
될 것이 예고되고 있다는 것이 문제이다. 고도로 발달한 과학 기술과
더불어 지상 천국에 거의 다다랐다고 여겨지는 지금이 바로 가장 위험
한 시기이다.

단 12:5 나 다니엘이 본즉 다른 두 사람이 있어 하나는 강 이편 언덕에 섰고
하나는 강 저편 언덕에 섰더니 단 12:6 그 중에 하나가 세마포 옷을 입은 자 곧
강물 위에 있는 자에게 이르되 이 기사의 끝이 어느 때까지냐 하기로 단 12:7
내가 들은즉 그 세마포 옷을 입고 강물 위에 있는 자가 그 좌우 손을 들어 하늘
을 향하여 영생하시는 자를 가리켜 맹세하여 가로되 반드시 한 때 두 때 반 때
를 지나서 성도의 권세가 다 깨어지기까지니 그렇게 되면 이 모든 일이 다 끝
나리라 하더라. 단 12:8 내가 듣고도 깨닫지 못한지라 내가 가로되 내 주여 이
모든 일의 결국이 어떠하겠삽나이까 단 12:9 그가 가로되 다니엘아 갈지어다.
대저 이 말은 마지막 때까지 간수하고 봉함할 것임이니라 단 12:10 많은 사람
이 연단을 받아 스스로 정결케 하며 희게 할 것이나 악한 사람은 악을 행하리
니 악한 자는 아무도 깨닫지 못하되 오직 지혜 있는 자는 깨달으리라 단 12:11

매일 드리는 제사를 폐하며 멸망케 할 미운 물건을 세울 때부터 일천이백구십
일을 지낼 것이요 단 12:12 기다려서 일천삼백삼십오 일까지 이르는 그 사람
은 복이 있으리라 단 12:13 너는 가서 마지막을 기다리라 이는 네가 평안히 쉬
다가 끝 날에는 네 업을 누릴 것임이니라

여기서 말해주는 바와 같이 작은 뿔 세력이 나타났고, 무려 1260년
동안이나 성도의 권세가 다 깨어질 정도로 핍박을 받아왔고, 1798년
을 기점으로 이제 그 일까지도 모두 마무리 되어, 마지막으로 최후의
전쟁 아마겟돈만을 목전에 두고 있는 상황에 처하게 되었다. 『성경』
전체를 통해서 마지막 그때에 대한 시간표를 가장 구체적으로 제시해주는 재료
가 바로 이 대목이다. 이제부터 「다니엘서」가 제시하는 종말의 시간표를
산출해보려고 하는데, 그 전에 먼저 우리들보다 약 300년을 먼저 살다
간 저명한 인사 영국의 아이작 뉴턴(1643~1727)이 산출해냈던 종말의
시간표를 검토해보려고 한다. 잠시 뉴턴의 시각으로 성서를 바라보는
것도 재미있을 것이다.

뉴턴은 누구나 알고 있을 정도로 그는 위대한 과학자이자 수학자였
다. 그는 인류 최초로 실용적인 반사 망원경을 제작했고, 가시광선이
프리즘에 의해 스펙트럼으로 분해되는 것을 관찰했고, 뉴턴의 냉각 법
칙을 발명하였고, 음속에 대해서도 연구했으며, 뉴턴 유체의 개념을 고
안하기도 했다. 뿐만 아니라 뉴턴은 미적분학에 대한 성과를 냈고, 일
반화된 이항정리를 증명하고 소위 뉴턴의 방법이라 불리는 미분 가능
한 연속 함수를 푸는 방법을 발명했으며, 거듭제곱 급수의 연구에도
기여했다. 그러나 그 무엇보다도 가장 감동적인 업적은 1687년 발간한

『자연철학의 수학적 원리』라는 그의 저서에 실려 있다. 그것은 고전역학과 만유인력의 기본 바탕을 제시하며, 과학사에서 가장 영향력 있는 저서 중의 하나로 꼽히고 있다. 거기서 그는 다음 3세기 동안 우주에 대한 과학적 관점으로서 절대적 지위를 유지했던 만유인력과 뉴턴의 3가지 운동 법칙을 발표했다. 뉴턴은 케플러의 행성운동법칙과 그의 중력 이론 사이의 지속성을 증명하는 방법으로 그의 이론이 어떻게 지구와 천체 위의 물체들의 운동을 증명하는지 보여줌으로써, 태양중심설에 대한 마지막 의문점들을 제거하고 과학 혁명을 발달시키는데 지대한 공헌을 했다. 그가 제시한 운동의 제1, 2, 3 법칙을 보고 있노라면, 그 수식의 단순명쾌함에 감탄사가 절로 터져 나오게 된다. 세상을 바라보는 통찰력이 보통 예리한 게 아니었을 것이다. 이러한 뉴턴이 평생을 바쳐 연구했던 것 중의 하나가 바로 성서 연구였다. 뉴턴은 「다니엘서」 등의 성서 예언연구에 있어서도 일가견이 있었다. 그는 삼위일체설은 부정했지만 유일신인 창조주를 믿었다. 그는 성서가 세상의 모든 것을 담고 있으며, 그 내용은 모두 진실이며, 그런 만큼 성서에 나타난 예언들은 반드시 일어난다고 확신했다. 사실 그는 자연과학이나 수학 연구보다도 성서 해석이나 오컬트 연구에 더 많은 시간을 쏟았던 사람이었다. 그는 히브리어 같은 고대 언어에도 상당히 조예가 깊었고 성서의 이면에 숨겨진 의미를 해독하는 일에 깊이 탐닉해 들어갔다. 뭐랄까? 평생 독신으로 살았던 그가 가장 흥미로워 했던 필생의 연구 과제인 동시에 즐기던 취미 생활이었다고나 할까? 무려 50여년에 걸친 일생일대의 사업이 바로 연금술, 카발라, 그리고 성서연구였고, 그는 거기에 완전히 푹 빠져 살았다. 그는 자신의 천재적인 수학 재능을 동원해 「다니엘서」 9장에 예수의 등장이 분명하게 명시되어 있을 뿐만 아니라 그 예언된 연대까지도 정확했다는 데에 크게 경탄하게 되었다.

　2012년 2월 이스라엘 국립도서관이 뉴턴이 남긴 친필 원고를 인터넷에 공개했다. 18세기 양피지에 작성된 무려 4,500페이지에 달하는 이 원고는 『성경』에 대한 해석, 솔로몬 성전의 구조 등의 다양한 내용이 담겨 있었다. 한 유대인 학자[13])가 1936년 영국 소더비 경매에서 낙찰 받은 뒤 보관하고 있다가 1969년 이스라엘 국립도서관에 기증한 것이라고 한다. 이스라엘 국립도서관은 이것을 2012년 처음 공개했던 것은 아니고, 1991년에 이미 공개한 바 있었고, 이로 인하여 영국에서는 "뉴턴 프로젝트"가 진행되기도 했다. 이때의 연구 내용 중 일부가 2003년 영국 BBC 방송을 통해 공개되면서 "**뉴턴의 종말론**"이 전 세계로 알려졌다. 이후 이스라엘 국립도서관은 2007년에 뉴턴의 원고를 공개 전시했고, 마침내 2012년 2월 인터넷에도 게재했던 것이다. 그가 남긴 원고 분량이 대략 4500페이지에 달했고, 400자 원고지로 환산하면 약 16,000 매에 달한다고 한다. 그에 의하면, 뉴턴이 대체 무슨 생각을 했었는지를 짐작해볼 수 있게 되는데, 그의 그러한 계산은 주로 「다니엘서」와 「계시록」을 근거로 추산한 것이 확실하다. 그가 무슨 생각을 했는지를 더듬어보기 위해 먼저 단9:25~27에 나오는 "70이레, 즉 70주"에 대한 내용을 살펴볼 필요가 있다. 왜냐하면 뉴턴이 크게 주목했던 바이기 때문이다.

　뉴턴은 "**70주와 2300주야의 시작**"이 아닥사스다 왕 7년임이 확실하고,

---

13) 아브라함 샬롬 야후다

그 연도가 기원전 457년임을 일식 기록들을 조사해 그 정확성을 천문학적으로 입증하려고 했었다. 실제 역사적으로도 기원전 457년 페르시아의 왕 아닥사스다 재임 7년에 예루살렘에 성전을 회복하고 재건하라는 명이 최종적으로 떨어졌다.

7주 = 7주 × 7일/주 = 49일 ⟹ **49년** — 기원전 457년 ~ 기원전 408년
62주 = 62주 × 7일/주 = 434일 ⟹ **434년** - 기원전 408년 ~ 서기 27년
1주 = 1주 × 7일/주 = 7일 ⟹ **7년** ---------- 서기 27년 ~ 서기 34년

대략 이 정도의 흐름인데, 기원전 6세기경 기록된 「다니엘서」의 예언이 이후 한 치의 오차도 없이, 상기와 같이 명명백백하게 성취되었음을 확인하고는, 감전이라도 된 듯 찌릿찌릿한 느낌을 받았을 것이다. 특히 상기의 마지막 7년, 그러니까 서기 27년에서 34년까지 예수가 「다니엘서」에 적힌 내용 그대로 성취하는 것을 놓고, 뉴턴은 그 당시의 이스라엘 사람들이 어찌하여 예수를 성서에서 명시한 바로 그 메시아란 사실을 알아보지 못했을까? 어찌하여 전혀 예수를 인정하지 않았을까? 이런 생각을 해보지 않을 수 없었을 것이다. 그리고 아마도 그들의 지혜롭지 못함에 대해 한번쯤 크게 비웃었을 것이다. 그러면서 바로 이 「다니엘서」야 말로 구약과 신약을 튼튼하게 엮어주는 성서의 동아줄이 틀림없다고 생각했다. 실제로 그는 이렇게 말했다.

"다니엘서의 예언을 거절하는 사람은 누구나 기독교 신앙을 뒤엎는 일을 하는 셈인데, 이는 기독교 신앙이 예수에 관한 다니엘의 예언 위에 기초하고 있기 때문이다."

그리고 그에게 남은 일은 이제 「다니엘서」에 기록된 마지막 숫자들… 그것들만 온전히 파악하면 종말에 대한 정확한 시간표까지 얻을 수 있겠다는 생각에 이르게 되었을 것이다. 단 12:10에 적혀있는 바

"많은 사람이 연단을 받아 스스로 정결케 하며 희게 할 것이나 악한 사람은 악을 행하리니 악한 자는 아무도 깨닫지 못하되 오직 지혜 있는 자는 깨달으리라."

바로 이 대목이 뉴턴의 호기심을 극도로 자극했을 것이다. 자, 그러면 뉴턴은 과연 어떤 시간표를 뽑아 들었던 것일까? 단 12:11 "매일 드리는 제사를 폐하며, 멸망할 미운 물건을 세울 때부터 1290일을 지낼 것이요." 그리고, 단 12:12 "기다려서 1335일까지 이르는 그 사람은 복이 있으리라." 뉴턴은 바로 이 두 개의 구절이 종말의 시기를 알려주는 결정적인 부분이라고 인식했을 것이 틀림없다. 문제는 제사를 폐하며, 멸망할 미운 물건을 세운 시기가 과연 언제를 말하는 것일까? 이것만 정하게 되면 자동적으로 그 시기가 더해져 나오는 것이었고, 그는 역사책을 엄청 뒤적거렸다. 그렇게 해서 그가 집어든 숫자는 바로 서기 609년… 이 해에 로마제국이 일부 권력을 교황청에 양도한 바 있다.

$$609 + 1290 = 1899$$
$$609 + 1335 = 1944$$

그렇게 해서 1899년과 1944년의 기간이 바로 상기의 두 구절이 지목한 바로 그 45년간, 그 시기를 말하는 것일 거라고 결론을 내렸다. 그는 이렇게 당초 1944년을 종말의 해로 보았다. 그런데 뉴턴은 이후 무슨 생각을 하게 되었는지 다소 엉뚱하게도 종말의 해를 알려주는 핵심 코

드로써 또 다른 숫자 1260일을 주목하게 되었다. 단 12:7에서 "반드시 한 때, 두 때, 반 때를 지나서 성도의 권세가 다 깨어지기까지이니 그렇게 되면 이 모든 일이 다 끝나리라 하더라."라고 명시된 대목이 곧 종말을 말해주는 것이라 확신하게 되었다. 더불어 「계시록」에도 1260이란 숫자 코드가 반복된다는 것에 크게 흥분한다. 뉴턴은 종말의 해는 그 숫자 코드와 반드시 연관되었을 거라고 생각하기에 이르는데… 그래서 그는 결국 신성로마제국이 성립된 800년[14]에다가 1260을 더해서 나오는 숫자,

$$800년 + 1260년 = 2060년$$

뉴턴의 결론은 바로 이것이었다. '2060년, 바로 이 연도야말로 종말의 연도', 바로 그것일 것이다. 지난 2007년 이스라엘 국립도서관이 개최했던 "뉴턴의 비밀" 전시회에서 뉴턴의 원고 속에 들어있던 편지 하나가 화제를 모았다. 그가 62세 되던 1704년 친구에게 보낸 편지에 쓰기를

"프랑크 왕국의 샤를마뉴가 대제에 올라 신성로마제국의 기원을 이룬 서기 800년 부터 정확히 1260년 후에 세상이 끝날 것이다."

라고 했다. 여기서 잠시 뉴턴의 마음을 읽어본다면, 그는 종말을 불러오는 세 주인공으로써 "두 마리의 짐승과 용", 바로 이들을 지목했었다. 여기서 두 마리의 짐승은 「계시록」 13장에서 등장하는 바다에서 나오

---

14) 서기 395년 동로마와 서로마로 분열되고, 서기 476년 서로마제국이 게르만족에게 멸망한다. 하지만 서기 800년 프랑크의 왕국의 샤를마뉴가 교황 레오3세로부터 "서로마제국의 황제"라는 칭호를 부여받으면서 다시 하나의 국가적인 형태를 띠게 된다.

는 짐승과 땅에서 나오는 짐승을 말하는 것으로 보이고, 그는 두 짐승을 이끄는 용이 로마라고 생각을 했던 것이다. 고대 로마제국은 이미 멸망한 지 오래이므로, 서기 800년에 모습을 드러낸 신성로마제국이 바로 그 주인공이라고 생각을 했던 것이다. 하지만 만약 지금까지도 뉴턴이 살아있었다면, 아마도 머리를 긁적긁적 했을 것으로 보인다. 신성로마제국은 서기 1806년에 사라졌다. 잘 나가다가 샛길로 빠져 버린 것인데, 그 이유는 그가 "용"은 로마가 아니란 사실을 깨우치지 못한 데다가, 결정적으로 1260이란 숫자의 용도를 제대로 파악하지 못했던 것에 기인한다. 아마도 그는 단 7:7에서의 언급되는 열 뿔 가진 무서운 짐승 "용"이라고 생각을 했던 것 같다. 지금도 많은 사람들이 이렇게 착각을 하고 있으니, 뉴턴이 그렇게 생각했던 것도 무리는 아닐 것이다. 하지만 그 열 뿔 가진 짐승이 분명히 고대 로마를 지칭하는 것은 맞지만, 그러나 그 짐승이 "용"이란 언급은 그 어디에도 없다. 여기서 헷갈리면 판단이 오락가락해지게 된다. 더군다나 그가 살고 있던 당시에는 몇몇 중대한 역사적 사건들이 아직 성취되지 않았으므로, 올바른 추론을 이끌어내는 데 다소 좀 무리가 있었던 것이 사실이다.

그럼에도 그의 예리한 통찰력을 느끼게 해주는 것은 그는 분명히 **로마교황청**이야 말로 참된 기독교를 거짓으로 가려버리는 사악한 존재들이고, 하나님이 매우 혐오해마지 않는 바로 그 집단이란 것을 「다니엘서」를 통해 절실히 느끼고 있었다는 점이다. 또 뉴턴의 촉이 정말 대단하다고 생각되지 않을 수 없는 이유는 바로 1260이라는 숫자 코드에 대해 무언가 매우 심각한 것이 숨어있음을 분명히 자각했다는 점이다. 『성경』 전체를 통틀어 **1260일**에 대한 언급은 모두 7번, 그러니까 「다니엘서」

에 2번, 그리고 「계시록」에 5번이 나온다. 얼마나 중요한 숫자이기에 7번씩이나 반복한 걸까? 성서에서는 정말 중요한 것에 대해서는 반드시 반복한다. 7번 반복이면 아마도 이보다 중요한 것은 없다는 의미일 것이다. 그럼 뉴턴이 깨닫지 못한 1260이란 숫자의 다른 중대한 용도는 과연 무엇이었을까? 바로 교황권의 지속 기간이었다. 문제는 시작점인데, 어느 해를 기점으로 하고, 어느 해를 종점으로 삼아 1260년이 성립되느냐? 바로 그것이 관건이다.

> 기점 : 교황권이 확립된 해로써 서기 538년, 이 해에 작은 뿔(교황)이 세 뿔들을 모두 뽑아버린다는 다니엘의 예언이 성취되었다.
> 종점 : 서기 1798년 교황권이 추락했다. 프랑스 혁명군 베르티에 장군에 의해 당시 교황 피우스6세가 바티칸에서 파리로 압송되어 옥사했다.

아무런 영적 자각도 없는 일개 어리석은 범부들이 "내가 교황이고, 하나님이네."라고 하면서 당치도 않은 자리를 꿰차고 앉아 거들먹거리고, 신성을 들먹이고, 사람의 목숨을 임의대로 좌지우지하고, 마음대로 죄를 사하여 주고, 천국 가는 표를 팔면서 장사를 해먹고, 수많은 전쟁을 일으켜 살상을 밥 먹듯이 하고, 교활하게 성서를 조작하고, 십계명과 제례와 의식을 변경하고 등등 인류 역사를 통틀어, 종교의 이름으로 이렇게 많은 패악들을 저질러온 집단도 아마도 전무후무하지 않을까 싶다. 종교가 무섭다는 것이 바로 이런 것이 아닐까? 이루 헤아릴 수 없을 정도의 패악을 서슴없이 저지르던 기간이 무려 1260년간이었다. 한편 예수가 살아 있을 당시에 이미 이스라엘 사람들은 종말이 임박하

다고 생각했었는데…「다니엘서」에 이렇게 1260년이란 긴 시간이 예정
되어 있다는 것을 깨달았더라면 기독교는 어떻게 되었을까? 아이고,
아직 멀었네… 아직 멀었어… 이런 절망들로 인하여 기독교는 중간에
명맥이 끊겨버리고 중도에 사라져 버리지 않았을까? 어쩌면 뉴턴이 만
약 100년만 늦게 태어나서 그래서 100년만 늦게 죽을 수 있었다면,
1798년에 교황이 끌려가는 그 역사적 순간을 맞이하여 어쩌면 숨이 멎
어 버렸을지도 모른다. 성서의 예언이 한 치의 오차도 없이 또 다시
적중했다! 그리고 1260이란 코드의 중요한 용도가 바로 이것이었음을
깨닫게 되었을 것이고, 종말의 시간표를 반드시 수정했을 것이 분명하
다. 자, 그럼 시간표는 어떻게 수정되어야 할까? 아마도 뉴턴은 원래
처음에 주목했었던 단 12:11과 단 12;12에 또 다시 눈길을 돌리지 않을
수 없었을 것이다.

코드[1] "제사를 폐하며, 멸망할 미운 물건을 세울 때부터 1290일을
　　　　지낼 것이요."
코드[2] "기다려서 1335일까지 이르는 그 사람은 복이 있으리라."

　문제는 이 두 개 코드의 시작점이다. 그것만 알면 나머지는 자동적으
로 결정될 것인데, 매일 드리는 제사를 폐한 시기는? 또 멸망할 미운
물건은 또 무엇이며, 그 시기는? 하나님은 도대체 어떤 연유로 그렇게
미워하시는 것일까? 아… 이번에는 하나님의 마음을 읽어낼 수 있어야
하겠는데… 성서의 하이라이트… 마지막 때를 추정해보는 일을 해보는
것이다. 그 분의 심중을 읽어내는 것이 주요 관건이 될 것이고, 우선
「다니엘서」 12:11을 보다 적나라하게 이해하기 위해서 참고가 될 만한

구절을 덧붙여본다면,

> 단 8:11 또 스스로 높아져서 군대의 주재를 대적하며 그에게 매일 드
> 리는 제사를 제하여 버렸고 그의 성소를 헐었으며
> 단 9:27 제사와 예물을 금지할 것이며 또 잔포하여 미운 물건이 날개
> 를 의지하여 설 것이며
> 단 11:31 군대는 그의 편에 서서 성소, 곧 견고한 곳을 더럽히며 매일
> 드리는 제사를 폐하며 멸망케 하는 미운 물건을 세울 것이며

바로 이 정도가 될 것이다. 보다 상세하게 의미가 전달된다는 느낌
이 들 것이다. 그리고 이제 좀 더 구체적으로 잡히는 게 있을 것인데,
아마도 요점은 바로 이런 것일 거다. 하나님의 성소가 훼손된다는 것,
성소에서 행해지던 제사가 폐해짐은 물론이고… 그런데 더 나아가 훼
손되는 정도에서 끝나는 게 아니라 미운 물건까지 들어서게 된다는 것
인데, … 어디에? 바로 그 성소의 자리에… 그리고 더 면밀하게 살펴보
면, 이것을 행하는 본질적 주체는 군대의 지지를 받는 어떤 세력임을
알 수 있고, 그런데, 그게 누굴까? 바로 사탄 … 그 녀석은 아주 교활하
다 … 머리가 보통 영리한 게 아니다. 그놈에게 있어서, 교황을 세워
하나님을 능욕하고, 성소를 짓밟는 건 아주 식은 죽 먹기에 속할 정도
이다. 그 녀석은 세상의 군대조차도 제 맘대로 이용하고, 심지어 하나
님의 터전이었던 성전도 이용하고, 심지어는 이교도들까지도 제 맘대
로 이용한다. 뭐랄까? 하나님을 능욕하는데 있어서 지상에선 감히 비
교할 자가 없을 정도의 절대 고수? 뭐… 그 정도일 것이다. 아무튼 시
간표를 끌어내야 되는데… 결과적으로 하나님께서 다니엘에게 징표로

준 마지막 때의 열쇠는 바로 예루살렘 성전을 허물고 그 자리에 대신해서 들어서게 되는 이교도들의 상징물… 세계사를 뒤져보면 찾을 수 있을 것이다. 여기서 매일 드리는 희생제가 폐지된다는 것은 예루살렘에서 하나님께 올리던 제사가 없어지는 것을 의미하는데, 유대인에 의한 예루살렘 제사가 마지막으로 행해진 때가 서기 70년, 로마에게 예루살렘이 점령당했던 그때이다. 또한 멸망케 할 가증한 것을 세운다는 것은 특히 여호와께서 극도로 혐오해마지않는 바, 다른 우상이나 혹은 그 우상을 섬기는 건물이 예루살렘 제사를 올리던 곳에 들어서는 것을 의미할 것인데, 역사적으로 실제로 그런 일이 벌어졌었다. 예루살렘에서 솔로몬 성전이 있던 곳에 이교도의 건물이 들어서기 시작한 것은 서기 688년, 그 해 이슬람교 바위 사원… 또는 오말 사원… 또는 황금 사원… 바로 그것이 모리아 산에 건립되기 시작했다. 바로 그것이 열쇠를 쥐고 있었던 것이다. 그리고 그 바위 사원의 완공 시기는 서기 691년이다. 이렇게 해서 우리는 아주 간단하게 시간표를 끌어낼 수 있게 되었는데,

$$691년 + 1290 = 1981년$$

1981년이란 값을 얻을 수 있게 된다. 또한 그 다음 절에 나오는 바, "기다려서 일천삼백삼십오 일까지 이르는 그 사람은 복이 있으리라."에서 등장하는 1335라는 숫자를 더하면 다음과 같은 얻을 수 있게 된다.

$$691년 + 1335 = 2026년$$

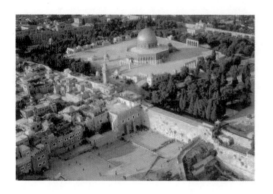

모리아 산은 이브라
함이 이삭을 제물로 바
치려고 했던 곳이고,
그 자리에 솔로몬이 처
음 성전을 지었었던 곳
이기도 하다. 유대가
바빌론에게 멸망할 때
가 기원전 586년이고 이때 그 성전이 파괴된 후 스룹바벨에 의하여 기
원전 516년에 재건되었으나, 또 다시 안티우커스4세에 의해 기원전
168년에 파괴되었다. 『신약성서』의 무대가 되는 예수 당시의 성전은
헤롯왕이 46년간 건축한 웅장하면서도 화려했던 성전이었지만 예수가
「마태복음」 24장에서 예언했던바 그대로 서기 70년경 로마의 티도 장
군에 의하여 "돌 하나도 돌 위에 남지 않고 모두 다 파괴" 되었다. 그
후 서기 637년에 이르러, 이슬람교를 창시한 마호메트를 계승한 오말
교주가 로마를 내쫓고 기독교인 약 9만 명을 학살하고 모든 교회를 파
괴한 후 "오말 사원"을 세워 놓았는데 그것이 오늘날까지 그대로 이어
지고 있는 것이다. 이슬람교도들은 아브라함이 이삭을 제물로 바친 것
이 아니라 중동사람의 조상인 이스마엘을 제물로 바쳤다고 믿고 있다.
회교도들은 모리아 산에서 마호메트가 승천했다고 하여 메카, 메디나
와 함께 이곳을 자신들의 3대 성소로 삼고 있는 상황이다. 반면 이스라
엘 사람들은 어떻게든지 이 오말 사원을 허물고, 그 자리에 세 번째
성전을 복원하려고 호시탐탐 기회를 노리고 있다. 아무튼 두 가지 년
도를 얻었는데, 아래와 같이 하나는 1981년이고, 다른 하나는 2026년
이다.

$$691 + 1290 = 1981년$$
$$691 + 1335 = 2026년$$

이 두 가지 연도야 말로 「다니엘서」에서 규정해주는 종말의 시기가 된다. 다시 말해서 종말은 1981년에 시작되어 2026년까지 총 45년간의 시기를 말한다. 2026년까지 죽지 않고 살아남는 사람은 복이 있을 것이라고 「다니엘서」가 우리에게 알려주고 있다. 바로 요 45년간이 「다니엘서」에서 지정해주는 말중말의 시기… 뉴턴이 지정했던 609년의 일… 그러니까 로마가 일부 권력을 교회에 이양하는 정도의 일보다 훨씬 더 적나라하게 들어맞는다는 느낌이 들지 않는가? 만약 뉴턴이 지금 살아 있다면 반드시 동의할 거라고 믿는다.

한편 하나님이 바위 사원을 증오하시는 그 연유가 뭘까? 이교도의 상징물이라서? 아니면 솔로몬 성전 자리를 차지하고 있어서? 이슬람교 자체가 서기 622년 창립되던 초기부터 이미 순수성이 결여된 이단 종교였기 때문일 것이다. 서기 622년 그 무렵 어떤 내막이 숨겨져 있었는지를 엿보기 위해선, 교황청이 보관하고 있는 오래된 기록물들을 들여다볼 필요가 있다. 전직 예수회 신부였던 알베르토 리베라 박사는 가톨릭의 이단성을 깨닫고 그곳에서 극적으로 탈출했던 사람이다. 그는 예수회 신부였던 시절 바티칸에서 로마 가톨릭에 대한 가장 깊은 비밀들의 많은 부분을 브리핑 받은 바 있고, 이 내용들 가운데는 아랍에서 새로운 종교를 세우는데 바티칸이 연루되었다는 내용이 포함되어 있었다고 한다. 그러한 내용을 토대로 쓴 자신의 저서 『큰 바빌론』에서 이슬람교가 사실 로마 가톨릭이 기획한 작품이었다고 폭로한다.

316 ·

이슬람교 창설에 대한 기획은 당시 동로마 제국과 페르시아 제국의 심한 각축장이었던 예루살렘을 획득하기 위한 목적으로 이루어진 것이었다. 당시 바티칸의 구상에 있어서 유대인들 또한 주요 장애물 중의 하나였다. 리베라는 당시의 상황을 타개하기 위한 획기적인 타개책으로써 바티칸은 아랍인들을 이용하기로 결정했다고 진술한다. 7세기 초 로마 가톨릭은 서유럽과 동로마제국 지역을 자기 세력으로 구축하고 있었는데 유독 일부 터키지방과 중동지역 그리고 특히 북아프리카에 있었던 초기 기독교인들을 포섭하지 못하고 있었다. 게다가 그리스정교와 치열한 세력다툼을 벌이고 있었다. 당시 그 지역의 기독교도들은 예수의 직제자들이 전한 초대교회 복음에 충실하여 교황의 권위를 인정하지 않았으며, 예배일도 토요일을 안식일로 그대로 지키고 있었다. 고심 끝에 로마 교황청에서 한 가지 계략을 꾸미게 되었다. 아랍인들에 의한 하나의 강력한 새로운 종교를 창시하여 경쟁자 그리스 정교와 초대교회 기독교도들, 나아가 유대인들을 말살시키자는 것이었다.

가톨릭 수녀였던 아라비아 여인 카디자를 통하여 마호메트라는 거짓 선지자를 만들어낸 것이다. 마호메트가 25세에 카디자라 불리는 부유한 과부와 결혼했다는 사실은 잘 알려져 있다. 그녀는 마호메트보다 거의 15살이나 연상이었다. 그녀와의 결혼을 통해 그는 부와 영향력을 얻게 된 것이다. 약 40세가 되었을 때 마호메트는 환상을 보았다고 한다. 마호메트가 출생하기 오래 전부터, 아라비아의 부족들은 "알라"라는 이름을 가진 달의 신을 숭배했다. 초승달의 상징은 알라의 상징이 사용되었다. 카디자는 마호메트로 하여금 그가 받은 계시들은 가족들에게 나눌 수 있도록 지원하고 격려하였다. 그리고 그의 가족들이 마호메트의 첫 신도들이 되었다. 그러나 리베라는 카디자가 본래 로마 가톨릭교도였다고 밝혔다. 그녀는 재산을 교회에 바치고 수도원에서 살고 있었던 여자였다는 것이다. 그러다가 그녀는 다시금 재산을 돌려받고, 아랍인들의 메시아로서 바티칸에 의해 사용될 수 있는 남자를 찾도록 보내졌다는 것이다. 리베라는 또한 카디자의 사촌 바라카 역시 가톨릭교도였다고 한다. 그들은 함께 마호메트에게 깊은 영향을 끼쳤다. 마호메트는 또한 로마 가톨릭교도였던 아비시니아(현재의 에티오피아) 왕에게 지원을 받았다. 이는 예수를 동정 잉태했다고 보는 성모 마리아에 대한 마호메트의 견해 때문이었다.

마호메트 사후 이슬람 군대는 아라비아 반도를 넘어서서 세력을 크게 확장해나갔다. 이에 대해서도 리베라는 교황이 이슬람 군대의 장군들에게 북아프리카를 침공할 수 있도록 허락해줌으로써 그들을 지원했다고 전해준다. 그러나 여기에는 조건이 있었다고 한다. 즉 유대인들과 초기교회를 신봉하는 기독교도들을 제거할 것, 그리고 가톨릭교도와 로마 가톨릭의 성지는 보호하며 교황청을 위하여 예루살렘을 정복한다는 조건이었다고 한다. 처음에는 교황청이 당초 계획한 대로 일이 이루어져 갔다. 초기 기독교도들과 동방 정교회를 이슬람의 무력으로 무참히 궤멸시켰던 것이다. 그것이 바로 로마 가톨릭이 계획이었다. 이슬람의 무자비한 전사들에 의하여 초대교회의 신앙을 지키던 초대교회 기독교도들은 거의 다 학살을 당하고 일부 살아남은 사람들은 공포에 떨며 이슬람으로 개종을 했다. 그리하여 서기 640년경 초대교회는 지구상에서 자취를 감추게 된다. 그러나 로마 가톨릭의 계획이 생각대로 된 것은 단지 거기까지였다. 이후로는 당초 의도한 바와 계속 어긋나게 되는데, 자신들의 승리에 너무나 고취된 이슬람교도들이 로마까지 공격하기 시작했기 때문이다. 이슬람교도들은 예루살렘을 점령하고 솔로몬 성전이 있었던 자리 근처에 바위 사원을 세웠다. 한편 「마태복음」 24:15~16에 이런 구절이 있다.

> "그러므로 너희가 선지자 다니엘의 말한바 멸망의 가증한 것이 거룩한 곳에 선 것을 보거든(읽는 자는 깨달을진저), 그 때에 유대에 있는 자들은 산으로 도망할지어다."

여기서 거룩한 곳은 종말의 시기에 건립된 제3의 성전을 일컫는 것으로 보인다. 그 성전에 멸망의 가증한 것이 서게 될 것이라고 한다. 이는 그 자체로 멸망의 가증한 것이 이스라엘을 침공한다는 것을 의미하는 것이고, 그가 마침내 예루살렘을 점령하게 된다는 것을 의미한다. 그리고 「마태복음」 24:21에는 이렇게 기술되어 있다.

> "이는 그때에 큰 환난이 있겠음이라. 창세로부터 지금까지 이런 환난이 없었고 후에도 없으리라."

바로 이들이 예수가 말해주는 마지막 환란의 모습들이다. 바로 이때에 이스라엘 사람들은 산으로 피난해야 하는 것이다. 마지막 환란의 때, 그러니까 서기 2026년 그 무렵, 멸망의 가증한 것이 "거룩한 곳", 즉 "이제 막 새로 건립된 제3의 성전"에 서게 될 것인데, 제3의 성전이 건립된다는 것 자체가 바위 사원이 허물어져야 가능해지고, 바위 사원이 허물어진다는 것은 이슬람교도들의 분노를 의미한다. 이렇게 꼬리에 꼬리를 물면서 일련의 일들이 연동되어진다.

　뉴턴의 입장으로 잠시 되돌아가 보면, 뉴턴은 아마 아주 정확한 그날 은 필요치 않았을지도 모르겠다. 어쩌면 그는 그저 대략적으로 자신이 살고 있는 그 시대가 성서에서 예고하는 종말의 그 시기인지 아닌지, 단지 그것이 주요 관심사였을지도 모른다. 왜냐하면 뉴턴의 시대에도 지금 못지않게 당장 ××년도가 종말의 그날이라고 호도하는 이들이 도 처에 널려 있었다고 한다. 그 당시 뉴턴도 혹시나 하는 마음에 직접 그때의 시기를 저울질해보고 싶었을 것이다. 아무튼 뉴턴이 「다니엘 서」에서 대략적인 시간표를 뽑아보고는 얼마나 다행스러워 했을까? 아, 이게 뭐야… 아직 멀었네… 아마도 이런 맘이 아니었을까 싶다. 그 런 뉴턴이 너무도 부러워지는 서기 2017년 현재이다.

금시명

지난 2015년에 12년간의 연구를 통해 동방의 빛 시리즈 제1권 하도와 낙서, 제2권 천부경, 제3,4권 정역을 출간한 바 있다.

그리고 2018년 새해 벽두를 맞이하여 성서의 양대 예언서인 다니엘서와 요한계시록을 풀이하고, 나아가 노스트라다무스가 남긴 모든 세기의 빗장을 연다.

동방의 빛 ❺ 빛의 예언 上

초판 인쇄 2018년 1월 15일
초판 발행 2018년 1월 25일

지 은 이 ㅣ 금 시 명
펴 낸 이 ㅣ 하 운 근
펴 낸 곳 ㅣ 學古房

주   소 ㅣ 경기도 고양시 덕양구 통일로 140 삼송테크노밸리 A동 B224
전   화 ㅣ (02)353-9908 편집부(02)356-9903
팩   스 ㅣ (02)6959-8234
홈페이지 ㅣ http://hakgobang.co.kr/
전자우편 ㅣ hakgobang@naver.com, hakgobang@chol.com
등록번호 ㅣ 제311-1994-000001호

ISBN   978-89-6071-724-4   04100
           978-89-6071-498-4   (세트)

값 : 22,000원

이 도서의 국립중앙도서관 출판시도서목록(CIP)은 서지정보유통지원시스템 홈페이지(http://seoji.nl.go.kr)와 국가자료공동목록시스템(http://www.nl.go.kr/kolisnet)에서 이용하실 수 있습니다.(CIP제어번호: CIP2018001341)

■ 파본은 교환해 드립니다.